## 추천의 말들

"로버트 잭맨Robert Jackman이 쓴 『그냥 힘든 마음은 없다』는 수없이 쏟아지는 심리 처세술 책 중에서도 보기 드물게 잘 쓰인 책이다. 잭맨은 '트라우마 해소'라는 주제의 최신 정보를 다루면서 그에 대한 독창적인 접근, 임상 방향, 실천법 등을 훌륭하게 전달한다. 복잡한 트라우마에 대한 설명과 이를 극복해 나가기 위한 방법을 체계적으로 제시함으로써 어려움을 겪는 독자들에게 큰 도움이 될 것이다. 특히 애착 트라우마를 겪고 있는 사람들은 적극적이고 진정성 있는 잭맨의 진단과 가이드에 위로받는 느낌을 받을 수 있다. 이 훌륭한 책은 당신의 인생에서 수치심에 얼룩진 영역들을 깊게 파고드는 대신 용기와 희망이 되어 줄 것이라고 믿는다."

— **로스 로젠버그**Ross Rosenberg
　공인 임상전문 상담사, 『인간 자석 증후군』 저자

"『그냥 힘든 마음은 없다』는 공감 능력이 뛰어나고 동정심이 넘치는 심리치료사가 읽기 쉽게 정리하여 쓴 책이다. 이 책은 시작부터 끝까지 매끄럽게 이어지며 읽을수록 깊이가 느껴진다. 잭맨은 직접 겪은 트라우마의 경험과 내담자들의 사례를 통해 힘들어하는 사람들에게 도움이 되는 지혜와 해결책을 제시해 준다. 이 책을 읽으면서 나 또한 치유가 필요했던 마음들을 들여다보며 문제의 답을 찾을 수 있었다."

— **스테이시 디커**Stacy Dicker
　심리학자, 『심리점성술』 저자

"로버트 잭맨은 다년간의 경험을 통해 뛰어난 통찰력을 갖춘 헌신적인 치료사다. 이 책에서 잭맨은 우리의 내면 깊숙이 숨은 진실과 그런 진실이 우리가 인생과 다른 사람을 대하고 바라보는 관점에 어떤 영향을 미치는지 끄집어낸다. 그는 개개인의 성장 배경과 경험들을 바탕으로 통찰력을 찾는 방법을 제시한다. 그런 다음 우리가 자기 자신과 사랑하는 사람들이 더 행복하고 만족스러운 삶으로 나아가도록 이끈다. 그가 개발한 심리 치유 과정인 힐heal 프로세스process를 활용해 과거의 복잡한 미로를 헤쳐 나가고 이해와 용서, 행복으로 가는 길을 찾는 것은 경이로운 기분이다. 당신이 운 좋게도 일부나마 치유가 됐든, 여전히 지독한 우여곡절을 겪고 있든, 이 책을 통해 일부 내면의 문제들을 해결할 수 있을 것이다."

— 데이비드 브럼웰David Brumwell
　　의학 전문의


"이 훌륭한 책은 독자들이 진정한 내면을 탐구하고 치유하여 새로운 존재로 변화하게 한다. 우리 모두에게는 각자의 성장을 돕는 내면의 안내자가 있는데, 잭맨은 이러한 안내자가 지닌 힘을 끌어내 우리 자신의 일부를 치유할 수 있도록 돕는다."

— 제이미 크루즈Jamie Kruse
　　공인 임상 사회복지사

"만약 당신이 이 책을 읽고 로버트 잭맨이 안내하는 힐 프로세스를 진행할 수만 있다면 장담하건대 의미 있는 결과를 얻게 될 것이다. 이 책은 내면의 상처를 극복하고 성장할 수 있도록 돕는 명확하고 효과적인 안내서다. 당신의 내부 및 외부 관계의 균형을 잡아주고 진정한 행복을 찾게 도와줄 것이다. 나는 트라우마 상담 치료가 필요하지만, 어렵게만 느껴지는 사람들에게 이 책을 강력히 추천한다. 이 책은 치료사와 내담자 모두에게 꼭 필요한 안내서가 될 것이다. 책에 실린 연습들만 반복한다면 책값 이상의 가치를 경험할 수 있다."

— 스콧 콘클린Scott Conklin
　　공인 임상전문 상담사


"『그냥 힘든 마음은 없다』는 '나는 왜 항상 그렇게 할까?'라는 의문을 품은 적이 있는 사람에게 공감 어린 단계별 격려를 전하는 책이다. 로버트 잭맨은 내담자들의 실제 사례들을 다수 분석하고 소개하며 성인이 된 '나'에게 영향을 미치는 어린 시절의 상처와 촉발 요인들을 돌아보게 한다. 과거의 상처를 찾아내서 치유하고, 미래를 위해 편안하고 안전한 경계를 세우며, 진정한 삶을 포용하는 것은 우리 모두가 얻고자 애써야 할 목표다. 잭맨은 우리가 그 여정을 세우고 걸어가는 데 필요한 훌륭한 로드맵을 제공했다."

— 캐런 호킨스Karen L Hawkins
　　변호사, 미국 재무부 산하 국세청 직무책임국 전 국장

"『그냥 힘든 마음은 없다』는 치료사는 물론 내면의 상처를 치유하고 싶은 사람들을 위한 책이다. 다양한 사례와 이에 따른 해결책들을 소개하며 잭맨은 어린 시절에 입은 상처에서 앞으로 나아가고자 하는 독자를 돕는다. 우리 모두가 각자 길 잃은 내면아이를 치유해야 한다는 사실을 생각할 때 이 책으로 이 세상이 더 좋은 곳이 될 것이라고 생각한다. 치료사는 물론 마음이 가벼워지고 싶은 모두에게 이 책을 적극 추천한다."

― **조 사노크** Joe Sanok
　　공인 상담사

"만약 당신이 슬픔이나 분노, 두려움이 반복되는 패턴에 갇혀 있거나 누군가와의 괴로운 관계를 되풀이한다면 이 책을 읽어야 한다. 로버트 잭맨은 계속 되는 삶의 고통스러운 패턴과 이에 영향을 미치는 내부의 원인들을 찾아내고 치유하는 데 자세한 로드맵을 제시한다. 이 책은 쉽게 따라할 수 있는 내용들로 구성되어 있다. 어릴 적 상처가 어른이 된 이들에게 어떤 방식으로 영향을 미치는지, 그 영향에서 어떻게 벗어나야 하는지를 친절하고 자세히 풀어낸다."

― **마크 플레처** Mark Pletcher,
　　공인 임상전문 상담심리치료사

"『그냥 힘든 마음은 없다』는 힐 프로세스의 정수와 정확성을 제대로 담아냈다. 자기 치유에 전념하는 사람이라면 도움이 되는 사례와 깨달음을 얻어 갈 수 있다."

―**조엘 하스** Joel J. Hass
　　매사추세츠주 낸터킷 가정의학전문의

일러두기

이 책에 달린 모든 각주는 저자의 주입니다.

그냥 힘든 마음은 없다

# Healing Your Lost Inner Child:
# How to Stop Impulsive Reactions,
# Set Healthy Boundaries and Embrace an Authentic Life

# 그냥 힘든 마음은 없다

상처받은 아이에서 상처받은 어른이 된 당신이 알아야 할 것들

Healing Your Lost Inner Child

로버트 잭맨 지음 ○ 이은경 옮김

ᄒ 현암사

# 긴 여정을 함께할 당신에게

이 책을 집어든 사람이라면 아마도 살면서 같은 인간관계 패턴을 지긋지긋하게 되풀이했고 이제는 벗어나고 싶을 가능성이 높다. 당신은 이런 반복 패턴을 바꾸려고 나름대로 많이 노력했을 것이다. 임시방편을 써보기도 하고, 상담 치료까지 받았는데도 이 지겨운 패턴은 계속해서 나타난다. 어떤 방법도 소용이 없다.

다음과 같은 의문들을 품어본 적이 있는가?

- 왜 나는 똑같은 실수를 계속 되풀이할까?
- 왜 내 주변에는 해로운 사람들이 계속 꼬일까?
- 왜 내 마음속에는 메울 수 없는 구멍이 있는 것처럼 느껴질까?
- 왜 나는 남들이 나를 함부로 판단하고 평가하도록 권한을 주는 걸까?
- 왜 내 감정을 소중히 여기지 않을까?
- 왜 나는 좋은 사람들까지 밀어내면서 타인을 제대로 받아들이지 못할까?
- 왜 나는 사람들을 말로 공격하고 나서 다시는 그러지 않겠다고 약속할까?

- 왜 나는 다른 사람의 편의를 위해 나 자신을 계속해서 바꿀까?

- 왜 이렇게 사랑받기가 어려울까? 과연 내가 사랑스럽기는 한 걸까?

- 왜 나는 항상 나 자신을 의심하고 비난할까?

- 왜 나는 그토록 마음이 아프고 화가 날까?

- 왜 나는 남들을 위해서 그토록 애쓰면서 정작 나 자신을 위해서는
  아무것도 하지 않을까?

- 왜 나는 모든 일과 모든 사람을 책임져야 하고 항상 내 마음대로 할 수 있
  어야 한다고 느낄까?

- 왜 나는 계속 나와 잘 맞지 않는 사람과 사귀거나 결혼할까?

- 왜 나는 스스로가 패배자이고 쓸모없다고 생각할까?

- 왜 나는 삶에서 도망치고 싶을까?

스스로 이런 질문에 답하려는 사람도 있고 뭐가 문제인지 알아
내려고 가족이나 친구들에게 물어보는 경우도 있다. 그러다 남들
에게서 도움이 되지 않는 의견을 얻고 전보다 더 혼란스러워지는
경우도 많다. 사람들은 보통 자기가 할 법한 답변을 내놓기 마련이
고, 이는 광고에서 조언을 얻는 것이나 마찬가지이기 때문이다. 이
런 질문들에 대한 답은 사실 우리에게 있다.

우리 마음속에는 자기 존재의 승인과 치유를 갈망하는 길 잃고
상처받은 '내면아이inner child'가 있다. 이렇게 아무도 알아주지 않는
존재가 종종 우리가 품는 모든 의문의 근원이다. 이런 상처는 '충동
적 반응impulsive reaction'과 '지나치게 과장된 대응'이라는 탈을 쓰고

계속해서 나타난다. 몇몇 패턴은 스스로도 잘 알 테고 상처와 고통을 받고 있다는 사실 또한 분명히 잘 알겠지만 어쩌다가 그렇게 됐는지는 자세히 모른다. 우리는 이 문제의 답을 내면아이를 치유하는 데에서 찾아야 한다.

마음 아파하거나 혼란스러워하는 자기 자신을 들여다보겠다고 생각하는 자체에도 용기가 필요하다. 너무나 많은 사람이 '인생이란 원래 이런 것'이라고 체념하며 살아가기 바쁘다. 변하기 위해 열심히 노력하려는 열망은 없고 매번 다른 결과를 기대하면서 계속해서 삶에 똑같이 반응하는 데 그치고 만다. 그러나 당신이 이 책을 집어 든 이상, 당신은 내면의 상처와 고통에 귀를 기울이고 그 안에서 어떤 말을 하고 싶어 하는지 들을 준비가 된 사람이다. 당신은 삶에 대응하는 방식을 바꿔 변화하겠다는 각오를 다졌을 것이다. 그런 당신에게 이 책에서는 내면아이를 위한 '힐 프로세스'를 제공하고 쉽게 다뤄지지 않았던 근본적인 문제의 해결책들을 제공한다.

내면의 치유를 통해 우리를 진정한 삶으로 이끄는 힐 프로세스는 아주 오래전에 굳어버린 감정적 상처를 발견하고 여기에서 비롯되는 역기능 패턴이 정상적으로 기능할 수 있도록 돕는 실용적인 접근법이다. 또한 힐 프로세스는 다양한 이론과 연습법을 결합해서 당신이 어떤 상황에 반응하고 대응하는 방식의 이면에 깔린 이유를 밝힐 수 있게 한다. 이 과정을 따라 하다 보면 당신이 붙들고 있는 특정한 상처 패턴을 이해하고 인정할 수 있을 것이다. 예

전에 입었던 상처들이 선명하게 눈에 보이고 느껴지기 시작하면서
더는 길을 잃은 듯한 기분을 느끼지 않아도 된다. 예를 들어 당신이
자주 충동적 결정을 내리는 이유를 이해하게 되는 동시에 성취감
을 느끼지 못하도록 방해하는 더 크고 반복적인 패턴까지 이해하
게 된다. 이러한 과정을 통해 감정적으로 근근이 버티는 자신에서
감정적으로 여유로운 자신으로 거듭날 것이다.

힐 프로세스는 건실하고grounded 진정한 자아를 되찾게 하는 방
법일 뿐만 아니라 힘겨운 상황을 헤쳐 나갈 때 필요한 회복 탄력성
resilience을 알아차리게 하는 방법이기도 하다. 이 방법을 통해 당신
은 자신의 안전을 지키고자 열심히 노력한 지난날을 인정하는 동
시에 당신이 진정한 삶을 살아가는 데 해를 끼치고 방해가 되는 부
분을 발견하여 제거하도록 도울 것이다. 당신이 품고 있는 환영幻影
과 부정적인 믿음을 찾아내는 법도 배울 것이다. 이 과정은 당신이
자신의 삶을 통제하고 있다는 생각과 함께 좀 더 온전한 사람으로
나아가도록 이끈다.

다만 이렇게 치유되기 전까지 상처받은 부분은 촉발될 때마다
기를 쓰고 당신 앞에 나타나 폭주하면서 충동적으로 잘못된 결정
을 내리게 할 것이고 그 뒷감당은 성인 자아가 책임져야 한다. 우리
가 앞으로 하게 될 작업은 성인 자아가 시간을 거슬러 올라가서 어
릴 적 상처받은 당신의 손을 꼭 잡고 안심시키는 데 필요한 도구들
을 개발해 나가는 것이다. 당신은 취약한 내면아이가 언제 어떻게

나타나는지 알아차리고 오늘날의 성인 자아와 하나가 되려면 무엇이 필요한지 내면아이에게 묻는 법을 반복하며 그 존재를 치유하게 될 것이다.

일단 당신의 삶 속에서 계속해서 일어나는 문제의 패턴과 주제를 알아차리게 되면 이를 무의식적으로 반복할 수는 없게 된다. 패턴을 알아차리는 순간, 머릿속에 불이 들어오면서 모든 조각들이 맞춰지는 그때가 바로 치유의 순간이라 할 수 있다.

우리가 어디로 나아가는지 알려면 먼저 어디에서 왔는지를 알아야 한다. 시간이 지나면서 당신은 세상에 충동적으로 반응하는 대신 자신의 세계를 의식해서 만들어나가게 되고 달라지는 자신의 모습을 보고 느끼기 시작할 것이다.

내면아이 이론은 아픈 곳에 반창고를 붙이고 낫기를 바라는 대신에 문제의 근원, 즉 핵심 상처에 도달할 수 있도록 돕는다. 내면아이는 내가 만들어낸 개념이 아니다. 수많은 사상가들이 나보다 먼저 내면아이의 개념과 치료법을 연구하고 개발하여 세상에 내보였다.

이 책에서는 내면아이 치료에 대한 내 접근법을 소개하고, 상처받은 부분으로 서서히 접근하면서 회복 탄력성을 가진 진정한 자아와 만나는 방법을 알려주고자 한다. 나는 심리 치료를 할 때 난관이나 문제점에만 초점을 맞추기보다는 그 사람이 어떻게 기능하고, 얼마나 강하고, 얼마나 잘 대처하는지를 살펴본다. 환자가 드러내는 고통 너머를 보면서 그에게 존재하지만 그동안 빛을 보지 못한 지혜와 의지, 발전 가능성 등에 초점을 두어 격려한다. 그러니 당신이 감당해야 할 감정적 응어리가 너무 많다고 느끼더라도 자기 자신을 믿고 내가 제시하는 이 과정을 따라가도록 하자. 그러다 보면 언제, 어디에서, 어떻게 지금 있는 자리에 오게 됐는지, 앞으로는 어디로 나아가야 할지 분명하게 보일 것이다.

내 웹사이트✢에서 추가 자료, 다른 사람들의 사례, 심화 연습법을 담은 워크북을 확인할 수 있다. 좀 더 많은 내용을 읽어보고 싶은 사람은 이 책 뒤편에 실은 더 알아보고 싶을 때를 참고하기 바란다. 그 부분에 웹사이트 몇 개와 내가 많은 도움을 받은 저자들 목록을 실었다. 책에서 다뤄진 주요 용어의 정의는 이 책 뒤편에 실은 용어 목록을 참고하기 바란다.

이 책에서 제공하는 정보가 심리 치료를 대체할 수는 없다. 다만 내가 오랫동안 많은 사람을 성공적으로 치료하면서 개발한 접근법이기에 비슷한 문제들로 힘들어하는 이들에게 방향성을 제시해 주고 싶었다. 천천히 치유의 여정을 즐기도록 하자. 이 책을 다 읽고 나면 자기 자신은 물론 남들과 관계 맺는 법을 훨씬 더 분명하고 쉽게 이해하게 될 것이다. 힐 프로세스는 당신이 자기 자신에 대한 인식을 넓히는 방법이다.

---

✢ www.theartofpracticalwisdom.com

진정한 자신이 되는 자유를 되찾고 온전한 내가 될 준비가 됐는가? 그렇다면 나를 믿고 자기 자신을 믿으며 이 과정을 따라오길 부탁한다. 당신은 생각보다 더 강하다.

**차례**

# 1장

# 걸어 다니는 부상자

Healing Your Lost Inner Child

나 홀로 배를 탄 깊은 밤,
어디에도 빛과 땅은 보이지 않고 구름도 질게 드리웠다.
나는 수면 위에 머무르려고 애쓰지만
이미 바다 밑바닥에 닿았고 바닷속에서 살고 있다.

— 루미 RUMI

어떤 사람들은 자기 자신을 있는 그대로 드러내며 만사에 여유롭고 어떤 사람들은 계속 똑같은 우여곡절을 되풀이하면서 조각조각 흩어진 채 살아가는 것 같다고 느낀 적이 있는가? 어쩌면 당신도 도대체 왜 자꾸 당신에게 잘해주지 않는 사람들이 주변에 꼬이는지 의아할 것이다. 혹은 입으로는 친구라고 말하면서 인생에 또 다른 우여곡절을 더할 뿐인 사람들이 꼬일 수도 있다. 가장 그럴듯한 원인은 바로 당신 내면의 상처받은 부분이 자기도 모르게 상처받은 사람을 관계 맺을 상대로 선택할 가능성이다. 높은 확률로 상처받은 사람은 상처받은 사람을 찾기 마련이다.

우리는 성장하면서 무시당하거나 거부당하거나 거절당했을 때 무의식적으로 이런 상처를 입게 된다. 개중에는 학대나 방치에서 비롯된 트라우마를 겪으면서 극심한 상처를 입는 경우도 있다. 그 과정에서 우리는 당시에 동원할 수 있는 방법으로 최선을 다해 대처했다. 하지만 어떻게 받아들였든 간에 그런 상처는 내면에 깊이 자리 잡고 존재를 드러내면서 독이 되는 선택을 반복하게 한다. 그리고 그

중심에는 아주 오래되서 기억나지 않거나, 흐릿하게 기억하거나, 또 렷하게 기억하는 당신의 과거가 있다.


# 트라우마의
# 기록

트라우마를 경험하는 방식은 개인마다 다르기 때문에 어떤 사람에게 는 엄청나게 충격적인 사건이 다른 사람에게는 아무것도 아닌 일로 여겨질 수도 있다. 우리는 어떤 상황을 마주할 때마다 개인의 세계관 과 성격, 정체성을 적용한다. 사람들은 각자 나름대로 감정적 상처와 트라우마에 대처해서 개발한 회복 탄력성을 지닌다. 때로는 살아가 는 동안 그런 트라우마나 상처가 드러나지 않은 채로 계속 머무르기 도 한다. 상처를 기억하고 다시 느끼기란 너무도 고통스러운 일이므 로 우리는 이 상처를 무시하려 애쓰면서 내면 깊숙이 밀어넣는다.

어쩌면 당신은 자신이 안고 있는 상처를 느끼는 데 익숙해진 나 머지 걸어 다니는 부상자Walking Wounded가 됐을 수도 있다. 그저 '이 런 일이 있었지만 이미 오래전 일이고 더는 기억하고 싶지 않아'라 고 생각하면서. 하지만 그 고통은 당신에게 인정받을 방법을 찾아 내고자 애쓰면서 줄곧 곁에 머무를 것이다. 제대로 다루지 않으면 어디로도 가지 않는다. 계속 넌지시 모습을 드러내면서 경로 이탈 과 균형 상실을 초래하고 우울증과 불안을 유발할 뿐이다.

나는 온갖 상처와 트라우마 이력을 가진 사람들을 봐왔다. 많은 이들이 정신적, 신체적, 성적 트라우마를 비롯한 깊은 상처를 입었고, 그 가해자는 가까운 친족인 경우가 많았다. 이런 트라우마 사건은 깊이 파고들기는커녕 그저 떠올리기만 해도 대단히 힘겹기 마련이다. 그래서 대개 사람들은 그런 트라우마를 잊거나 떨쳐버리려고 최선을 다하는 것이다. 이들이 자기에게 일어난 일을 털어놓은 유일한 사람이 나인 경우가 많다. 그런 부정적인 경험에 얽힌 감정을 다룰 때는 특별한 처리와 주의가 필요하다.

만약 당신이 어렸을 때 그런 트라우마를 겪었다면 다음 사항을 명심해야 한다.

- 어릴 때 당신이 어떤 행동을 했건, 그런 트라우마를 겪은 것에 대한 타당한 이유가 될 수 없다.
- 지금은 트라우마와 비슷한 일들이 당신에게 일어나지 않는다.
- 현재 당신은 혼자가 아니다. 전문적인 도움을 받아서 이런 고통에 대처할 수 있다. 당신은 고통을 치유하고 극복할 수 있다. 과거 경험으로 망가지고 부서졌다고 느낀다면 당신 안에 온전하고 완전한 부분이 남아 있다는 사실을 잊지 말자. 이는 과거 경험이 영향을 미치지 못한 당신의 진정한 일부분이다. 치유의 열쇠를 쥔 부분이기도 하다.

갓 성인이 됐을 무렵 나는 주로 자기애가 강하고 상처받은 경험이 있는 사람들을 친구로 고르곤 했다. 당시에는 몰랐지만 결국에는 이런 선택이 관심과 인정을 바라는 사람들과 소통하는 법과 그들을 높이는 동시에 나 자신을 낮추는 법을 본능적으로 아는 내 안의 상처받은 어린 소년이 행한 결과임을 알게 됐다.

나는 알코올 중독자 집안에서 자랐다. 어린 시절 집안 환경으로 입은 상처로 '공의존codependent'적으로 변한 나는 있는 그대로의 나 자신으로 상대방에게 다가가기보다는 내가 뭔가를 해줘야 한다는 생각이 드는 사람을 지켜보면서 나를 상대방에게 맞추려고 했다.✤ 공의존을 치유하는 과정에서 나는 그런 행동 패턴을 파악하고 검토하며 그 안에서 내가 느낌 고통들을 직면했다. 그리고 진정한 나 자신을 되찾는 방법으로 '나는 그저 나 자신일 수 있고 가치 있는 사람이 되려고 다른 누군가를 위해 어떤 일을 해야 할 필요는 없다'는 사실을 배웠다.

내가 치료하는 사람들이 혼자가 아님을 알려주려고 종종 나의 사례를 들려주곤 한다. 그 이야기를 할 때면 환자들은 내가 겪은 고통과 스스로 치료하는 과정에서 발견한 자기 인식 과정을 듣는다. 그럴 때면 감사 인사를 받을 때가 많다. 내 경험을 들으면서 환자들은 다른 사람도 비슷한 일을 겪었고 자기만 그런 것이 아님을 알게 되기 때문이다. 다른 사람의 치료 과정을 목격하는 것은 훌륭한 치유 도구다. 이를 통해 환자들은 타인과 연결되어 있음을 알고 외롭

---

✤ 공의존에 대한 나의 사례는 3장에서 구체적으로 다뤄진다.

다고 느끼지 않게 되면서 성장해 나간다.

대부분의 사람들이 각자의 트라우마에 의한 가벼운 외상 후 스트레스 장애PTSD를 지니고 살아간다고 생각한다. 공식적으로 PTSD 진단을 받았거나 PTSD에 시달리는 사람들을 가볍게 여기려는 의도는 아니다. 다만 우리 모두가 떨쳐내기 어렵거나 머릿속에서 계속 되풀이되는 사건을 경험한 적이 있다는 사실을 짚고 넘어가고 싶다.

당신이 느끼는 감정적 고통은 당신과 관련이 있다. 이는 그 고통이 오로지 당신에게만 커다란 의미를 지닌다는 뜻이다. 다른 사람들은 그 사례를 들으면서 "아, 그건 아무것도 아니에요. 나는 더한 일도 겪었어요"라고 말할 수도 있다. 물론 그 사람이 더한 일을 겪었을 수도 있겠지만 이는 '가장 극심한 유년기 트라우마' 상을 다투는 대회가 아니기에 우리는 다들 해로운 상처 하나씩은 품고 있고, 이는 그런 감정을 존중하고 승인하며 적절히 치유할 필요가 있다. 나는 모든 사람이 각자의 트라우마 유형에 어떻게 반응 및 대응하고 이를 치유할지에 대한 방법으로 자신만의 회복 탄력성을 지니고 있음을 믿는다.

## 당신의 고통이
## 계속되는 이유

재순환 고통recycled pain이란 옛 상처를 촉발trigger하는 계기가 있을 때 계속해서 나타나는 아픔을 말한다. 우리는 각자 이유는 다르지만 모두 재순환 고통을 안고 살아간다. 늘 이런 고통에서 도저히 벗어날 수 없다고 느끼면서 그저 잊기 위해 마음속 깊이 파묻는다. 다음은 이런 재순환 고통이 작동되는 일반적인 과정이다.

어린 시절에 당신을 깜짝 놀라게 하거나 혼란에 빠뜨린 사건이 일어난다. 처음 겪는 경험을 어떻게 받아들여야 할지 모르는 당신은 감정적인 아픔과 고통을 느끼며 그 경험을 기분이 좋지 않은 사건, 심한 경우에는 트라우마로 저장한다. 이것을 최초의 '핵심 상처core wounding'라고 한다. 핵심 상처는 중대한 감정적 사건이 일어났던 시기와 나이에 그대로 얼어붙는다. 이 사례에서는 예를 들어 5세로 가정하자.

어린 시절 상처받은 그대로 얼어붙어 나이가 들어서도 어른스러워지지 않는 당신의 일부분은 5세 때 일어났던 일과 비슷한 사건이 일어날 때마다 촉발된다. 당신의 이 부분은 과하게 방어하고 보호하려는 등 행동에 나서거나 아예 활동을 정지하고 눈에 띄지 않게 조용히 있기도 한다. 이와 같은 충동적인 반응을 토대로 당신은 특정 상황에 대처하는 상처받은 감정적 반응 도구wounded emotional response tools를 개발한 것이다. 그래서 대개 상처받은 감정적 반응 도구를 충동적 반응 도구라고 부른다. 상처받은 5세의 어린아이는 그럴 때마다 당신 곁에 서서 길을 잃은 기분으로 나쁜 일이 다시 일어나지는 않을지 신경을 곤두세우고 지켜본다.

성인이 되어서도 촉발 요인이 나타나면 이 충동적 반응 도구를 지닌 5세의 아이가 상황을 해결해야 하는 성인 자아 앞에 서게 된다. 이 부분은 5세 아이 수준의 논리와 단어, 표현을 사용해 결정을 내리고 감정적으로 반응한다. "너 지금 어린아이처럼 행동하고 있어!"라는 표현은 여기에서 생겨났다. 상처받은 환영에 사로잡힌 당신의 책임지는 성인 자아는 상황이 벌어지는 가운데 무력감을 느끼며 뒤로 물러나 모든 일을 지켜보고 있다. 일단 상황이 벌어지고 마무리되면 상처받은 5세의 자아는 활동을 멈추고 경계하면서 촉발 요인이 다시 나타나는지 지켜본다. 이 과정에서 성인 자아는 혼란스러움을 느끼고, 이에 따라 방금 일어난 일을 깨끗이 정리하거나 무시하는 대응으로 상황을 넘어가려고 애쓴다. 그래서 이렇게 상처받은 부분이 촉발될 때마다 생겨나는 지독한 재순환 고통은 정작 의식하지 못한 채로 늘 힘겨워하는 것이다.

이와 같은 재순환 고통에 대처하기란 진이 빠지는 일이다. 지금의 당신은 어린 시절에 상처받은 사건을 얼마나 여러 번 되풀이하는가? 분명 하루에도 몇 번씩 반복하는 사람도 있을 것이다. 이 사건들은 재순환 고통을 치유하지 않으면 계속해서 촉발되고 나타나기를 되풀이하며 당신 곁에 머물 것이다. 이는 잠재의식이 상처를 치유하고자 애쓰는 방식이다. 몸과 마음, 정신이 이렇게 무거운 감정의 짐을 짊어지게 해서는 안 된다.

## 우리는 왜 상처받는 관계를 선택할까?

잘못된 선택을 반복할 때도 이런 상처가 재순환한다. 당신의 친구
나 가족들 중에서 그들과 잘 맞지 않거나 좋지 않은 영향을 주는 사
람과 계속해서 사귀거나 심지어 결혼까지 한 사람이 아마 있을 것이
다. 대체 왜 그토록 어울리지 않은 사람을 굳이 선택해서 자기 인생
에 끌어들이고 고통을 반복하는지 어리둥절하다. 당신 눈에는 보이
는데, 그들은 왜 보지 못할까? 우리는 무의식적으로 어린 시절에 상
처받은 사건을 재현하려고 사람들을 우리 삶에 끌어들이곤 한다. 이
때 우리가 끌어들이는 상대방은 나의 어린 시절 경험으로 쉽게 이해
할 수 있는 상처를 지닌 대상이 많다. 사람들이 자기 엄마나 아빠와
닮은 사람과 결혼하는 이유도 여기에서 찾아볼 수 있다. 우리는 자
기도 모르게 과거의 어긋난 관계성을 치유하려고 애쓰고 있다.

혹시 당신도 계속 똑같은 유형의 사람과 사귀거나 결혼하는가?
교활한 사람들이나 타인의 호의에 기생해 에너지를 빼앗는 이기적
인 인간 유형인 감정 뱀파이어emotional vampire를 계속해서 친구로 고
르는가? 어떤 사건이나 경험에 맹비난과 고함, 회피 등 똑같은 반
응을 되풀이하는가? 이런 패턴이 분명하게 나타남을 알아차리게
된다면 나중에는 자신이 과민하게 반응했다는 사실을 깨달을 수도
있다. 사건 그 자체는 그리 중요한 일도 아니었는데 왜 그렇게 과하
게 반응했는지 의아할 것이다. 이는 상처가 드러나는 양상이다. 내
면에 있던 깊은 감정적 상처가 촉발되면서 재순환 고통으로 이어

지는 것이다. 이 상처받은 부분은 오래전부터 중대한 감정적 사건에 얽매여 있고, 당신은 깊게 묻힌 이 상처를 근거로 계속해서 잘못된 선택을 반복한다.

## 불안에 충동적으로 반응하는 남편, 마틴

언젠가 부부인 마틴과 로라가 나를 찾아왔다. 남편 마틴은 불안을 느낄 때면 과한 반응을 보이는 경향을 나타냈다. 내면의 불안이 촉발될 때면 마틴은 사람들에게 '이런 일을 계속할 수는 없어'라든가 '더는 못 참겠어'와 같은 문자를 충동적으로 보냈다. 마틴은 직업과 주택 담보 대출, 가족이 있는 어엿한 성인이지만 그의 내면 일부는 어린 시절에 머물러 있었다. 그래서 감당하기 힘든 일이 이 상처받은 부분을 건드릴 때면 어린 자아가 성인 자아 앞에 나서서 충동적으로 반응하곤 했다.

이럴 때면 아내 로라가 마틴을 설득하며 상황을 개선하기 위해 애썼다. 하지만 그때마다 감정의 악순환에 사로잡혀 마틴은 자기가 하는 모든 일이 잘못됐고 앞으로 나아지지도 않을 것이라고 말하며 노력을 의미 없게 만들었다.

나는 로라가 마틴의 행동을 이해할 수 있도록 은유를 활용했다. 마틴이 감정적으로 행동할 때는 성숙한 성인의 언어를 사용하는 것이 아니라 내면에 있는 어린아이의 말과 반응을 표출하는 것이라고 설명했다.

마틴은 마치 화가 난 5세의 어린아이처럼 로라가 그저 자기 말을 들어주고 고통에 공감해 주기를 바랐다. 로라가 이성적으로 자신을 설득하기를 바라지 않았던 것이다. 로라는 마틴에 대한 나의 설명을 곧바로 알아들었고 머지않아 좀 더 많은 인내심으로 마틴의 반응과 행동들을 이해하게 됐다.

상처받은 시절의 자신을 치유한 마틴은 이제 불안에도 좀처럼 과한 반응을 보이지 않는다. 자기가 지닌 상처의 역동을 이해했기 때문이다. 로라도 마틴의 경험을 낱낱이 해석하거나 논리적으로 설명하는 식으로 마틴에게 대응하지 않게 됐다. 마틴은 상처받은 자기 자신과 관계 맺는 법, 감정을 좀 더 절제된 방식으로 표현하는 법을 배웠고 로라는 새로운 방식으로 마틴의 말과 감정에 귀 기울이는 법을 배우고 있다.

충동적 반응은 말 그대로 문제의 상황에서 성숙하게 대응하기보다는 충동적으로 반응할 때 사용하는 도구다. 아주 어렸을 때부터 청년 시기를 거쳐 이런 충동적 반응들이 나타났고, 우리가 필요할 때마다 사용하는 충동적 반응 도구 모음에 쌓여갔다. 그 결과, 청소년기와 청년기를 거쳐 성숙한 성인이 된 이후로도 다양한 충동적 반응이 나타나는 것이다.

성인인 우리는 어렸을 때부터 차곡차곡 모은 경험을 바탕으로 상황에 대응한다. 살면서 만났던 어른들의 행동을 통해 이런 대응을 개발하기도 하고 스스로 대응을 개발하기도 한다. 어디에 가든 이런 감정적 대응 도구를 가지고 다니면서 활용한다. 개중에는 더 좋은 관계를 꾸려나가는 데 도움이 되는 도구도 있고, 관계를 훼손하거나 망치는 도구도 있다.

감정적 대응 도구에는 충동적 반응 도구와 기능적 대응 도구가 있으며, 이 두 가지 유형들은 모두 우리의 안에 뒤섞여서 들어 있다. 때에 따라서는 소리를 지르거나 비난하기 위한 방법으로 충동적 반응 도구를 더 쉽게 사용하게 된다. 심하게 화가 나면 일어난 일에 대해 성숙하고 책임감 있게 이야기하기보다는 홧김에 쏘아대는 도구를 집어 드는 편이 더 쉽고 빠르기 때문이다.

감정적으로 여유가 있으면 정중하고 이성적인 태도를 취하는 기능적 대응 도구를 찾기가 쉽다. 심호흡을 통해 차분하고 냉철해질 수 있을 때는 이런 도구를 선택한다. 충동적 반응 도구를 사용할 때 항상 좋은 결과를 얻지는 못한다는 사실을 배웠기 때문이다.

요약하자면 우리가 불안하고 방어해야 한다고 느낄 때는 아픔과 고통의 장소에서 비롯되는 충동적 반응 도구를 사용하고, 우리가 안전하고 책임감을 느낄 때는 성숙한 기능적 대응 도구를 사용한다는 것이다.

우리는 자신에게 익숙한 충동적 반응을 알고 있다. 오랫동안 그런 반응으로 상황을 대처했고, 그 반응들이 도움이 됐기 때문이다. 성인이 된 이후로는 도움이 되지 않았을 수도 있지만 어렸을 적에는 분명히 도움을 받았다. 삶이 던지는 난관을 헤쳐 나가는 데는 물론, 집안에서 난리가 났을 때나 좋지 않은 일이 일어났던 순간에 충동적 반응 도구는 우리에게 많은 도움이 됐다. 우리가 통제할 수 없다고 느끼는 상황에 그런 도구들을 적응함으로써 다른 누군가가 우리의 권리를 대신하도록 두거나, 그들의 상처를 우리에게 투사하도록 지켜보는 게 아닌 우리 스스로 선택하는 것이라고 생각했기 때문이다. 혼란스럽고 감당하기 힘든 세계에 대처할 수 있도록 정교한 감정적 대응 도구 상자를 만들고 있다는 사실은 깨닫지 못했다.

　그 당시에는 이런 도구들이 효과가 있었지만 지금은 대개 효과가 없다. 그런데도 우리는 무의식적으로 그 도구 상자를 가지고 다니면서 타인과의 관계에서 빈번히 사용한다. 이미 너무 잘 알고 익숙해졌기 때문이다.

## 연습: 충동적 반응 도구 살펴보기

당신은 자신이 어떤 충동적 반응을 나타내는지 알고 있는가? 다음은 어린 시절에 생겨나서 성인기까지 계속 이어지는 흔한 충동적 반응들을 열거한 목록이다. 우리의 상처를 전면으로 끄집어내는 촉발 요인이 나타났을 때 자주 보이는 충동적 반응들이다. 공책을 꺼내서 이 목록 중에서 어렸을 때 배웠거나 성인이 된 이후로 사용한 적이 있는 항목을 적어보자. 그렇게 적은 항목 중 성인인 당신이 여전히 사용하는 항목에 동그라미를 치자. 목록을 읽으면서 조심스럽게 관찰하자. 자기 자신을 비난하거나 매몰차게 판단하지 않도록 주의하자.

- 눈에 띄지 않도록 극도로 조용히 하기

- 분노를 드러내지 않고 수동적으로 공격성 드러내기

- 관계에 성급하게 몰입하기

- 자신의 사생활 정보를 성급하고 과하게 털어놓기

- 아무런 필요가 없는 듯이 느끼기(필요 결여)

- 아무런 욕망이나 꿈이 없는 듯이 느끼기(욕구 결여)

- 스스로를 진정시키는 방법으로 자해하기

- 내면의 공허함을 채운다는 이유로 있지도 않은 돈을 과하게 쓰기

- 다른 사람들이 당신에 대해서 어떻게 생각하는지 지레 투사하거나 추측하기

- 도피성으로 마약, 알코올, 음식, 각성제, 대마초, 기타 약물 사용하기

- 취약한 감정이 불안이나 우울로 드러날 때까지 억누르기

- 과잉보상하기

- 다른 사람 괴롭히기

- 현실 도피하기

- 관심을 끌 목적으로 피해자인 척하기

- 다른 사람들이 주눅 들도록 우쭐거리기

- 권위로 당신을 통제하려고 하는 것 같은 사람들에게 반항하기

- 일어나는 모든 나쁜 일에 죄책감 느끼기

- 자기혐오에 빠지기

- 갈등이나 감정 회피하기

- "미안합니다"라는 말을 남발하기

- 자기 권한을 남에게 주기

- 자기를 제외한 모든 사람들의 가치를 높이기

- 다른 사람들과의 진정한 논의 피하기

- 모든 일에 도우미 및 해결사 역할 자처하기

- 다른 사람들이 당신에게 주목하도록 소리를 높이거나 감정 드러내기

- 자신의 본능적인 반응이나 직감을 무시하기

- 자기 자신을 의심하기

- 충동적 혹은 비이성적인 태도로 대하기

- 곱씹기

- 집착하기

- 밀어내기

- 죽었으면 좋겠다고 말하기(실제로는 죽고 싶지 않음)

- 다른 사람들의 편의를 위해 자기 자신을 바꾸기

- 지나치게 통제하기

- 강박에 사로잡히기

　　위 목록들은 당신이 어렸을 때 혼란스럽고 불확실하고 뒤죽박죽인 집안사를 경험하면서 대처 기술로 개발했을 법한 충동적 반응 도구들이다. 보통은 섣불리 사용해 놓고 돌아서서 나중에 '대체 내가 왜 그랬지?'라고 생각하게 되는 것들이다. 이 목록에 나열되어 있지 않지만 당신이 사용하는 충동적 반응 도구로는 무엇이 있는지 확인해 보자. 이런 통찰에서 내면 치유에 도움이 되는 단서를 얻을 수 있으므로 발견한 도구들을 기록해 두자. 나중에 그 기록을 돌이켜

보면서 이런 충동적 반응 도구를 언제, 어디에서, 어떻게, 왜 만들어 내게 됐는지 그 연관성을 찾을 수 있다.✝ 지금 찾아낸 또다른 충동적 반응은 힐 프로세스를 실시하는 동안 줄곧 나타나게 될 것이다.

당신이 도구 상자에 넣은 다양한 도구들은 성장할 때 겪은 정서적 발달 과정을 반영한다. 예를 들어 유아기 발달 과정과 관련된 도구(고함치기, 분노, 마음 닫기 등)도 있고 청소년이나 청년이 하는 표현법(마약, 알코올, 자해 등)도 있다. 이런 충동적 반응 도구를 사용하는 이유는 이 과정을 통해 '이제 나는 어른이고 통제할 수 있다'고 생각하고 느끼게 해준다는 데 있다.

그러나 한때 당신에게 유용했던 도구들이 지금은 불리하게 작용하고 있다. 힐 프로세스를 진행하면서 당신은 더는 효과가 없는 이런 반응들을 현재 삶에 적합한 기능적 대응으로 바꿔 나가게 될 것이다.

## 상처는 어떻게
## 드러나는가

어린 시절에 생긴 상처는 성인이 된 이후의 삶에 다양한 방식으로 나타난다. 앞에서 연습하면서 발견했듯이 이런 행동은 회피 기법으로 섹스와 도박에 빠지는 것에서부터 고함을 치고 빈정거리거

---

✝ 이 연습을 하면서 적은 대답은 5장에서 다시 사용하게 되니 잘 보관해 두자.

나, 감정의 늪에 빠져 나오지 못하는 경우에 이르기까지 무척이나 다양하다. 예를 들어 어떤 감정에서 벗어나려고 과소비나 과음, 포르노를 이용하기도 하고 다른 사람들과 말싸움을 벌이기도 한다. 이런 행동은 사실 상처를 안고 있는 당신이 세상을 향해 자기를 알아달라고 애쓰는 증거이자 당신의 감정적으로 성장하지 못한 상처의 측면들이다.

지금 당신은 다양한 인간관계를 책임감 있게 맺고 있는 성인이지만, 외부의 어떤 자극에 의해 감정적으로 촉발되면 잠자던 상처가 깨어나 아주 어린 시절의 모습을 데려오고 그 상태로 외부와 상호작용하기에 이른다. 마치 어린아이처럼 짜증을 내거나 도망치거나 목청껏 고함치거나 뭔가를 부수거나 털썩 주저앉아 울고 싶어진다. 이런 내면의 상처가 어떻게 촉발되는지 다음을 통해 살펴보자.

어렸을 때 가족 중에서 당신이 멍청하다고 생각하는 사람이 있었다고 가정해 보자. 그 사람은 자주 그렇게 말했고 다른 사람들도 비슷한 말을 했다. 그러면서 당신은 자기 자신을 부끄러워하기 시작하며 다른 사람들이 좋아하지 않는 그 부분을 숨겼다. 그런 말이 사실이 아님을 어렴풋하게는 알면서도 당신은 그에 대해 명확히 하는 대신 부정하고 밀어냈다. 시간이 흐르면서 이제 자신의 일부분이 정말 나쁘고 열등하다고 믿기 시작했다. 그러면서 누군가가 그 말을 꺼낼 때마다 불쾌하고 불편하고 당황스러우며 창피하다고 느꼈다. 심지어는 투명인간이 되어 숨고 싶기도 했다. 그런 감정적 상처가 결국에는 외부의 촉발 요인에 활성화activated 되는 조건 반사를 일으키게 됐다.

신체 증상 중에도 어린 시절 상처와 관련된 문제가 많다. 예를 들어 나는 어린 시절에 상처받은 여러 경험을 내면화했다. 가정 안에서 일어난 소란을 받아들여 내 뱃속에 품었다. 그 결과 어렸을 때 나는 온갖 위장 질환을 달고 살았다. 공감 능력이 뛰어난 데다가 주변에서 일어나는 격한 기류에 어떻게 대응해야 할지 몰랐던 어린 시절의 나는 감정적 혼란을 모두 흡수했다. 이런 불안감은 어떻게 해야 할지도 모르고 뭐라고 불러야 할지도 모르는 배탈 증세로 나타났다.

엄마에게 어떤 일이 일어나고 있는지 말하려고 했지만 말 그대로 뭐라고 말해야 할지 몰랐다. 어린아이의 단어와 이해력으로는 설명하는 데 한계가 있었다. 내가 흡수하고, 내가 나를 억누르는 요지경 같은 감정의 소용돌이를 어떻게 설명할 수 있었겠는가? 나중에 알게 된 사실이지만 당시 나는 엄마가 내 감정에 상처받지 않도록 보호하려고 애쓰고 있었다. 엄마의 기분을 상하게 하고 싶지 않았던 나는 부모님이 고함치는 게 싫다는 말을 하지 않았다. 엄마가 내게 실망할 것이라는 생각에 계속해서 배가 아프면서도 감정을 삼키고 집안에 맴도는 격렬한 감정적 에너지를 내면화했다.

## 부모님에 대한 원망 멈추기

어린 시절 나에게, 우리에게 가장 많은 영향을 미친 부모님에 대한

감정을 잠시 이야기하려고 한다. 부모님을 향한 마음은 대단히 복
잡하기 마련이지만 그들은 그들이 아는 한도 내에서 최선을 다했
다는 사실을 기억할 필요가 있다. 부모님을 탓하고 싶은 마음이 들
기 쉽고, 어쩌면 이미 탓하고 있는 사람도 있을 것이다. 하지만 일
단은 그런 비난을 미뤄두고 부모님이 얼마나 애쓰셨는지를 따스한
시선으로 바라보고 인정해 보길 바란다. 부모님에 대한 마음을 부
정하라는 말이 아니라 그들을 비난하고 모욕하고 손가락질하는 이
기적인 습관에 빠져드는 대신에 우선 자신이 처한 상황을 객관적
으로 바라보라는 뜻이다. 우리 모두가 저마다 투쟁과 승리를 겪었
고, 부모님을 포함한 대부분의 사람들이 해결하지 못한 수많은 상
처를 안고 살아간다는 사실을 명심하면서 인간 경험에 대한 존중
심을 가질 필요가 있다.

　나는 운 좋게도 엄마와 아빠가 아무런 조건 없이 나를 사랑한다
는 사실을 진심으로 느낄 수 있는 가정에서 태어났다. 부모님이 내
게 베푼 모든 사랑과 친절, 자부심 중에서도 조건 없는 사랑은 엄청
난 선물이었고 지금도 여전히 그렇다. 이는 내가 가진 가장 큰 보물
이다. 물론 어린 시절에 조건 없는 사랑이라는 선물을 받지 못한 사
람이 많으며 부모님이 사랑을 알려주는 좋은 본보기가 아닐 수 있
다는 사실을 알고 있다. 하지만 그럼에도 많은 부모님들이 모두 최
선을 다해왔다고 믿는다.

## 우리의 상처 이야기

내 어린 시절 이야기에 공감하면서도 여전히 자기 어린 시절은 괜찮았다고 고집하는 사람도 있을 것이다. 이런 반응은 정상이다. 사실 많은 환자들은 대부분 자기가 꽤나 정상적인 어린 시절을 보냈고 별다른 사건은 일어나지 않았다고 말한다. 사람들이 별다른 큰 문제없이 '꽤나 정상적인' 어린 시절을 보냈다고 이야기할 때 나는 그 말을 믿는다. 하지만 동시에 나는 예를 들어 그들이 결혼을 세 차례 했고, 불행한 결혼 생활을 지속했다는 정보도 알고 있다. 현재에 와서 그들이 말하는 인생 경험과 어린 시절에 대해 겉핥기 식으로 말하는 내용은 서로 앞뒤가 들어맞지 않는다. 어렸을 때 일어났던 힘든 일들이 지금 겪는 불행과 실패한 관계의 원인이라는 사실을 의식하지 못하기 때문이다.

그들은 불편이나 부끄러움을 느끼지 않도록 과거를 합리화하는 이야기를 계속 들려줬고 남들에게도 그렇게 말해왔다. 거짓말을 하고 있는 것은 아니다. 거짓말이라기보다는 일어났던 일을 최대한 축소했기 때문에 그런 사건과 자기들이 품고 있던 상처가 장기적으로 미치는 영향을 이해하지 못하는 것에 가깝다. 성인의 합리화 능력을 활용해 어렸을 때 일어났던 일을 바라보고 해석하는 것이다.

그들은 어린 시절 가정childhood family에서 실제로 일어났던 사건을 좀 더 기분 좋게 기억할 수 있도록 이런 대처 기술을 익혔다. 이와 같은 학습은 '핵심 상처 경험'과 관련이 있다. 핵심 상처 경험은 출생부터 20세에 이르는 자아 형성기에 발생했고, 우리가 자기 자신과 타인을 바라보고 상호 작용하는 방식에 평생 영향을 미치는 기능 장애 패턴을 만들었다. 이 과정에서 우리가 누구이고, 어떤 사람이며, 무엇을 누릴 자격이 있는지 스스로에게 들려주는 서사narrative가 생겨났다. 우리는 이런 반쪽 진실과 거짓을 믿어왔고 그 안에서 여전히 치유되지 않은 핵심 상처는 감정적 패턴에 의해 계속해서 드러난다.

사람들은 가혹한 현실에 대해 자주 이런 감정적 기억 상실증을 일으킨다. 그 표면 아래에 있는 깊은 고통을 본능적으로 알기 때문이다. 내면화된 수치심은 이런 상처받은 기억들 주변을 맴돌며 우리가 자기 자신에 대해 어떻게 느끼는지에 영향을 미친다.

성장하면서 우리는 좋고 나쁜 기억들을 하나의 감동적인 영화 스토리로 얼버무리고 싶은 유혹에 시달릴 수 있다. 저마다 영화의 순간들이라고 할 때 "모두가 성장 과정에서 그런 취급을 받는다"라고 자기 자신을 달램으로써 일어났던 모든 나쁜 일들을 정상적인 일로 치부한다. 이는 일어났던 일을 축소하고 나아가려는 지적인 시도이지만 핵심 상처는 우리가 제대로 상대해 줄 때까지 그 자리에 머물러 있으면서 이러한 시도에 반응할 만반의 준비를 하고 있다. 감정적 상처를 부정하고 싶은 마음은 자연스러운 경향이지만, 밀어내면 밀어낼수록 감정적 상처는 탈출구를 찾을 때까지 더욱 요란하고 끈질기게 나타날 것이다.

감정적 상처는 대개 간접적으로 모습을 드러내면서 우리의 선택과 삶, 자존감에 영향을 미친다. 우리는 '나는 학대받고 방치당하고 거부당했으니 나쁜 사람이고, 살면서 많은 것을 누릴 가치가 없어' 라고 생각하게 된다. 경계가 튼튼하지 않은 사람이라면 자기 자신의 자존감과 정체성 형성에 대한 권한을 타인에게 넘김으로써 자아감을 포기한다. 본질적으로 자기 자신을 포기하는 결과를 초래한다. 그러면서 다른 사람들이 내게 투사한 상처와 고통을 바탕으로 내가 어떤 사람인지 혹은 어떤 사람이어야 하는지 생각하기 시작한다. 그 과정에서 나의 자존감, 자기애, 자기 신뢰, 자기 존중이라는 감각을 모두 포기하며 진정한 자아를 억누르고 묻어버린다.

어렸을 때 우리는 다른 사람들의 말과 판단, 비판을 받아들이면서 본질적으로 그들이 투사하는 수치심을 떠맡는다. 무심결에 '나는 이 사람을 사랑해'라거나 '나는 그들을 존경하고 그들이 나를 좋아했으면 좋겠어' '내가 나 자신에 대해 제대로 생각하지 못하니까 그들이 나를 보는 대로 나 자신에 대해서 이렇게 생각하고 느끼는 편이 좋겠어'라고 말한다. 이런 식으로 해서 우리는 자신이 추하고, 나쁘고, 틀렸고, 멍청하고, 무지하다고 믿기 시작한다. 남의 의견을 투사해서 자기 자신을 바라보는 데 익숙해져 결국 진정한 '나'와 교감하지 못하게 된다.

하지만 자아를 형성하는 이런 생각들이 항상 외부에서만 생겨나지는 않는다. 우리 스스로 자기 자신에 관한 이야기를 지어낼 수도 있다. 어떻게 더 잘해야 하는지, 이 일을 더 빨리 해야 하는지 생각하기도 하고 그저 남들과 비교하면서 지어내기도 한다. 어디에서 비롯됐든 간에 누군가가 악의 없이 했던 말이나 우리가 스스로에 대해서 했던 생각이 언제든지 상처받고 뒤틀린 자아 개념으로 바뀔 수 있다. 이런 왜곡은 부정적인 자기 대화를 치유하고 바로잡기 시작할 때까지 계속 우리 곁에 머무른다. 이러한 경우들은 우리가 오랜 상처를 활성화하는 촉발 요인을 알아채고 키우는 방식을 보여주는 몇몇 사례일 뿐이다. 하지만 제대로 된 도구를 익히기만 하면 이 미로에서 벗어날 길은 있다.

## 버림받고 싶지 않은 10대 소년, 스티븐

스티븐은 36세의 육체 노동자다. 그는 만나던 여자친구와의 관계를 계속 이어나가고 싶었지만 여자친구는 그를 밀어내기 바빴다. 그런데도 스티븐은 무엇인가를 간절하게 원하는 사람들이 대개 그렇듯이 관계를 이어가려고 무리하며 버텼다. 여자친구도, 연애도 포기하고 싶지 않았던 그는 여자친구의 심기를 거스르지 않도록 그녀가 바라는 대로 자기 자신을 바꾸고 맞춰나갔다. 스티븐은 자기가 무슨 짓을 하고 있는지도 모른 채 자기 권한을 포기하고 과도하게 보상하고 타협하기 바빴다. 그들의 관계는 삼륜 수레(세 개의 바퀴로 이뤄진 수레)처럼 불안정했다. 때로는 똑바로 서서 짐을 싣고 앞으로 나아가지만 그러다가도 뒤집혀서 싣고 있던 짐을 모두 흘리고 바닥이 긁히고 말았다. 관계 지속에 대한 욕망이 과한 나머지 스티븐은 여자친구와의 관계가 제대로 된 것이 아니라는 사실을 보지 못했다. 그는 자신의 필요는 물론 자기 자신을 무시하면서 잘못된 행동에 대해 계속 보상했다.

치유 과정의 상당 부분은 자기 성찰을 가르치는 데 있다. 우리에게는 정보가 많이 있지만 여전히 대체로 자기 자신에게 충분히 귀를 기울이지 않는다. 때로는 어떤 관계나 상황이 우리에게 좋지 않음을 알면서도 바뀌기를 기대하며 계속 부정한다. 스티븐은 현실을 직시하는 대신에 자기가 바라는 관계에 초점을 맞추며 현실에서 눈을 돌린 것이다. 스티븐에게 여자친구를 계속해서 쫓아다니는 이유가 무엇인지, 무엇이 그 관계의 포기를 거부한다고 생각하는지 묻자 그는 그저 그 관계의 유지를 너무나 갈망한다고 답하며 이를 유지하기 위해서라면 무엇이든 하겠다고 말했다. 이어서 스티븐은 "얼마 전에는 여자친구가 사람들 앞에서 제게 소리를 질렀지만 전 그런 일을 당해도 싼 것 같아요"라고 말했다. 그는 자신에 대한 여자친구의 행동이 본질적으로 학대에 가깝다는 사실은 물론 수치심과 떠밀리기, 부당한 대우로 얼룩져 있는 자신의 모습을 무시하고 있었다.

스티븐은 이 관계를 객관적으로 볼 수 없었다. 책임지는 성인 자아와 상처받은 자아가 쏟아지는 메시지를 모두 받고 있었지만, 상처받은 부분은 스티븐이 이런 대우를 받아 마땅하다고 해석했기 때문이다. 스티븐은 진정한 자아가 느끼는 바는 차단하고 환영에게 권한을 건넸다. 여자친구와 같이 있지 않을 때 우울하고 막막한 기분을 느낀다는 사실에만 온 신경이 쏠린 스티븐은 외롭고 버림받은 느낌에서 벗어나고자 여자친구를 꽉 붙잡고 곁에 남길 원했다.

치료를 시작할 때까지만 해도 스티븐은 살면서 별다른 사건이 없었다고 말했다. 그러다가 나중에는 어렸을 때 이모와 무척 친했고, 많은 모험을 함께하고 비밀도 공유했다고 말했다. 그런데 14세가 되면서 이모와 노는 일 외에도 하고 싶은 일이 많아졌고 그는 여전히 이모와도 놀고 싶었지만 고등학교에 입학하고 여자아이들에게 관심을 가지기 시작하면서 갑자기 바빠졌다. 어떤 까닭인지 몰라도 이모는 이런 변화에 언짢아했고 갑자기 스티븐을 멀리했다. 더는 스티븐에게 안부를 묻거나 함께 뭔가를 하자고 권하지 않았고 가족 행사에서 만나도 무시했다. 이모의 태도 변화에 스티븐은 엄청난 충격을 받았다. 혼란스럽고 상처받았으며 그녀와의 관계가 너무나 그리웠다. 눈치가 빨랐던 스티븐은 더는 이모에게 연락하지 않았지만 그래도 상처가 남았다.

스티븐은 이모에게 거부당한 이후로 감정적 부작용을 겪었다. 이모가 자신을 내친 14세의 나이에 얼어붙었고, 감정적으로 버림받은 느낌이 줄곧 그에게 남아 있었다. 자기가 뭔가 잘못해서 두 사람의 관계에 변화가 생겼고 자기가 문제라는 생각을 내면화했다. 성인이 되어서도 자신 때문에 소중한 관계를 한 차례 잃었다는 사실에 집착하며 다시는 그런 일이 일어나지 않도록 할 생각이었다. 그래서 여자친구들을 사귀기 시작했을 때 심하게 집착했고, 상대방이 원하는 일은 무엇이든 하면서 실망시키지 않으려고 애썼다. 그는 여자친구들도 과거 이모의 방식대로 자기를 떠날까 봐 두려웠다. 상처받은 그의 일부가 그 기분을 두 번 다시 느끼게 하지 않게 필사적으로 노력했다. 그러다 보니 이렇게 해로운 관계를 떨칠 수가 없었던 것이다.

나는 스티븐에게 태어났을 때부터 20세에 이르기까지 그가 기억하는 사건과 감정에 대한 삶의 타임라인을 쓰게 했다.<sup>✛</sup> 타임라인을 쓰면서 그는 어린 시절부터 자기가 따랐던 패턴을 금방 알아차렸다. 자신이 이모와 맺었던 관계를 재현하려고 애쓰고 있다는 사실을 파악했다. 이모와 함께하면서 느꼈던 친밀함, 승인, 재미와 모험을 애타게 그리워했고, 여자친구를 사귈 때도 현실을 있는 그대로 보는 대신에 자신의 서사에 들어맞는 관계를 맺으려고 애썼다. 스티븐은 이 사실을 깨달으면서 그 패턴을 깨기 시작할 수 있었다.

스티븐은 자신이 버림받았고 혼자라는 기분을 느끼고 싶지 않다는 마음에 자기에게 바람직하지 않은 관계를 꼭 붙잡고 있다는 사실을 깨달았다. 그는 나쁜 관계에 대해 양자택일적으로 생각하며 거부당해서 외롭기보다는 힘든 관계를 이어나가는 방식을 선택했던 것이다. 자신의 성인 자아가 처한 악순환을 알아차리고선 처음에는 슬프다가 나중에는 자기 자신에게 화가 났다. 무엇보다 본인의 상처를 펼쳐 보이는 데만 관심 있는 사람과 관계를 유지하느라 얼마나 많은 시간을 허비했는지 깨달았다. 스티븐은 여자친구, 나아가 그 누구든 간에 그에게 해도 되는 언행과

---

✛ 당신도 5장에서 자신의 타임라인을 쓰게 될 것이다.

하면 안 되는 언행을 명확하게 구분함으로써 경계를 정하기 시작했다. 예를 들어 누구든 그를 깔보거나 무시하는 등의 언행은 용납하지 않기로 했다. 스티븐이 상담을 받는 동안에 여자친구는 그가 자기가 생각하던 남자도, 자기에게 필요한 남자도 아니라고 하면서 스티븐을 찼다. 여자친구는 자신의 모든 고통을 스티븐에게 투사하면서 계속해서 망가져 갔다. 하지만 스티븐은 이제 감정적 대응 도구 상자에 어느 정도 경계를 갖췄다. 그런 경계를 활용해 자기 자신을 감정적으로 보호했고 그동안 그녀의 말과 행동에 얼마나 상처받았는지 털어놓기까지 했다. 치료 과정을 거치면서 스티븐의 상처받은 14세의 어린 자아가 치유되기 시작했다. 이 부분이 현재 경계를 정하고 있는 책임지는 성인 자아와 하나로 통합됐다. 이제는 모든 부분이 그 여자친구가 스티븐에게 독이 된다는 사실을 이해했으므로 10대 시절 자아도 그녀가 떠났다고 한들 기겁하지 않았다. 이제 그는 확실히 내면을 지키는 법을 알고 있고, 다른 사람과 관계를 맺으면서 자신의 소중한 부분을 포기하지 않는 법 또한 배우고 있다.

## 누구에게나
## 내면아이가 있다

사람이라면 누구나 내면에 어리고 미숙하며 자주 발끈하고 걷잡을 수 없게 행동하는 부분을 품고 있다. 구체적인 명칭으로 '길 잃은 내면아이'라고 하는데, 이 부분은 우리의 감정적 고통을 품고 있는 부분이다. 간단히 말해서 상처받은 감정과 충동적 반응을 지니고 있는, 어린 시절의 상처받은 자아로서 성인이 된 이후 해묵은 문제가 촉발될 때면 성인 자아가 이를 밖으로 내보인다.

누구나 어린 시절에 자신을 상처받게 한 나쁜 일들이 두 번 다시 일어나지 않기를 바란다. 그래서 스스로 보호하고 방어하는 법을 배워 상처가 얼어붙은 상태 그대로 성장하거나 어른스러워지지 않는다. 이후 성인이 된 자아에게 남다른 존재감을 드러내며 인격의 다른 부분들을 전부 가리기도 한다. 상처받은 자아는 선한 의도로 도와주려는 사람, 심지어 친절한 사람들까지도 두려움을 이유로 몰아세우며 주변을 신뢰하기보다 계속 의심하며 감정적인 영역에 쉽게 지배당한다. 이 과정에서 다른 사람들을 위협 요소라고 믿으며 굳게 상처를 지킨다. 이런 상처가 심해지기 전에 이전에 자신에 대한 그 사람의 태도가 어땠으며 어릴 적 나의 가정 환경이 어땠는지 살펴볼 필요가 있다.

내 경우에는 상처를 치유하면서 10세 무렵 가족에게서 큰 상처를 받았다는 사실을 자각했다. 그 전후로도 여러 사건들이 일어났지만 내 감정들이 얼어붙어 상처가 자리를 잡은 나이는 10세였다. 당시에 부모님은 자주 싸우셨고, 그 모습을 보면서 두렵고 혼란스러웠으며 그들을 이해하기가 힘들었다. 하지만 지배적인 감정에 억눌리지 않는 중재자가 되고자 애썼고 부모님의 싸움을 막기 위해 최선을 다했다. 아이들이 대개 그렇듯이 어릴 적 나는 마치 영웅과 같은 힘이 있고 그래서 부모님에게 영향을 미칠 수 있다고 믿었다. 어린이 특유의 '마술적 사고magical thinking'로 내가 완벽해지고, 내게 주어진 일들을 하고, 부모님이 내게 화를 낼 일을 만들지 않으면 부모님이 싸우지 않을 것이고 내 세상은 안전할 것이라고 믿었다. 하지만 아무리 내가 착하게 굴어도 부모님이 항상 서로 존중하게 만들 수는 없었다. 나는 부모님도, 부모님의 행동도 바꿀 수 없었지만 내가 완벽해야 한다는 믿음은 계속 그 자리에 있었고, 그 안에서 생긴 상처는 10대 시절을 거쳐 성인기까지 이어졌다.

어렸을 때 일어났던 일들은 어른이 된 이후에 일어나는 일보다 더 큰 영향을 미치곤 한다. 어릴 적 우리의 세계는 지금보다 더 작았고, 우리에게는 그리 큰 힘이나 통제력이 없었으며, 뇌도 완전히 발달하지 않았으므로 여러 경험들을 대단히 중요하다고 여겼다. 하지만 성장하면서 세계가 넓어지고 세상을 바라보는 시선이 확장되면 어릴 적에 일어났던 일들이 그다지 큰 문제가 아니었음을 생각하게 된다. 그래서 성인이 된 지금의 관점에서 어린 시절을 돌이켜볼 때 당시에 일어났던 모든 일을 그냥 극복했어야 한다고 생각한다. 우리는 어릴 적 느낌과 경험을 축소하고 당시에는 어떤 가정이든 '그런 식'이었다고 스스로에게 말한다. 실제로 그럴 수도 있었겠지만, 많은 경우 어른의 관점에서 어린 시절의 문제들을 해석한다.

우리는 과거에 일어났던 나쁜 일들을 굳이 기억하려고 하지 않지만, 그 일들은 제자리에서 성인이 된 우리가 들춰봐 주기를 기다리고 있다.

## 2장

# 힐 프로세스를 시작하고 이해하기

Healing Your Lost Inner Child

우울하다면 과거에 사는 것이다.
불안하다면 미래에 사는 것이다.
평온하다면 현재에 사는 것이다.

― 노자

가장 효과적인 치료법에는 이야기가 빠지지 않는다. 다른 사람에게 자기 이야기를 들려주는 행위에는 강력한 힘이 있고, 자기 이야기를 스스로 적어나가는 행위 또한 같은 치유력을 지닌다. 이 과정에서 당신은 자기 자신이 느끼는 고통을 인정하고, 그렇게 인정하면서 "그래, 이런 일이 있었지만 나는 지금 여기에 있어"라고 말할 수 있게 된다.

앞으로 내가 상담했던 사람들과 내 사례를 읽게 될 것이다. 이런 사례들을 읽어나가면서 우리가 어릴 적에 감정적으로 중대한 영향을 미치는 사건을 겪었을 때 생기는 트라우마들이 결합하면 핵심 상처가 생긴다는 사실을 알게 될 것이다. 이렇게 상처받는 사건은 그 일이 일어났을 당시의 나이와 연결되는데, 이 나이를 가리켜 '상처받은 나이age of wounding'라고 한다. 우리는 상처받은 나이에 형성된 얼어붙은 감정을 바탕으로 미숙한 감정적 대응 도구를 사용해 혼란스러운 세상과 소통하고 거래한다. 그리고 이 취약한 내면과 좀 더 수월하게 관계를 맺기 위해 그 부분을 의인화하는 법을 배운다.

이미 앞에서 살펴봤겠지만 이 책에서 감정적으로 상처받은 내면

을 가리키는 말로 '상처받은 부분' '상처받은 자아' '상처받고 길 잃
은 내면아이'라는 용어를 자주 사용할 것이다. 힐 프로세스는 이렇
게 상처받은 내면에 안전하고 조심스러운 방식으로 직접 다가갈
수 있도록 도와줄 것이다. 이로써 당신은 상처받은 아이와 하나가
되기 시작하면서 정서적으로 건강하고 성숙하며 온전한 성인으로
거듭날 수 있다. 그 과정을 돕는 힐 프로세스를 앞으로 본격적으로
알아보고 진행하면서 길 잃은 내면아이에게 말을 거는 자신만의
방법을 찾게 될 것이다.✢

상처받은 부분은 온갖 충동적 반응 도구를 통해 지금껏 당신과
소통하려고 애써왔다. 계속해서 암호와 붉은 깃발, 사이렌을 보냈
지만 당신은 그게 무슨 의미인지 모르거나 어떻게 해야 할지를 몰
라서 무시했을 것이다. 당신이 다른 사람들과 상호 작용할 때 사용
하는 역기능적 방법들은 고통과 상처가 모습을 드러내면서 당신과
다른 사람들에게 구조의 신호를 보내는 것이다.

지금 당장 잠시 시간을 내서 자신의 내면으로 좀 더 깊이 들어가
보자. 오랫동안 품어온 아픔, 트라우마, 고통, 무거운 짐을 생각해
보자. 당신의 주의를 끌려고 애쓰는 감정이나 끔찍한 상처에 귀 기
울이기에 충분히 여유로운지 살펴보자. 이는 계속해서 다시 떠오

---

✢ 확실하게 밝혀두자면 상처받은 내면아이라는 개념이 예전에 다중 인격 장애라고 불렸
던 '해리성 정체감 장애dissociative identity disorder'를 의미하는 건 아니다.

르는 기억일 수도 있고 특정한 상황에 처했을 때 생겨나는 느낌일 수도 있다. 이렇게 생겨나는 느낌들은 당신의 일부로서 모두 자연스러운 것이다. 그 감정을 잠시 느끼다가 다음 연습으로 넘어가자.

현재 당신이 느끼는 주된 감정을 세 가지 찾아보자. 최근에 삶에서 일어나고 있는 일과 관련된 감정일 수도 있고 기억하는 어릴 적 경험에 대한 감정일 수도 있다. 무엇을 알아차렸는가? 나는 당신이 자신의 감정을 확인하는 데 익숙해지기를 바란다. 감정은 당신에게 필요한 유용한 정보를 풍부하게 담고 있기 때문이다.✛

고통은 어떤 종류이든 해결될 때까지 여러 형태로 우리 곁에 머무른다. 고통은 내면의 상처가 보내는 전달자이며, 우리가 상처에 대처할 때까지 우울, 불안, 가슴앓이, 때로는 신체 증상의 형태로 계속해서 메시지를 보낼 것이다. 이런 감정은 살면서 하는 선택에 아주 큰 영향을 미칠 수 있다. 이런 고통 메시지를 어떻게 할지 잘 생각해서 합리적인 선택을 할 수 있도록 해야 한다.

## 힐 프로세스는
## 어떻게 작동하는가

종이 한 장을 구겨서 공처럼 만들었다가 다시 펴보자. 구김을 펴다

---

✛ 감정을 나타내는 단어를 떠올리기가 어렵다면 부록 A의 느낌 차트를 참고하자.

보면 원래 평평했던 모양새를 되찾기 시작한다. 탁자 위에 놓고 구김을 펴면 처음 그대로 매끈한 부분도 있고 주름지고 모양이 일그러진 부분도 나타난다. 최대한 종이를 잘 편 다음에 처음처럼 평평한 부분과 주름져서 구겨진 부분을 살펴보자. 그 종이처럼 우리에게도 매끈한 부분과 주름지고 구겨진 부분이 있다. 이런 부분들이 모여서 우리라는 사람을 구성한다. 나는 이런 식으로 당신이 자기 자신을 모든 부분들이 모인 총합으로 바라봤으면 좋겠다.

힐 프로세스를 거치면서 치유의 순간들을 경험하면 구깃구깃했던 일부분이 다시 새롭게 매끈해질 것이다. 당신은 새로운 자신감과 지혜를 얻을 것이고 감정에 몰입하여 예전처럼 과하게 반응하지 않을 것이다. 또한 이전에 성가시다고 느끼지 않았던 일이나 사람에게 짜증을 느끼면서도 그 이유를 도무지 알 수 없다거나 반대로 예전에 신경 쓰였던 일들이 거의 거슬리지 않기도 할 것이다. 이는 모두 당신이 자아의 확장을 통해 더 넓은 세상으로 나아가고 있다는 지표들이다. 당신은 자기 자신에게 좀 더 귀를 기울이기 시작할 것이고 항상 그곳에 있었던 감정들을 확인하고 알아차리면서 "이제 나는 이것으로 무엇을 하고 싶은 걸까?"라고 물을 것이다.

치유와 진정한 삶을 가능하게 하는 힐 프로세스를 진행하면서 이미 치유된 부분들, 즉 기능하고 통합되어 있는 책임지는 성인 자아를 검토하게 될 것이다. 당신은 지금도 잘못하고 있는 것보다 제대로 하고 있는 것이 더 많기 때문이다. 동시에 역기능을 일으키는 분리된 자신, 치유가 필요한 내면의 상처받은 부분들도 검토하게 될 것이다.

나는 '치유'라는 단어를 현재 진행 중인 적극적 의미로 사용한다. 우리는 이 세상을 떠날 때까지 항상 치유하고 발전하며 성장한다고 믿기 때문이다. 또한 힐 프로세스는 지금과는 다른 관점에서 좀 더 명확하게 자기 자신을 바라볼 수 있도록 돕는다. 어린 시절에 일어난 괴로운 사건을 지금 겪고 있는 문제 및 반응과 연관 짓기 시작하면 역기능적 패턴에 밝은 빛을 드리워 '아하!'라고 깨닫는 순간을 만나게 될 것이다. 상처받은 내면아이가 어떻게 나타나서 상처와 오해로 얼룩진 어린이의 감정적인 추론으로 결정을 내리려 하는지 분명하게 보게 될 것이다. 일단 자기가 하는 행동이 자신에게 해롭다는 사실을 의식하고 나면 계속해서 그렇게 행동하기는 무척 어려워진다.

힐 프로세스는 자기 자신에 대한 인식을 넓히도록 설계한 획기적인 경험이자 역동적인 과정이다. 다른 사람들이 걸어온 여정에 대해서 읽으면서 당신이 자기 자신의 여정을 관찰하고 설명하는 방법을 배우게 될 것이다. 먼저, 태어나서 20세가 될 때까지 일어난 중대한 사건들을 자세히 기록한다. 이런 경험을 검토하면서 감정적으로 두드러진 사건들emotional standouts을 식별하는 법을 배울 것이다. 이 과정에서 행복하고 즐거웠던 경험들은 당신을 발전시키고 스스로를 굳세고 진실하다고 느끼도록 돕는다.

한편 트라우마나 상처받은 사건들은 진정한 자아가 충만하고 자유롭고 열린 마음을 누리지 못하도록 위축시키고 제한하는데, 당신은 그 가운데에서도 두드러진 핵심 상처를 발견하여 이와 관련된 경험, 감정, 충동적 반응들과 현재 성인으로서 주고받는 상호작용의 연관성을 좀 더 수월하게 찾을 수 있을 것이다. 그리고 어렸을 때 확립된 패턴을 오늘날 보이는 반응과 연결 짓기 시작할 것이다. 나아가 당신 안에 제대로 성장한 부분, 현재 생활에서 어른스러운 결정을 내리는 책임지는 성인이 있다는 사실도 새롭게 알게 될 것이다.

## 책임지는
## 성인 자아

책임지는 성인 자아는 연령, 정신, 감정이 온전하게 성장한 부분이다. 이는 과거에 얽매이지 않는 존재이자 성인으로 행동하고 책임지며, 현실을 위해 돈을 벌고 대체로 옳은 행동을 하는 최선의 모습이다. 책임지는 성인 자아가 항상 나타나는 것은 아니지만 모습을 드러낼 때면 옳은 일을 하고자 노력하고 모든 일이 원활히 흘러가게끔 한다. 이 존재는 역기능적 상처를 반복하는 데 머물러 있지 않고, 사회적 단계에 따라 계속 나아가서 학교를 졸업하고 일자리를 찾는다. 또, 함께할 반려자를 찾아 성인 세계에서 삶을 꾸린다. 때때로 고통이 드러날 때면 상처받은 부분이 어른의 삶에 나타나지만 필요할 때는 책임지는 성인이 나서서 현실에 기반한 중심을 잡고 합리적인 결정을 내릴 수 있다.

책임지는 성인 자아는 적절한 경계를 설정할 수 있는 기능적 자아로서 당신이 상처받은 부분을 치유하도록 도와줄 수 있다. 또한 필요한 경계를 정하고, 이에 대한 목소리를 내며 꾸준히 당신의 모든 부분을 옹호하고 지키는 대변인이 될 수 있다. 그렇기 때문에 힐 프로세스를 성공으로 이끄는 가장 중요한 요소라고 할 수 있다.

## 나쁜 남자만 계속 만나는 제니퍼의 쳇바퀴

똑똑한 여성인 제니퍼는 사생활에서 똑같은 실수를 계속해서 저지르는 이유가 무엇인지 알아내려고 열심히 노력했다. 제니퍼는 늘 자기에게 잘해주지 않고 어떤 경우에는 학대까지 하는 남자들을 선택했다. 첫 번째 남편은 폭언을 하지는 않았지만, 충실한 일부일처 관계를 맺지 못하고 여러 차례 바람을 피웠다. 두 명의 10대 아들이 있던 두 번째 남편은 '지킬 박사와 하이드 씨' 같은 이중인격이었다. 그는 가족이나 친구들과 함께 있을 때에는 상냥했지만 제니퍼와 둘만 있을 때는 폭언을 퍼부었고, 결혼 생활 중에 바람을 피운 적도 있었다. 그리고 제니퍼가 결혼은 하지 않았지만 세 번째로 만난 남자, 프레드와의 관계는 약 12년 동안 이어졌다. 전처와 사별한 프레드는 언뜻 보기에 매력적인

남자였지만, 나중에 알고 보니 대인관계에서 공감성 결여, 사기성 등
의 행동 양식을 보이며 사람을 자기 마음대로 휘두르고 학대하는 자기
애성 인격장애였다.

두 사람이 만났을 때 프레드는 어린아이 셋을 혼자 키우고 있었다. 두
사람이 사귀는 동안 프레드는 제니퍼와 자기 아이들에게 폭언을 지속
했다. 제니퍼가 프레드와 관계를 지속한 가장 큰 이유는 자기가 떠나
고 프레드와 살아갈 아이들이 걱정스러웠기 때문이었다. 그래서 제니
퍼는 막내가 대학교에 갈 때까지 프레드를 만났고, 관계를 끝냈을 때
제니퍼는 자기 자신이 자랑스러웠지만 프레드는 그녀를 놓아주지 않
았다. 그는 제니퍼를 스토킹하면서 차에 추적 장치를 달았고, 이를 안
제니퍼는 겁에 질렸다.

나를 만나러 왔을 당시 제니퍼는 혼란스럽고 심한 기복에 지친 상태였
다. 그녀는 직장에서는 일을 곧잘 했고, 퇴근하고 집에 오거나 친구들
을 만날 때면 긍정적인 태도를 유지하려 애썼지만 여전히 마음속은 비
참했다. 자기애성 인격장애자였던 전 연인, 프레드에게 오랫동안 가스
라이팅gaslighting을 당한 제니퍼는 스스로 제정신이라고 생각하다가도
때때로 미쳤다는 기분이 들었다. 자기 인생이 계속 이런 식으로 흘러
가게 될까 봐 두려웠다. 프레드를 떠났지만 엉망진창인 관계의 여파로
외상 후 스트레스 장애 증상을 겪고 있었다.

제니퍼는 인생을 바꿔놓을 힐 프로세스에 들어갔다. 그녀가 태어났을
때부터 20세까지 어린 시절의 타임라인을 작성하는 과정에서 8세 때

일어난 한 사건이 눈에 띄었다. 어렸을 때 제니퍼는 할아버지 과일 가게에서 수박을 팔곤 했는데, 어느 날 매상에서 25센트가 모자라는 일이 일어났다. 할아버지는 이성적인 어른의 입장에서 아마도 손녀가 잔돈을 잘못 건넨 모양이라고 생각하지 못한 채 제니퍼가 돈을 훔쳤다며 닦달했다. 이 일로 제니퍼는 크게 상처받고 좌절했다. 잔돈을 제대로 건넸다고 생각한 제니퍼는 돈의 행방을 계속 추적하다가 결국에는 본인에게 화살을 돌렸다. 제니퍼는 할아버지를 믿었기에 그가 맞고 자기가 틀렸다고 생각했기 때문이다. 애초에 할아버지가 거짓말을 하거나 상처를 줄 이유가 없지 않은가? 자기를 사랑한다고 말하는 할아버지였으므로 당연히 자기 잘못이라고 여겼고, 그저 할아버지를 실망시켰다는 처참한 감정에 빠져버렸다.

당시 8세였던 제니퍼에게는 상황을 객관적으로 보고 판단할 기술과 안목이 부족했다. 그녀는 그때부터 "죄송해요"라는 말을 입에 달고 살며 새로운 방법으로 세상과 상호 작용하게 됐다. 스스로 희생자가 되어 다른 사람들이 행한 부적절한 행동을 자기가 떠맡는 법을 배웠다. 자기 자신에 대한 믿음보다 다른 사람에 대한 믿음이 더 커져 평생 자기는 멍청하고 다른 사람들이 한 행동에 대해 책임을 지고 사과해야 한다고 믿기 시작했다.

성인이 된 이후로 인생에서 자신의 선택과 패턴을 되돌아본 제니퍼는 그동안 사귀었던 세 남자에게 공통점이 많다는 사실을 알 수 있었다. 세 사람 모두 나름대로 자기애성 인격 장애였다. 제각기 상처받은 경험이 있고, 이기적이었으며, 입버릇이 사나웠다. 제니퍼는 세 남자가 모두 할아버지와 비슷한 성격임을 발견했다. 그들은 모두 제니퍼가 스스로 쓸모없고 무식하다고 믿게 만들었고, 그녀의 고질적인 불안감이 영영 뿌리내리게 했다.

첫 번째 상담에서 제니퍼는 45분 동안 자기가 사귄 남자들이 모두 얼마나 비열했는지 말했다. 나는 제니퍼가 자기 자신과 자신의 선택을 들여다보고, 스스로에 대한 책임을 지고, 그 상처받은 자기애성 인격 장애자들을 파악하려고 애쓰지 않을 수 있다면 그녀를 도울 수 있다고 말했다. 힐 프로세스를 진행하면서 제니퍼는 잘못된 행동의 패턴을 명확하게 봤고 자기 자신 및 대인관계에서 건전한 경계가 필요하다는 사실을 깨달았다. 자신이 경험한 과거의 상처로 이런 특정한 남자들을 찾고 그런 남자들이 자기에게 꼬인다는 사실을 알게 됐다.

제니퍼는 항상 자기가 나쁘고 잘못했다는 식의 자기 대화를 멈추기 위해 내면의 경계internal boundaries를 설정하는 법을 배웠다. 또한 다른 사람들의 행동에 대해 사과하지 않는 법을 배웠고, 나아가 촉발 요인이 되는 사건triggering event에 제대로 대응하고자 새로운 기능적 대응 도구들을 개발하기도 했다. 나중에 제니퍼는 자기가 배운 가장 중요한 사실은 바로 자기 자신에 대해 책임지는 일의 중요성과 관계가 좋지 않게 끝난 책임을 남자들의 탓만으로 돌리지 않게 된 것이라고 말했다. 또한 자기 진단을 하게 되면서 성인 자아가 바람직하지 않은 관계를 맺고 있다는 사실은 물론 자신이 더 나은 대접을 받을 자격이 있음을 알고는 있지만 상처받은 내면아이가 계속해서 이런 남자들 곁에 머무

르게 하고 있었다는 것을 깨달았다. 제니퍼가 자기 자신과 다른 사람
들을 위해 개발한 기능적 대응 도구와 경계는 앞으로 나쁜 관계를 거
부하고 악순환을 깰 기반을 제공했다. 이 과정에서 그녀는 남들에게서
초점을 돌려 자기 내면을 들여다보는 데 열중할 수 있었다.

제니퍼는 처음에 자기 자신을 직면하는 게 쉽지만은 않았지만 일단 직면
하고 나니 모든 것이 바뀌기 시작했다고 말했다. 상처를 치유하면서 자기
자신을 사랑하고 용서할 수 있었으며 예전에 자기 주변에 없었던 수많
은 멋진 사람을 삶에 끌어들일 수 있게 되어 그 점에 감사하다고 말했다.

## 기능적 대응 도구는
## 어떻게 생겨나는가

앞의 사례를 보면 제니퍼가 어쩌다가 상호 작용과 인간관계를 통
제하는 방식으로 다른 사람이 한 행동에 책임을 지고 모든 일에 자
기가 사과하는 행동 유형을 익히게 됐는지 알 수 있다. 어릴 적에
상처를 입은 제니퍼는 대표적으로 방어적인 행동, 지나친 사과, 자
책 같은 충동적 반응을 보였다. 그녀는 할아버지를 포함해 계속해
서 남자들을 탓하면서 살 수도 있었겠지만 책임 전가 상황에서조
차 희생자는 항상 제니퍼였다.

그녀는 자기 자신 및 타인과 명확한 경계를 설정하는 법을 배우
면서 자기 삶의 선택에 대한 책임을 지는 기능적 대응 도구를 개발

했다. 제니퍼의 책임지는 성인 자아는 이미 여러 기능적 대응 도구를 갖고 있었고, 힐 프로세스를 밟아나가면서 제니퍼는 그런 대응 도구를 직장뿐만 아니라 대인관계에서 사용하는 법도 알게 됐다.

제니퍼가 그랬듯이 많은 사람은 업무에서는 적절한 경계를 설정하지만 사생활에서는 그 필요성을 느끼지 못하는 경우가 많다. 그러면서 삶이 왜 그렇게 어지럽고 혼란스러운지 의아해한다. 우리에게는 경계를 설정하는 도구가 있지만 이를 이따금씩 사용할 뿐, 항상 사용하지는 않는다. 그래서 충동적 반응 도구와 기능적 대응 도구를 각각 상황에 맞게 사용하는 기술을 배워야 한다.

기능적 대응 도구 상자functional toolbox에는 긍정적이고 낙관적인 방식으로 도움이 되는 생각, 느낌, 행동으로 채워져 있다. 이런 도구들은 자기 자신 및 다른 사람들과 건실한 관계를 맺을 수 있도록 돕는다. 혼자 있을 때든 다른 사람들과 함께 있을 때든 당신은 이 도구들을 사용해 중립적인 태도로 침착함을 유지할 수 있다. 자신에게 무엇이 바람직하고 무엇이 바람직하지 않은지 분명하게 알 때, 적절한 경계를 설정할 수 있을 때, 나아가 자신감에 차 있으며 냉철함과 강인함을 보일 때도 이 기능성 대응 도구들을 사용하고 있는 것이다. 충동적 반응 도구가 그랬듯이 기능적 대응 도구들 역시 오랜 시간에 걸쳐 생겨났다.

내가 개발한 이 기능적 대응 도구들은 대개 내 부모님과 다른 성인들이 건실하고 명확한 생각과 의도를 지니고 있을 때를 지켜보

면서 만들었다. 나는 이 과정에서 배려와 친절을 베푸는 법, 불우한
사람들을 돕기 위해 애정 어린 손길을 뻗는 법 등을 배웠다.

다음은 기능적 대응 도구의 실례를 열거한 목록이다.

- 남들이 인정해 주지 않을 때도 자부심을 느끼기
- 하루를 살아가는 데 도움이 되는 긍정적인 행동과 선택을 인식하기
- 당신에게 도움이 되고 힘을 주는 친구들을 알아보기
- 당신이 해내기에 정말 힘겨운 일을 성취했을 때 자기 자신을 대우해 주기
- 자기 자신과 자신의 결정을 존중하기
- 관계가 상호적인 경우와 그렇지 않은 경우를 구분하기
- 완벽하지는 않더라도 매일 당신이 가능한 최선의 선택을 내리고 있음을 알기
- 앞으로 나아가도록 스스로를 격려하기
- 여전히 취약한 내면의 일부를 사랑함으로써 온전한 나를 수용하기
- 다른 사람에게 도움 요청하기
- 필요할 때 충분히 쉬기
- 긴장을 푸는 방법으로 취미나 운동을 즐기기
- 당신이 신뢰하는 사람들에게 취약한 감정을 털어놓기
- 당신이 온전히 사랑하는 가족, 친구들과 연락하기
- 누구 혹은 무엇이 당신에게 유리하거나 불리한지 알아보기

일단 기존에 문제가 되었던 관점이 치유되면 기능적 대응 도구

들이 더 두드러지게 보일 것이다. 그것들을 사용했을 때 얻는 긍정적이고 생산적인 결과를 알기 때문이다. 그러면 충동적 반응 도구 대신에 기능적 대응 도구에 접근하기가 좀 더 쉬워진다.

## 연습: 현재의 기능적 대응 도구

앞선 목록을 바탕으로 현재 당신에게 도움이 되는 기능적 대응 도구를 생각해 보자. 공책을 꺼내 당신이 사용하는 도구와 개발하고 싶은 도구를 써보자. 어떤 도구를 개발해야 할 것 같은가? 주변의 사람들이 사용하는 기능적 대응 도구 중에서 당신이 사용하지 않는 도구를 떠올려보자. 당신은 어떤 도구를 사용해 보고 싶은가? 그런 도구들도 적어보자.✢

# 힐 프로세스의
# 목표들

우리에게는 저마다 내면의 치유를 격려하고 촉진하는 경험이 있다. 힐 프로세스의 목표는 당신을 이루는 모든 부분을 지속적으로 치

---

✢ 이 기록은 7장에 나오는 새로운 도구 사용하기 연습에 필요하니 잘 보관해 두자.

유해 내면아이와 책임지는 성인 자아가 통합integration 상태에 이르도록 격려하는 것이다. 이로써 삶을 단단하게 만들어줄 능력을 갖도록 돕는다. 우리의 대표적인 목표들을 이제부터 살펴보려고 한다. 당신은 앞으로 당신의 일부가 되어 스스로 더욱 완전하고 진정하다고 느끼도록 도와줄 새로운 생각과 느낌의 패러다임을 형성할 것이다.

## 진정성

진정성authenticity은 바른 됨됨이의 핵심이다. 이는 우리가 사랑과 존중, 신뢰를 받을 가치가 있다는 사실을 아는 부분이자 참된 본성이다. 진정한 자아는 결코 당신을 버린 적이 없지만 어쩌면 당신은 이를 스스로 만들어낸 환영이나 당신에게 투사된 생각(예를 들어 '나는 무가치한 존재'라는 생각)에 파묻었을 수도 있다. 우리는 종종 남들이 씌운 환영을 짊어지고 살기 때문이다. 이런 환영들은 속임수와 거짓이라는 두꺼운 담요 아래에 진정한 자아를 깔아뭉개서 질식시킨다. 이제 힐 프로세스를 통해 진정한 자아를 드러내고, 진정한 자아가 그런 환영들을 뛰어넘도록 격려하며, 더 강해지고 충만해지도록 나아갈 것이다. 진정성 있는 자아와 이어질 때 당신은 그저 있는 그대로의 모습을 드러내기만 하면 되므로 삶이 훨씬 수월해진다.

## 회복 탄력성

회복 탄력성resilience은 우리가 계속해서 길을 잃고 뒤집혀도 다시 수면으로 떠오르는 부분, 삶의 기세에 따라 앞으로 나아가는 부분으로 거친 바다에서도 절대로 가라앉지 않는 배와 같다. 어려운 시기를 극복해야 하거나 헤쳐 나가야 할 때 회복 탄력성을 갖춘 자아는 진정한 자아와 힘을 합쳐 감당하기 힘들거나 쳇바퀴 도는 상황을 뛰어넘을 수 있도록 돕는다. 또한 우리가 절망에 빠졌을 때 동기를 찾을 수 있도록 하며, 우리가 누군가에게 거부당할지라도 여전히 사랑스러운 존재임을 기억할 수 있게 한다. 이는 내면 깊은 곳에서 우러나오는 힘과 끈기의 원천으로 우리가 어떤 점이든 전날보다 더 나아질 것이라고 믿으며 또 다시 아침을 맞이할 수 있게 만든다.

## 조율

조율attunement이란 특정한 상황에 어떻게 대응할지 결정하는 행위다. 조율은 우리가 타인과 타인의 필요에 얼마나 대응하며 이를 어떻게 그들에게 다시 반영하는지를 보여준다. 그리고 그 수준은 내면이 치유된 정도에 비례한다. 해결되지 않은 문제와 원망resentment의 감정이 많다면 조율 상태에 이르기가 더 어려울 것이다.

　그중에서도 자기 조율self-attunement은 우리가 자신의 필요에 맞춰 상황 대처 능력을 조절하는 과정을 말한다. 좋게 생각하든 나쁘게 생각하든, 어린 시절에 겪은 모든 경험이 현재의 당신을 형성하고 있으며 당신은 당신만의 이야기를 써내려간다는 점, 당신과 똑같은 이야기를 가진 사람은 아무도 없으며, 이 사실이 우리 각자를 고유하고 중요하고 특별한 존재로 만든다는 점을 깨닫게 하는 능력이다.

또한 자기 조율은 성격(본성), 환경(양육), 스스로 느끼는 회복 탄력성의 정도, 즉 경험을 헤쳐 나가는 능력을 비롯해 우리 자신의 고유성과 관련이 있다. 자기 조율에 따라서 어떤 사람들은 새롭고 흥미진진한 경험들을 순조롭게 헤쳐 나갈 수 있는 반면, 어떤 사람들은 비슷한 경험을 하면서 감당할 수 없다거나 정서적, 정신적으로 과부하 상태라고 느껴 어려움을 겪는다. 자기 조율의 정도에서 드러나는 차이를 통해 시끌벅적한 공연, 큰 소음, 신나는 일들을 사랑하는 친구의 특성과 고요한 순간들, 침묵, 세심한 손길을 소중히 여기는 친구의 특성을 이해할 수 있다. 각 친구는 이렇게 다른 방식의 고유한 자기 조율 렌즈로 삶을 경험하는 것이다.

우리는 우리를 기분 좋게 하거나, 우리가 자연스레 즐기며 열정을 갖게 하는 것, 그 자체로 나일 수 있게 하는 대상 그리고 사람들에게 끌리기 마련이다. 우리는 각자의 조율된 렌즈를 통해 각자의 경험을 해석하므로 자기 조율에 따라 어떤 것은 본성과 시너지 효과synergistic를 일으키며 자연스레 흘러가거나 어떤 것은 순조롭지

못한 흐름으로 이에 반하게 된다. 예를 들어 조용하고 내성적인 초
등학교 4학년 아이에게 반 친구들 앞에 서서 말하기란 감당하기 어
렵고 심지어 트라우마가 될 수도 있는 일이다. 모질고 가혹하게 느
껴지는 핵심 상처가 생길 수 있다. 하지만 같은 상황에서도 오락부
장 같은 아이의 경우 다르게 받아들일 수 있다. 그는 큰 어려움 없
이 순조롭게 상황을 이끌어갈 수 있는 힘이 있기 때문이다. 한 아이
는 자기 본성에 맞지 않는 경험을 했고 다른 아이는 잘 맞는 경험을
한 것뿐이다. 이 예에서 아이 둘은 모두 있는 그대로의 자신이며 내
성적인 아이도 외향적인 아이만큼이나 소중한 기술과 재능을 많이
갖추고 있다. 단지 자기 조율의 정도에 따라 그 상황을 다르게 받아
들이는 것이다.

흔히 우리 사회에서 내성적인 아이에게 사교적인 사람이 되도록
권하는 모습을 자주 보게 된다. 하지만 이는 내성적인 아이의 타고
난 조율에 반하는 것이다. 또 다른 예로 당신이 남들에게 맞추지 않
으면 남들도 당신에게 맞추지 않는 경우가 있다. 이런 사람들은 당
신이 얼마나 특별하고 유일무이한 사람인지에 대해 인정하지 않
기 때문에 고유성을 무시한 채 당신을 바꾸려고 한다. 그들은 당신
에게 그들이 무엇에 맞춰져 있고, 무엇에 공감하며, 무엇을 좋아하
는지 낱낱이 이야기하면서 자기가 좋아하는 것이 당신이 좋아하는

것보다 더 낫다는 태도를 은연중에 드러낸다. 이럴 때 당신은 그들과 시너지 효과를 내지 못하고 서로 부딪치게 된다. 만약 튼튼한 경계를 설정하지 못한 상태라면 이는 혼란과 감정적 상처를 겪기 쉬운 순간이 된다.

남들이 자신의 인식을 우리에게 투사하고 그런 투사에 마음이 상하는 순간에 우리는 상처받는다. 예를 들어 당신이 어렸을 때 부모님이나 친구가 "너 '그거' 입을 거니?"라고 물었을 수도 있고, 부모님이 왜 배구를 하고 싶은지 묻거나 왜 조류학 같은 과목에 관심이 있는지 못마땅하다는 듯이 물어봤을 수도 있다. 악의가 있어서 한 말은 아니겠지만 이런 지적을 반복해서 듣다 보면 그 말의 행간을 읽게 된다. 이 과정에서 '나는 나쁜 사람이야, 나는 너무 멍청해, 왜 나는 이 일을 더 잘하지 못할까? 왜 그들은 내게 못되게 굴까? 내가 뭘 잘못했을까?'와 같은 부정적 자기 대화가 생겨난다. 다른 사람들의 말을 머릿속에서 자주, 다시 떠올리고 마침내 그 말을 믿기 시작한다.

여기에서 평생에 걸친 부정적인 생각과 감정의 습관이 생겨날 수 있다. 자기 자신을 의심하고 만사에 의문을 품으며 다른 사람이 어떤 말을 할지 두려워하는 버릇 또한 생길 수 있다. 그런 자기 회의에 시달리는 사람도 여전히 자기 자신에게 맞춰 조율하지만 진짜 자기 자신에 대한 감각, 진정성은 느낄 수 없다. 다른 사람들에게 너무 많은 권한을 넘긴 나머지 진정한 자아를 가둔 채, 흐릿하고 불확실한 자기 인식을 형성하게 된 것이다.

자기 조율이 순조롭게 이뤄지는 사람들은 다른 사람들이 자신에 대해서 뭐라고 말하는지 신경 쓰지 않는다. 그들은 경계가 탄탄하므로 남들이 뭐라고 하든 대수롭지 않게 여기고 마음에 두지 않는다. 그들은 자신에게 잘 맞는 대응을 하고 진정한 자아감을 잘 알고 느끼며 강한 회복 탄력성을 지닌다. 내면의 경계를 한결같이 튼튼하게 지키므로 진정한 자아의 모습대로 살아갈 수 있다. 이는 자기 조율, 즉 일상생활에서 마주치는 모든 상호 작용을 어떻게 경험하고 해석할지를 분명하게 구축하고 잘 유지하는 것이 중요해지는 이유이다.

## 식별

식별decernment은 어떤 일을 유념해서 반응할지 혹은 충동적으로 반응할지, 두 가지 갈림길에서 옳은 방향성을 알아보고 구분하는 일이다. 스스로 느끼는 자아감과 다른 사람이 생각하는 당신이 어떻게 다른지 식별하는 법을 배우는 것은 힐 프로세스에서 중요한 부분이다. 앞으로 당신이 하게 될 연습들은 자기 식별 기술을 배우는 데 도움이 될 것이다. 이 과정은 직관적으로 누가 당신과 시너지 효과를 일으키면서 어울리고, 누가 그렇지 않은지 알게 되는 것을 목표로 한다.

어렸을 적 당신은 어떤 대상이 분명하게 마음에 들지 않거나 어떤 일을 하고 싶지 않았을 때 식별을 사용하며 특정 대상에 대한 생각을 분명하고 확실하게 했다. 하지만 시간이 흐르면서 외부의 사건과 사람들에게서 영향을 받고, 당신이 좋아하는 것과 그렇지 않은 것을 식별하는 능력이 약해지면서 당신이 느끼는 자아감이 흐려진다. 다른 사람들을 사랑하고 신뢰하는 마음에 그들에게 당신의 자존감과 정체성을 결정할 수 있는 권한을 주기 시작하면서 말이다. 성인이 되면서 겪는 이러한 변화에 식별 능력은 진정한 자아와 발맞춰 나가는 데 도움이 될 것이다.

식별 능력은 자기 자신에 대해 느끼는 진실한 감정을 파악하는 데도 도움이 된다. 당신의 자아가 다른 사람에게서 비롯됐는지 아니면 당신의 온전한 해석과 판단에서 비롯됐는지 알게 될 것이다. 식별 능력은 또한 당신이 타고나길 자신이 나쁘다거나 열등하다는 생각을 하는 사람이 아니라는 것을 뒤로 물러나 볼 수 있게 만들며, 그런 생각이 어디에서 비롯됐는지 파악하게끔 도와줄 것이다.

## 연습: 자기 식별

다음 질문에 답하면서 당신의 자기 식별 능력을 확인해 보자. (힌트가 좀 더 많이 필요하다면 머리말에서 언급했던 자기 성찰 질문들을 참고하도록 하자.) 공책을 꺼내 다음 질문에 대답해 보자.

- 무엇이 당신의 분명한 자아 인식을 가로막고 있는가?

- 당신은 어떤 방식으로 자신의 삶을 소홀히 하는가?

- 당신은 자기 자신에 대해 어떤 부정적 믿음을 가지고 있는가? 그런 믿음은 어디에서 비롯됐는가?

- 왜 어떤 날에는 당신이 사랑받고 있다는 사실을 알기가 어려운가?

- 어떤 상황이나 사람에게 호감을 느끼는가? 그 이유는 무엇인가?

- 어떤 상황이나 사람에게 호감이 느껴지지 않는가? 그 이유는 무엇인가?

- 왜 당신은 대부분의 상황에서 다른 사람들이 당신의 선택에 영향을 미치도록 내버려두는가?

- 당신의 머릿속에는 누구의 목소리가 있는가?

- 왜 당신은 자기가 내린 선택이나 결정을 의심하고 때때로 번복하려 하는가?

- 당신은 얼마나 자주 제대로 생각도 해보지 않고 선택하는가?

- 당신은 어떤 상황에서 신중히 선택하는가? 다른 상황에서는 왜 그렇지 않은가?

- 당신의 인생에서 상대방과의 경계를 확실히 구분하기가 어려웠던 사람은 누구인가?

- 당신이 다른 사람에게서 받아들인 감정이나 아이디어가 있다면 무엇인가?

- 당신은 누구에게서, 어디에서, 혹은 어떻게 당신이 열등하다고 생각하게 되었는가?


작성한 답안을 훑어보자. 어떤 주제가 보이는가? 두 번 넘게 언급한 상황이나 이름이 있는가? 식별 수준과 관련해 당신은 어떤 메시지를 발견했는가? 만약 당신이 위 질문들 중에서 몇 가지에만 도

드라지게 대답했다면 아마도 당신은 스스로를 잘 알며 자기 자신과의 강한 유대감을 바탕으로 대개 바람직한 선택을 해왔을 가능성이 높다. 반면 만약 한두 장에 걸쳐 대답을 빼곡하게 채웠고 같은 사람과 상황을 여러 차례 적었다면 앞으로 상황과 타인에 대한 명확한 식별력을 키우기 위해 노력해야 한다.

당신 내부에는 분명 식별 능력이 있다. 경계 설정을 제대로 못하는 바람에 다른 사람들의 필요를 자신의 필요보다 우선시했다. 다른 사람들이 당신을 좋아하거나 사랑했으면 해서 당신의 권한을 다른 사람에게 넘겨왔을 뿐이다. 식별은 우리 안의 혼란을 정리하고 명확성을 찾는 일이다. 만약 당신이 어떤 대상에 대해 왜 그렇게 생각하거나 느끼는지 혼란스럽다면 그 마음의 소리를 계속 읽어나가기 바란다. 힐 프로세스의 각 단계는 당신이 진짜 어떤 사람인지 명확하게 알고 진정한 자신과 이어질 수 있도록 도와줄 것이다.

## 상처 해동

지금까지 읽었듯이 힐 프로세스의 목표는 진정성, 회복 탄력성, 자기 조율 및 식별 능력을 키우고 존중하는 것이다. 이는 치유에서 중요한 목표인 동시에 더욱 심오한 목표를 뒷받침하는 역할을 한다. 바로 어린 시절 감정적으로 상처받아 그 시간에 얼어붙어 있는 부분을 치유함으로써 책임지는 성인 자아와 하나가 되어 감정적으로 자유로운 사람이 될 수 있도록 돕는 것이다. 이 얼어붙은 부분이 계속해서 나타나 나쁜 결정을 내리지 않도록 돕는 것은 전반적인 치유 과정에 꼭 필요하다.

1장에서 배웠듯이 이 부분은 정서 발달 과정에서 특정 시기에 머물러 얼어붙고 상처받은 내면의 조각이다. 이 부분은 항상 애초에 상처받은 사건과 비슷하게 느껴지는 상황이 발생하는지 예의주시한다. 그 결과로 생긴 대응 패턴은 당신이 이를 알아차리고 치유할 때까지 계속해서 반복된다. 일단 치유가 되면 그 기억을 품은 부분이 더 이상 촉발되지 않으며, 같은 패턴이 계속 되풀이되지 않을 것이다. 다시 말해 당신은 진정한 자아와 분명하게 연결될 것이다.

## 경계

경계boundaries는 우리가 타인을 대할 때 개인적, 물리적, 사적, 감정적, 정서적 안전감을 형성하는 방법이다. '경계가 있다' 함은 우리가 거절할 때 싫다고 말할 수 있다는 뜻이다. 어떤 상황을 마주했을 때, 혹은 대인 관계에서 안전에 대한 감각을 갖도록 돕는다. 이는 당신이 어떤 대상이 마음에 드는지, 들지 않는지 그 여부를 즉시 알아차리는 부분에서 생겨난다.† 경계와 단단히 이어져 있을 때 우리는 자기 자신을 보살필 수 있다는 사실을 안다. 또한 힘에 겹거나 위협적인 상황에 처해 있을 때 바람직한 경계를 설정할 수 있다는 사실이 자아감을 유지하도록 돕는다.

경계는 내부 경계와 외부 경계로 나뉜다. 내부 경계internal boundaries
란 수용할 수 있는 것이나 수용할 수 없는 것을 정하는 자기 자신과
의 약속이자 합의이며 외부 경계external boundaries란 우리가 원하는 것
이나 원하지 않는 것에 대해 타인에게 공고히 하는 진술 혹은 행동
이다. 사람들은 저마다 다양한 방법으로 경계 체계를 구축하며 대
부분은 자기가 사용하는 경계가 있다. 어린 시절 가정에 바람직한
경계 역할 모델이 있었다면 성인이 된 이후로도 인간관계에서 경
계를 잘 설정하고 있을 것이다. 하지만 바람직한 경계 역할 모델이
없었던 사람들은 경계에 일관성이 없거나 경계가 망가졌거나 아예
없는 경우가 종종 있다.

제대로 기능하지 않는 환경에서 자란 아이들은 바람직한 경계
를 설정하는 법을 배우지 못하고 그 가정 안에 있는 경계들은 대개
단단하지 않다. 심지어 경계를 설정할 수 있는지조차 몰랐던 사람
들도 많다. 이러한 경우에 자기 보호에 필사적인 상처받은 부분이
적절한 경계를 사용해 우리의 자아를 보호하려는 대신에 익숙한
상처받은 도구들을 사용해 방어하려고 한다. 그리고 책임지는 성
인 자아가 분명한 경계를 설정할 때까지 충동적 반응을 이용해 계
속해서 성인 자아 앞에 나선다.

---

✤ 4장에서는 경계가 부족할 때 어떻게 상처가 고착화되는지 배우고 6장에서는 기능적
경계를 만드는 법을 배울 예정이다.

　나의 경우가 그랬다. 항상 다른 사람들을 먼저 생각하고 다른 사람들의 필요를 나 자신의 필요보다 더 중요하게 여기는 법을 배웠다. 줄곧 내 감정을 억눌렀고 내면에서 느끼는 강도가 정말로 심해져야만 큰마음을 먹고 거절할 수 있었다. 결국에 거절하거나 소리를 지르는 식으로 끝날 때가 많았고, 화가 났을 때도 마찬가지 방식으로 대응했다. 어린 시절에 가족에 대한 경계가 분명하게 정해지지 않았고, 그래서 내가 책임을 져야 하는 상황과 부모님이 책임을 져야 하는 상황을 구분하지 못했기 때문이다. 밀착enmeshment이라고 일컫는 이런 애매모호함 때문에 집안이 어지러울 때 내가 그 책임을 져야 한다고 생각하곤 했다.

　앞으로 기능적 경계 체계를 새롭게 확립하게 되면서, 당신은 다른 사람의 상처를 자처해서 안고 갈 필요가 없다는 사실은 물론 당신의 경계와 타인의 경계가 어디에서 시작하고 어디에서 끝나는지도 알게 될 것이다. 일단 제대로 된 경비를 설정하게 되면 부정적인 만남에서 살아남고 나를 지킬 수 있다.

## 통합

힐 프로세스의 마지막이자 가장 중요한 목표는 바로 상처받은 부분들 전부가, 책임지는 성인 자아와 통합integrate 하도록 지지하고 격려하는 기반을 만드는 것이다. 자기 자신을 성찰하는 과정을 통해 통합을 이루면 어린 시절에 발이 묶이고 얼어붙은 파편들이 하나로 모일 것이다.

책임지는 성인 자아가 앞으로 나아가게 하고, 탄탄한 내부 및 외부 경계를 설정하도록 격려하면 당신의 상처는 훨씬 덜 쓰라리고 아문 듯 느껴질 것이다. 외부 세계에 대한 인식이 확장되면서 그동안 반복하던 충동적이고 파괴적인 패턴을 마주하고, 상황에 따라 유연하게 대응하는 힘이 생길 것이다. 치유하는 과정에서 상처받은 부분이 더는 촉발되지 않을 것이며 모서리도 무뎌질 것이다. 어떤 일이 일어났는지는 여전히 기억하겠지만 그 기억들에 예전만큼 격한 감정적 에너지가 모이거나 발현되지는 않을 것이다.

## 용감했던 어린 소녀, 애니아

애니아는 32세의 유능한 전문직 여성이다. 애니아의 부모님은 미국 이민 1세대다. 10대 때 이민 온 두 사람은 미국에서 만나 사랑에 빠졌고 직장에 다니며 딸을 둘 낳았다. 바로 애니아와 애니아의 여동생 키아라였다. 이 가족은 아메리칸드림을 실현하고 있는 듯 보였지만 그들에게는 행복이 없었다. 애니아의 부모님이 정반대 시간으로 교대 근무를 하는 바람에 두 아이는 나이 많은 친척의 집과 잘 알지도 못하는 이웃집을 오가며 자랐기 때문이다.

애니아가 9세가 됐을 때 엄마는 애니아에게 아빠가 집에 오기 전까지 집안의 어른 노릇을 해야 한다고 말했다. 그렇게 해서 애니아는 어린 나이에 6세 동생인 키아라를 책임지는 꼬마 엄마가 됐다. 게다가 엄마는 애니아에게 아빠가 집에 오면 절대 술을 마시지 않도록 해야 한다고도 말했다. 아빠가 먼저 일하고 들어오면 엄마가 나중에 일하러 나가는 식의 교대 근무였기 때문이다. 애니아는 늘 저녁 식사를 차리고 키아라가 숙제를 하도록 챙겨야 했을 뿐만 아니라 엄마가 집으로 돌아왔을 때 취한 아빠를 보고 애니아의 탓으로 돌려 화를 내지 않도록 술병들을 숨겨 아빠가 술을 너무 많이 마시지 않도록 말리기까지 해야 했다. 어린아이가 짊어지기에는 너무 무거운 짐이었다.

이 사례로 미루어 짐작컨대 애니아는 분명히 여러 핵심 상처를 입었을 것이다. 우리가 이야기를 많이 나누고, 애니아가 어린 시절 타임라인을 더 많이 작성하면서 그녀는 또 다른 기억들을 떠올렸다. 치료 과정에서는 애니아의 가족 중 그 누구도 들을 수 없었던 과거 모든 상황에 대한 감정과 느낌들을 애니아의 9세 자아가 자유롭게 터뜨릴 수 있는 안전한 장소를 제공했다. 그 안에서 애니아는 어린 시절 상처받은 자아의 감정과 이어지기 시작했고, 어른이 된 지금도 그때와 같은 감정들이 여전히 어떤 식으로 튀어나오고 있는지 들여다봤다. 그녀는 마치 커다란 커튼을 걷고 어린 시절에 겪었던 감정적 고난을 처음으로 분명하게 보고 있는 것 같다고 말했다.

애니아는 어렸던 자신에게 엄마가 얼마나 심한 부담을 줬는지 비로소 깨닫기 시작했다. 당시에 애니아는 엄마에게서 요구받는 책임감의 정도가 지나치다거나 이상하다는 생각을 하지 못했다. 부모님은 가정이 제대로 돌아가려면 애니아가 제 몫을 다해야 한다는 이유를 들어 그녀가 불평을 하거나 어떤 유감도 느끼지 못하도록 했다. 애니아는 생존을 위해 어린아이다운 놀이와 꿈, 자유로운 느낌을 제쳐둬야 했다. 애니아는 도우미, 해결사, 관리자가 되어갔고, 자신의 필요와 욕구에 대한 깨달음 없이 다른 사람들에게 과도하게 초점을 맞췄다. 유감스럽게도 애니아가 아무리 열심히 해도 충분하지 않았다. 그녀는 무엇도 개선할 수 없었고 항상 힘에 부치는 의무에 시달렸다.

하지만 부모님은 애니아가 얼마나 힘겨워하는지 조금도 인정하지 않았고, 그로 인해 애니아의 내면에는 오랜 시간에 걸쳐 분노와 원망이 쌓였다. 이제 성인이 되어 결혼하고 아이들을 낳은 애니아는 그때로 돌아가서 고칠 수도 없는 상황에서 비롯되는 이런 좌절감을 어떻게 해야 할지 몰랐다. 심지어 성인이 된 이후로도 엄마는 계속해서 애니아에게 애니아 자신을 제외한 모두를 돌보게끔 했고 애니아가 자기 자신을 위해 뭔가를 하면 죄책감을 느껴야 한다고 은연중에 압박을 가했다. 애니아는 부모님을 사랑하고 지금도 부모님을 도우려고 애쓰지만, 그럴 때마다 감당할 수 없는, 절망적인 기분에 휩싸여 악순환이 결코 끝나지 않을 것이라고 생각했다.

이 과정에서 애니아는 자신의 어린 시절에서 두드러지게 나타나는 핵심 감정이 인정받지 못한 데에서 비롯되었음을 깨달았다. 부모님이 어

린 애니아가 짊어졌던 책임의 무게를 일찍 알아차리고 인정해 줬더라
면 어린 소녀의 감정들이 제대로 받아들여졌을 것이다. 하지만 사느라
바빴던 부모님은 어린 소녀가 어른의 책임을 도맡는 것이 얼마나 힘겨
운 일인지 미처 알지 못했다.

힐 프로세스를 진행하면서 애니아는 어린 시절의 자신과 치유 편지
healing letter를 주고받았다. 이 편지를 통해 그녀는 어린 자신이 했던 힘
겨운 일들을 마침내 직면하고 인정하면서 크나큰 안도감을 느꼈다고
말했다. 그리고 많이 울었다. 과거에 주어졌던 막대한 책무와 그로 인
해 감정적 부담을 느꼈지만 표현할 수 없었던 어린 자신을 들여다볼
수 있었기 때문이다. 그녀는 어떠한 감정을 느낄 시간이나 여유도 없
이 정말 일찍 어른이 되어야 했다.

애니아와 비슷한 환경에서 양육되는 아이들의 사례를 보면 감정은 대
개 아주 깊은 내면으로 밀려나 있다. 그들에게 감정은 도움이 되지 않
고 사태를 악화시킬 뿐이다. 이런 아이들은 아주 분석적이고 논리적이
며 냉정한 사람으로 자란다. 복잡한 상황들을 헤쳐 나가는 법을 생각
하느라 두뇌 능력을 총동원해야 했기 때문이다.

현재 애니아는 대단히 분석적인 사고가 요구되는 일을 하고 있다. 그
녀는 사람들을 잘 읽을 수 있고 어떤 사람이 즐거운 하루를 보내고 있
는지 혹은 일진이 사나운지 금방 알아차린다. 또한 다른 사람의 기분
에 맞춰서 잘 적응하는 법도 안다. 이는 모두 어린 시절에 몸에 밴 충동
적 반응 도구들을 성인이 되어서도 쓰기 때문이다. 그러나 어떤 측면

에서는 이런 기술들이 도움이 되지만 기꺼이 도우미가 되려는 성향은 방해가 될 수도 있다. 자기 자신의 필요를 돌보는 대신에 다른 사람들에게 주의를 기울일 때가 많기 때문이다.

애니아는 만사가 질서 정연하고 통제되어야 하며 놀랄 일은 절대 없어야 한다고 생각한다. 어렸을 적, 집을 제대로 관리하지 않으면 엄마가 화를 냈던 경험들이 반복적으로 쌓이면서 생긴 강박증이다. 나이가 들면서 애니아는 자기가 짊어진 비현실적인 기대 때문에 엄마에게 반감을 느끼게 됐다. 그러면서 자주 남편에게 화풀이를 했다. 자기 자신을 이해하고자 노력하는 과정에서 애니아의 책임지는 성인 자아는 상처받고 아파하는 어린 자아가 언제 자극을 받고, 충동적으로 모든 일을 통제하며 생존하려고 애쓰는지 알아차리기 시작했다. 이런 반응들이 어린 시절에 겪은 모든 고통과 감정적 고난의 결과라는 사실에 책임지는 성인 자아는 슬퍼했다. 그런 애니아의 치유 과정은 상처받은 어린 자아가 복잡한 가정을 최대한 기능적으로 돌아가게 만들기 위해 해야 했던 온갖 힘든 일들에 대한 이해와 연민을 중심으로 이뤄졌다.

이 과정을 통해 애니아는 몇십 년 동안 실행했던 생존 및 통제 모드에서 벗어남으로써 긴장을 풀고 인생을 좀 더 즐기게 되었다. 또한 자기 자신 및 주변 사람들을 상대로 경계를 설정하는 법도 배웠다. 그래서 꾸준히 변화하는 자신과 다르게 여전히 똑같은 행동들을 반복하는 엄마의 문제점을 알아차릴 수 있었고, 더는 엄마가 시키는 일을 무턱대고 하지 않게 되었다. 이제는 엄마가 애니아를 깎아내리거나 무시할 때 어떤 기분인지 말로 표현한다. 애니아 내면의 어린 소녀는 목소리

를 찾았고 성인 자아는 엄마와 경계를 설정할 때 쓸 말을 찾고 있다. 그
녀는 자기 인식에 집중하면서 남편 그리고 엄마와의 관계를 회복할 수
있었고, 이제 그 어느 때보다 감정적으로 안전하다.

# 3장

# 길 잃은 내면아이는 어떻게 찾아오는가

Healing Your Lost Inner Child

소년을 치유하면 남자가 나타날 것이다.

—토니 로빈스TONY ROBBINS

우리는 앞서 내면아이를 이야기하며 길 잃은 내면아이의 개념을 익혔다. 많은 이들이 자기 안에 있는 길 잃은 내면아이를 알아차리지 못하지만 이 존재는 우리가 성인이 된 이후로도 수많은 결정을 내리고 나중에 책임지는 성인 자아가 그 뒤치다꺼리를 해야 하는 경우가 흔하다.

　사람들은 별다른 생각 없이 살아가면서도 충동적으로 반응하며 목청껏 소리를 지르거나 화를 내는 사람들을 멀리한다. 그들과의 감정적 교감을 두려워하기 때문이다. 학대받는다거나 무시당하는 일을 경험하면 어릴 때와 똑같이 상처받거나 혼란스러움을 느끼지만 지금은 외양으로 보나 말투로 보나 어른의 모습을 하고 있기에 자신의 일부가 길을 잃고 감정적으로 고착되어 있다는 사실을 알아차리지 못한다. 한편으로는 자기가 피하고 싶은 그런 강력한 감정들이 내면의 어둠 속에 도사리고 있음을 어렴풋하게나마 알기 때문에 선뜻 내면을 들여다보려고 하지 않는다.

　길 잃은 내면아이에서 내면아이가 '길을 잃었다'라고 표현하는 이유는 이 존재가 보내는 명확한 구조의 신호를 지금 당신이 알아차리지 못하고 있다는 데 있다. 이런 내면아이도 당신의 일부이지만 나머지 부분들과 함께 감정적으로 성숙해지지 못했으므로 길을 잃었다고 하는 것이다.

이 장에서는 내 사례를 중심으로 내면아이가 어떻게 길을 잃고 갇혔으며, 어떻게 우리와 간절하게 소통하려고 하는지 그리고 궁극적으로 어떤 방식으로 발견되고 치유될 수 있는지 보여주고자 한다.

# 길 잃은
# 나의 내면아이를 찾아서

나는 1961년 켄터키주 루이빌에서 태어났다. 1960대 미국 남부에서 자라며 길고 더운 여름을 만끽했다. 자연 속을 누비다가 호주머니에 돌멩이와 때로는 개구리를 가득 채워서 집으로 돌아오곤 했다.

때는 자동차에 날개 장식을 달고 우주 탐사와 아무런 관련도 없는 물건에도 로켓 모양과 궤도 패턴을 적용하던 제트 시대였다. 희망과 낙관의 시대였지만 동시에 사회를 불안하게 하는 인종 관련 문제와 시위도 많았다. 흑백텔레비전으로 보던 야간 뉴스에는 베트남 전쟁의 뒤틀린 대학살이 나왔고, 나는 양탄자 위에 앉아 공포와 혼란, 슬픔에 빠져서 뉴스를 봤다. 내가 6세 무렵 아빠가 전쟁에 나가서 싸우고 싶은지 물었던 기억이 선명하다. 아이에게 묻기는 황당한 질문이었지만 나는 정색하면서 싫다고 말했다. 돌이켜 생각해 보면 어린 시절 내가 의식적으로 단호한 경계 발언을 한 것은 그때가 처음이었다.

나는 운 좋게도 엄마가 집에서 나와 내 여동생을 돌봐주는, 전형적인 미국 중산층 가정에서 사랑받고 자랐다. 아빠는 같은 회사에서 40년 넘게 열심히 일하면서 우리 가족이 줄곧 중산층 지위를 누리며 편안한 생활을 할 수 있도록 뒷받침했다. 부모님은 내가 마음속 가장 깊은 곳에서 그들이 나를 사랑하고 보살펴 줄 것임을 알 수 있을 만한 환경을 만들었다. 이런 탄탄한 기반 덕분에 나는 무조건적인 사랑을 확실하게 느꼈고 회복 탄력성을 갖출 수 있었다. 부모님은 바쁜 생활에 정신이 없었던 와중에도 나와 여동생을 키우기 위해 최선을 다했다.

그러다 내가 고등학교에 입학했을 때 엄마는 아빠와 결혼하기 전에 다니던 회사로 복귀했다. 부모님이 모두 일을 하게 되면서 우리 가족의 기능도 조금씩 바뀌었다.

## 공의존과 거짓 자아의 탄생

그 이후부터 행복은 오래 가지 않았다. 풍족하고 안정적인 가정 영위에 대한 아빠의 압박감이 날로 심해졌고, 이에 시달리던 아빠는 자주 술을 마시며 소리 지르는 날이 많아졌다. 그러면서 엄마의 몸 상태 또한 악화되어 갔고, 이러한 변화는 감정적으로 불안정한 기복으로 이어졌다.

엄마는 아빠의 잘못된 감정 분출에 장단을 맞추는 주요 조력자가 되었다. 이런 역동 속에서 나는 공의존을 배웠다. 공의존은 스트레스가 심하거나 기능 장애가 있는 상황에 적응하는 데 사용하는 행동 범주 혹은 기술이다. 이 시기에 배웠던 공의존 기술들은 내가 처음으로 도구 상자에 넣은 상처받은 도구들이었다. 우리 가족의 문제를 어떻게 헤쳐 나가야 할지 파악하려고 했던 어린 시절에 이런 감정적 대응 도구들은 내게 아주 큰 도움이 됐다.

또한 나는 내 진정한 자아와 별개인 '거짓 자아false self'를 만들어 내기도 했다. 나 자신의 필요를 부정하고 감정을 억누르는 법을 배웠다. 6세 무렵부터 엄마와 아빠를 돕고 두 사람의 스트레스를 풀어서 말다툼을 하지 않도록 나의 어린 자아는 '부모님이 시키는 일은 뭐든 완벽하게 해낼 거야. 그러면 부모님은 소리치며 다투지 않을 테고 아빠가 술을 마시고 화내는 일도 없을 거야'라고 생각했다. 이는 알코올 중독자의 자녀가 부모 행동에 책임을 지려고 하는 전형적 사례다. 나 자신을 바꾸면 부모님의 상황을 통제할 수 있다고 믿었다.

첫째인 나는 알코올이 감정 고조를 유발하는 주요 원인인 가정에서 자라며 이런 비슷한 환경에서 맏이가 학습하는 모든 특성을 다 가지게 됐다. 아빠를 시작으로 화가 난 사람들을 무서워하게 됐으며 과도한 보상으로 다른 사람에게 인정을 받고자 했는데 그 대상은 주로 엄마였다. 또한 가족 전체를 돌봐야 한다는 막중한 책임감을 키웠다. 나는 집안에서 발생하는 모든 감정 고조를 격렬하게 느꼈다. 이런 느낌을 어떻게 해야 할지 몰라 이를 내면화했다. 때때로 전류가 흐르는 듯이 갑작스러운 분노가 집안 가득 번뜩였고 곧 내 안에서 걱정스러운 생각과 슬픔으로 나타났다. 그러던 와중에 혼란스럽게도 당시 상황을 역전시키는 일이 생겼고, 우리 가족은 만족을 넘어서 기쁨까지 누리는 순간들을 경험했다.

내가 7세가 되었을 때 여동생이 태어났다. 그전까지만 해도 아이라곤 나밖에 없는 상황에 너무나 익숙했던 나는 여동생이 생기자 당황스러웠고 한편으로는 상처받기도 했지만, 크면서 여동생은 내가 혼자라고 느끼지 않게 해주었다. 그렇게 집안에 아이가 둘이 되었고, 나는 맏이이자 오빠로서 여동생을 보호하게 됐다.

여동생이 태어나기 직전부터였으니, 6세 때부터 11세 무렵까지 어린 시절의 나는 감당할 수 없는 감정에 휩싸여 내 방으로 가서 침대에 얼굴을 묻고 울곤 했다. 감정을 겉으로 드러내서는 안 된다고 생각했기 때문에 터져나오는 감정을 숨기려고 무던히 애썼다. 무엇보다도 나는 부모님의 감정에 초점을 맞췄고 부모님이 내게 화를 내지 않기를 바랐다. 너무나도 혼란스러운 어린 소년이었다. 그런 나를 두고 엄마, 때로는 아빠가 내 방에 들어와 침대에 걸터앉은 채 무슨 일인지 상냥하게 물어보곤 했다. 부모님의 진심 어린 걱정을 듣고 느낄 수 있었지만 부모님은 어떻게 해야 내 기분을 풀어줄 수 있을지 몰랐다.

물론 부모님이 보이는 관심과 걱정은 위로가 됐지만 내가 느끼는 감정을 정확하게 표현할 수 없었다. 다만 엄마에게 아빠와 싸우지 않았으면 좋겠다고 말한 것은 또렷하게 기억한다. 부모님이 소리를 지르면 나는 두려움에 떨었고, 부모님이 벌이는 말다툼이 너무 격렬해서 집 전체가 폭발할 것 같다고 느꼈다. 아니면 내 안에서 느껴지는 감정이 너무 강렬한 탓이었을까? 그들은 내가 괴로워하는 줄은 알았지만 내가 느끼는 혼란과 고통의 원인이 두 사람에게 있는지는 몰랐다. 집안이 평온하다가도 불안해진 아빠가 누가 쫓아오기라도 하는 듯 맥주를 마시고 엄마가 순탄치 않은 밤을 예상하며 입을 굳게 다물면서 바뀌는 그 사이클을 두 사람은 보지 못했다. 그런 가운데 나는 부모님 바로 옆에서 숨을 죽이고 뱃속이 뒤틀리는 고통을 느꼈다.

## 가족을 지켜야 했던 어린아이의 최선

나는 이에 대처하고자 도우미, 중재자, 조력자, 갈등 회피자가 되는 등 충동적 반응 도구를 많이 사용했다. 내 감정에 방어벽을 치고선 그 감정을 위장 질환으로 내면화하기 바빴다. 주로 남의 마음을 읽는 연습을 했고, 그에 따라 상황을 통제하려고 노력하며 내면의 영역을 여러 자아로 구분하는 법을 배웠다. 집안에 흐르는 감정적 격렬함에 대처하기 위해 어린 시절에 구획화 도구를 개발한 것이다. 이렇게 함으로써 영웅이 되어 우리 가족을 구하려고 했다. 나는 마음을 닫고 솔직한 생각들을 말하지 않았으므로 자주 우울해하고 슬퍼했다.

내가 생각하는 부모님의 바람대로 되려고 최선을 다했다. 부모님의 표정과 걸음걸이를 지켜보고 목소리에 귀를 기울이면서 좋은 날인지 아닌지 파악했다. 그들의 표정을 지켜보면서 부모님을 거들려면 나 자신을 어떻게 바꿔야 할지 결정하곤 했다. 다가가서 오늘 있었던 일들을 이야기해야 할까? 지금이 질문을 하기에 적절한 타이밍일까? 그냥 입 다물고 책을 읽거나 텔레비전을 봐야 할까, 아니면 집 밖으로 나가 개울가에서 놀아야 할까?

집안이 혼란스러울 때마다 자연 속으로 도피하는 것은 스스로를 달래고 나 자신을 되찾는 완벽한 방법이었다. 성냥갑으로 만든 자동차와 장난감 병정들을 가지고 숲속에 있는 개울가로 가곤 했다. 대처하려고 최선을 다했고, 그렇게 혼자 있으면서 기운을 차렸다. 집안에 감도는 압박에서 벗어나는 잠깐의 휴식 시간이었다.

아이에게 나타나는 외상성 스트레스 징후인 이런 침잠과 고립은 내 주요 대처 기술이 됐다. 이후 나이를 먹으면서 이런 기술들은 외로움이라는 감정 속에 갇혔고 나는 진짜 감정을 터놓고 말하지 않는 사람이 되었다. 그러다 진정한 자아와 다시 연계하는 방법으로 자기반성, 자연 속 명상, 탐구 기술을 개발하며 기능적인 감정적 대응 도구를 만들었다.

  나를 둘러싼 세상밖에 모른다는 점에서 나는 친구들이나 다른 아이들과 전혀 다르지 않았다. 무엇보다 혼란스러운 가정의 일들을 이해하려고 애썼고, 내가 내놓은 해결책은 상황에 맞춰 나 자신을 바꾸는 것이었다. 그 상황을 더 잘 처리할 수 있어야 한다는 기대를 키울수록 일이 잘 풀리지 않으면 나한테 잘못이 있다는 생각이 들기 시작했다. 부모님이 왜 싸우는지를 알아내고, 또 알고 있어야 한다고 생각했다. 내가 모든 것을 개선할 수 있고 부모님의 감정을 통제할 수 있다는 생각에서였다. 그러니 부모님이 싸우면 내 할 일을 충분히 잘하지 못하고 있다는 죄책감이 들었고 내게 결점이 있다고 느끼게 되었다. 그러면서 남들보다 열등하다거나 그들만큼 뛰어나지 못히다는 서사를 만들어냈나. 내 모습이 이렇게 보잘것 없다고 하는 환영을 받아들였고 그 환영은 현실이 되어 내 진정한 자아와 더 멀어지게 만들었다. 나는 다른 사람들에게 도움이 되어야 했지만 정작 나 자신에게 정성을 기울이지 않았다. 그럴 만한 가치가 없는 사람이라고 생각했기 때문이었다.

  나와 내 여동생이 성장하는 동안 대부분의 날들은 그냥 지루한 일상이었다. 똑같이 부모님은 일했고 나는 학교에서 걸어서 집으로 돌아왔으며, 여동생이 학교에 다니게 되면서부터는 함께 집으로 돌아와 숙제를 했고, 저녁 시간에는 거실에서 가족이 다 함께 텔레비전을 봤다. 주말이 되면 가족끼리 호수나 강으로 놀러 가서 온종일 즐거운 시간을 보냈다. 우리는 물에 빠진 강아지처럼 녹초가 되어 집으로 돌아왔고 기분 좋게 깊이 잠들었다. 그러나 무척 예민한 아이였던 나는 이렇게 모든 상황이 순조로울 때도 상황이 점차 악화되는 징후를 쉽게 알아차렸다. 자유롭고 열린 마음을 느끼다가도 엄마와 아빠의 일거수일투족을 지켜보며 초긴장 상태로 바뀌곤 했다. 언제 폭발할지 결코 알 수 없고, 난데없이 터진다는 폭발의 특성에 마음을 졸였다. 그럴 때면 나의 뇌와 심장은 당황해 제 기능을 하지 못했고 즐거운 시간들이 고함과 혼란으로 갑자기 끝나곤 했다.

그 속에서 나 자신의 상당 부분을 억제하면서 거짓 자아를 만들어내기 시작했다. 나는 어른의 행동과 감정을 통제하고 바꿀 수 있다고 믿는 이 거짓 자아에게 더 많은 힘과 에너지를 주고 있었다.

엄마 역시 나름의 방식으로 가정을 평온하고 감정적으로 안전한 곳으로 만들고자 노력하고 있었다. 그를 통해 나는 아빠가 퇴근해서 집으로 돌아오기 전까지 집을 치워놓지 않으면 즐거운 저녁 시간을 보낼 수 없을 것임을 학습하게 됐고 내가 기억할 수 있는 가장 어릴 때부터 대학에 진학하면서 집을 떠나게 됐을 때까지 집의 평화를 위해 엄마가 내가 요구하던 많은 짐들을 다 떠맡았다. 엄마가 느끼는 긴장감을 누구보다 가까이서 보고 느낄 수 있었으므로 엄마의 감정에 밀착, 즉 얽매이게 됐다. 어디에서 엄마의 감정이 끝나고 내 감정이 시작되는지 몰라 자주 혼란스러웠다.

언젠가부터는 거실에 앉아 텔레비전을 보다가 차고 문이 열리는 소리가 들리면 '아, 오늘밤에는 어떤 일을 겪게 될까?'라고 생각했던 기억이 난다. 아빠의 발걸음 소리가 가벼운지 무거운지 귀 기울여 들었고 아빠가 거실로 들어오는 모습을 보면서 그의 기분이 어떤지 표정으로 읽곤 했다. '찡그리고 있나?, 눈썹이 처졌나 올라갔나?, 오늘 내가 잘못한 일이 있었던가?' 아니면 '아빠가 편안해 보이나?' 아빠를 봐서 반가운 마음도 있었지만 그날 밤에 아빠가 어떤 기분으로 퇴근할지는 절대 알 수 없었기에 복잡한 심경이었다.

분노가 폭발하고 예측대로 술을 마시고 나면 아빠는 보상을 하고 친해지려고 애썼다. 여러 물건을 만드는 법을 보여주고, 우리를 데리고 전국 곳곳으로 여행을 다니기도 했으며, 또래 친구들보다 더 부유한 삶을 누리게 해줬다. 아빠는 여동생과 내가 다채로운 어린 시절을 보낼 수 있도록 시간과 돈, 에너지를 투자했다.

아빠는 내면에 복잡한 감정과 고통을 간직한 사람이었지만 이를 효과적으로 표현하는 법을 몰랐다. 나는 내 자리를 찾고 아빠와 함께할 수 있도록 엄마와 비슷한 감정적 대응 도구들을 개발해야 했다.

내가 어른이 됐을 때 엄마는 그녀의 친구들에게 "우리는 로버트 때문에 골치를 썩은 적이 한 번도 없었어. 로버트는 늘 우리가 시키는 대로 했거든"이라고 말하곤 했다. 로버트는 당연히 했다. 그게 로버트가 해야 할 일이었으니까.

## 트라우마의 발발과 그 후폭풍

10세 때 일어났던 한 사건을 똑똑하게 기억한다. 엄마와 아빠는 주방에서 싸우고 있었고 동생과 나는 거실 소파에 앉아 있었다. 우리는 부모님이 주방에서 싸우는 소리를 들었지만 아무런 문제가 없다는 듯이 계속 텔레비전을 봤다. 공의존 상태인 아이들은 이렇게 가식적으로 행동한다.

서로 주고받는 고함 소리가 점점 커지더니 어느새 텔레비전 소리보다도 커졌다. 나는 황급히 동생과 부모님 사이를 가르는 완충제 역할을 할 수 있도록 동생 곁으로 다가갔다. 동생이 강렬한 감정과 분노 폭발에 상처받지 않도록 보호하고 지켜주고 싶었지만 싸움은 계속됐다. 처음보다 더 큰 고성이 오갔고 더욱 격렬해졌으며 욕설도 난무했다. 나는 동생을 지켜야 했으므로 용기를 쥐어짜서 동생 손을 잡고 방으로 들어가 방문을 쾅 닫았다. 우리는 조용히 침대에 걸터앉았고 나는 그냥 동생을 안았다. 부모님이 계속해서 싸우는 동안 우리 둘은 아무 말도 하지 않았다. 그러다가 갑자기 조용해지더니 발소리가 났다.

완벽한 꼬맹이 로버트가 가족 관행에 거역한 셈이었던 터라 나는 겁에 질렸다. 분노와 역기능의 벽에 맞서 온몸으로 싫다고 말하고 있었다. 어떤 일이 일어날지 짐작조차 할 수 없었지만 동생을 지키려면 거실에서 나가야 한다는 사실은 알았다. 나 자신에 대해서는 생각하지 않았다. 전형적인 공의존 상태의 행동을 보이고 있었

다. 공의존인 사람은 자기 자신을 위해 경계를 설정하리라는 보장
은 없지만 다른 사람을 보호하기 위한 경계는 설정할 수 있으므로
나는 동생의 안전만을 생각하며 부모님에게서 철저히 경계를 세우
고 있었다.

아빠는 얼굴을 붉힌 채 방문을 열고 동생을 안고 있는 나를 봤다.
그는 당장 거실로 돌아가라고 말하며 우리가 거실로 되돌아감으로
써 가족 관행에 다시 동참하기를 바랐지만 절대 그렇게 하고 싶지
않았다. 아직도 시간이 멈춘 듯 또렷하게 기억나는 그 순간 나는 두
렵지 않았다. 깊은 내면에 도달해 나의 진정성, 회복 탄력성, 투지를
발견했다. 그리고 싫다고 말했다. 난생처음으로 정말 용감해진 기분
이었다. 아빠는 그런 나와 동생의 팔을 잡더니 밖으로 데리고 나와
소파에 앉혔다. 그는 모든 것을 '정상'으로 돌려놓고 싶어했다.

아빠가 무슨 생각을 하고 있었는지 모르지만 자기가 걷잡을 수
없는 분노에 휩싸여 있다는 사실은 어렴풋하게나마 깨달았을 것이
라고 확신한다. 하지만 나는 모든 상황이 지긋지긋했고 용기를 쥐
어짜서 이런 우리 가족의 악순환을 깨뜨리고자 했다. 나는 이런 일
이 더는 일어나서는 안 된다고 말했다. 내가 태어난 이후로 10년 동
안 겪었던 일을 동생은 겪지 않기를 바랐다. 부모님의 역기능적 관
행에 동생이 상처받지 않기를 바랐다. '나는 엄마 아빠와 이 역기능
적 관행에 휩쓸렸지만 동생만은 엄마 아빠도 건드리지 못하게 할
거야'라고 생각했다. 내가 부모님과 싸우거나 다툴 수 없다는 사실

은 알고 있었지만 아빠에게 감정을 말로 표현하고 동생을 지킬 수는 있었다. 나는 당시에 그 일이 일어났던 시간대는 물론 공간을 꾸미던 조명, 가구, 그리고 가족 각자가 서 있거나 앉아 있었던 위치까지 낱낱이 기억한다. 이는 이 사건이 내게 트라우마로 기억되고 있다는 뜻이기도 하다.

(여기에서 잠시 옆길로 새서 트라우마가 일어나는 과정에서 그리고 그 결과로 뇌에서 어떤 일이 발생하는지 설명하고자 한다.)

트라우마를 경험하는 동안에 뇌는 모든 사항을 세세하게 기록해서 나중에 그 사건이 다시 일어나려고 할 때 우리가 그 경고 신호를 알아차리고 안전한 곳으로 대피할 수 있도록 한다. 이는 뇌의 깊숙한 곳에 있는 편도체와 해마에서 일어나는 원시적 생존 반응이다. 트라우마 사건이 일어나는 동안 편도체는 뇌의 지휘 본부로서 역할을 수행하며 들어오는 데이터를 바탕으로 다음에 어떤 행동을 해야 할지 평가한다. 편도체는 중추 신경계를 통해 신체의 나머지 부분과 소통하면서 우리에게 투쟁, 도피 혹은 경직 반응을 일으킬 에너지를 제공한다.

원래 정상적인 상황에서는 해마가 우리 삶에서 일어나는 모든 사건에 시작, 중간, 끝이라는 시간을 기록한다. 하지만 트라우마 사건이 일어나는 동안에는 해마가 억눌리고, 트라우마 기억은 다른 기억처럼 해마에 저장되지 않는다. 트라우마 사건이 끝난 지 한참 뒤에 이를 떠올리게 하는 어떤 일에 촉발됐을 때 그 사건을 다시 경험하게 되는 이유가 여기에 있다. 이를 '플래시백'이라고 한다. 플래시백이란 현재의 삶에서 어떠한 경험이나 단서를 접할 때마다 그와 관련된 강렬한 기억에 몰입하는 현상으로 단순한 과거 회상과는 다르게 공포, 행복, 슬픔, 자극 등 다양한 정서를 불러오는 심리 현상이다. 뇌의 일부분은 트라우마가 끝났다는 사실을 알지 못하기 때문이다.

청소년기에 접어들면서 부모님의 관계로부터 나 자신을 보호해야 한다는 것을 알았지만 내게는 기능적 대응 도구가 하나도 없었다. 가끔씩 문득 경계를 설정하고 있다는 생각에 스스로 권한과 힘이 있다고 느끼기도 했지만 대부분은 어릴 적에 만들었던 상처받은 충동적 반응 도구를 사용하기 바빴다.

내가 10대 초반에 들어섰을 때 엄마가 다양한 이유로 병치레를 하고 수술받기 시작하면서 어떤 요리를 어떻게 만드는지 가르쳐주려고 했다. 나는 항상 상황에 잘 대처하고 적응하려 최선을 다했지만 이 경우는 달랐다. 이전에 한 번도 요리를 해본 적이 없었기 때문이다. 요리는 내가 우리 가족을 돕고 상황을 개선하기 위해 무엇을 더 할 수 있는지 물리적으로 증명하는 과제가 됐다. 아무리 피곤하더라도 집안일과 숙제를 모두 마친 뒤 무리해서라도 가족을 위해 요리를 배우고 시도했다. 그러다 느슨해질 때면 내가 만든 거짓 자아는 자기 관리 부족을 계속 부추겨 더욱 노력하게 만들었다. 이 시점에 내 진정한 자아는 완전히 마음을 닫고 존재감이 흐릿해졌다.

또한 나는 아빠와의 관계를 개선할 방법을 찾으려고 애쓰고 있었지만 아빠의 분노와 행동이 미웠다. 감정의 폭발을 자제하지 못하는 아빠가 원망스러웠다. 나를 사랑하고 다른 사람들에게 친절하게 대하고 나와 동생에게 멋진 경험을 선사하는 이 사람이 어떻게 화도 내고 사나운 말도 하는지 이해할 수가 없었다. 그리고 사춘기를 지나면서 아빠와 주고받았던 혼란스러운 감정에 한층 더 감정적이고 비이성적인 사람이 되어갔다. 그러던 어느 날 내 안의 무엇인가가 완전히 망가져버렸다는 생각이 들었다.

## 내면아이의 충동적 출연

나는 시간이 지나면서 변화하는 환경에 잘 적응했고, 성장하고 성숙해졌다. 그만큼 나이도 먹고, 키도 컸지만 내면은 많은 시간이 지나도 그대로라는 느낌이 들었다. 과거 어딘가에 머문, 여전히 상처받고 혼란스러운 어린아이 같을 때가 많았다. 아빠가 화를 내거나 엄마가 슬퍼할 때 10대 시절의 감정이 자동 반사적으로 반응했다. 내면에는 내가 흡수했던 온갖 감정에서 비롯된 전투의 흔적이 있었고, 나름의 각본이 있었으므로 어떤 일이 일어날지 알고 있었다. 나는 감정적으로 너덜너덜했고 경계가 불분명했으며 다른 사람들을 돕고 다른 사람들을 위해 대기하느라 자아감을 포기해야 했다.

성인이 된 이후에는 집에서 멀리 떨어진 시카고에서 대학교를 다니며 관심 있던 심리학 학위를 땄고, 그곳에서 다양한 분야에서 일하며 많은 치유 과정을 경험했다. 나중에는 대학원에서 석사 학위와 전문 자격증을 취득했다. 이 모든 교육을 받고 개인 업무를 하면서도 여전히 나의 이상화된 완벽한 자아와 진정한 자아 사이에는 갈등이 있었다. 나 자신이 얼마나 단절되어 있는지 잘 몰랐다.

시카고에서 시작한 생활은 새롭고 흥미진진했다. 문제는, 겉보기에는 기능적이었지만 나는 기능적이라고 느끼지 않았다는 것이다. 직장 생활을 하고 아파트를 건사하고 자동차 할부금을 내는 등 기능적인 성인 활동을 하고 있었지만 20년 넘게 남들의 감정을 흡수하고 저장하면서 온갖 균열과 상처를 느꼈다. 기능적인 성인이 되는 법을 학습한 기간 동안에도 틈틈이 상처받은 자아가 앞으로 나서며 충동적인 결정을 내리고 있었다.

## 내면아이의 실체를 찾다

20대 중반이었던 이 시점의 나는 이상적인 어린 시절을 보냈다는 환상에서 벗어날 준비가 되어 있었고, 드디어 나의 내면이 성장하도록 도와줄 치료 과정을 시작했다.

오랜 시간 동안 내게 뭔가 문제가 있다는 사실을 알았지만 무엇인지 몰랐고, 그래서 내 도구 상자에는 그 문제를 해결할 도구가 전혀 없었다. 내 치료사는 내가 성인 자아를 탐색하고 보상하는 법을 어떻게 배웠는지 이해하고 받아들일 수 있도록 도와줬다. 치료를 받으면서 나는 어린 시절 소년 자아와 다시 연결되기 시작했다.

우선, 내가 자라면서 배운 공의존 특질에 대해 이야기하자 치료사는 그 시절의 내가 몇 살 정도였다고 느끼는지 물었다. 나이에 대해서는 한 번도 생각해 본 적이 없었지만, 그때 나는 10세 정도였다는 점을 쉽게 떠올릴 수 있었다. 인생에서 우리 집안의 기류가 대단히 위태롭게 흘러갔던 시기가 바로 이때였기 때문이다. 그 무렵부터 내면의 상처를 지고 있다는 사실을 직감적으로 느꼈다. 그렇게 10세 무렵의 어린 로버트가 여전히 내 안에 머무르고 있다는 사실을 이해하게 됐다. 내가 어른의 삶을 살아가던 중에 혼란스럽거나 불확실하여 통제할 수 없거나 혹은 화가 나거나 역겹거나 위협으로 느끼는 자극을 맞닥뜨리면 어린 로버트가 주저없이 앞으로 나서곤 했다.

평소의 나는 남들 눈에 행복하고 성공한 사람으로 보이고 싶어했다. 어린 로버트가 늘 집에서 완벽하길 꿈꿨듯 어른이 된 나도 바깥세상에서 보기에 완벽한 사람이고 싶었다. 이러한 자아상을 수용하기 위해 스스로와 씨름했고 그 결과로 불행한 일자리로 도피하며 과거를 바라보려 하지 않았다. 어른이 되었지만 사실은 진정한 삶을 살고 있지 않았던 것이다.

나의 자아 인식은 내가 맺은 친구 관계에도 반영됐다. 어린 시절 친구들을 제외하고 성인이 된 이후(주로 시카고에서 보냈던 시절)에 내 주변으로 모여들었던 친구들은 내가 '상처받은 새'라고 부르던 사람들이었다. 이들은 대개 자기애가 강하고 공의존적이며 알코올 중독자들의 자녀인 경우가 많았다. 이 친구들의 옆에서 나는 공의존적인 도우미, 구조자, 보호자의 역할을 자처하며 기능하고자 했다. 그들은 나와 똑같은 걸어 다니는 부상자였지만 그래도 나는 내가 그들을 도울 수 있거나 적어도 관계를 맺을 수 있다고 생각했기 때문이다.✤ 고립, 지나친 책임감, 돌봄, 자기 자신의 필요 결여, 타인에 대한 희생과 집중까지 나의 충동적 반응 도구의 기술은 전부 알코올 중독자 성인 자녀가 나타내는 주요 특징들이었다.

## 내면에 대한 본격적인 탐색

자기 자신에게 진실하며 정신적으로 강한 사람들을 만나면 늘 궁금한 게 있었다. 어떻게 그들은 그토록 자신만만하고, 어떻게 자기가 어떤 사람인지 알았을까? 나는 그들의 내면이 지닌 힘이 대단하게만 느껴졌다. 그런 사람들과 어울리고 싶었고 가까워지려고 노

---

✤ 상처받은 사람들은 상처받은 사람들을 찾는다는 사실을 기억하자.

력도 했지만 서로 깊은 감정적 공유를 하지 못한 탓에 관계가 오래 가지 않았다. 그들과 함께 어울리면서 그들의 진정성이 조금이라도 내게 물들기를 바랐던 동시에 나의 돌봄이나 해결이 필요하지 않은 그들과 어울리고 싶지 않은 마음도 있었다. 내가 그들을 위해 해줄 수 있는 일이 없다고 생각했기에 어떻게 그들과 함께 해야 할지 알 수 없었기 때문이다.

어린 로버트는 다른 사람들, 특히 자신감에 차 목소리가 크거나 거칠거나 사내다운 남자들과 어울리며 우정을 쌓는 법도 잘 몰랐다. 시끄럽고 걷잡을 수 없이 큰 에너지를 발산하는 그들이 어릴 적 늘 공격적으로 감정을 드러내던 아빠의 모습과 똑같다고 생각했기에 내 자아에게 이런 사람들은 두렵고 예측할 수 없는 대상일 뿐이었다. 나는 남성들의 공격적인 태도는 물론 적극적이고 거침없는 행동들까지도 통제 불능 상황에 처한 기분을 유발하는 촉발 요인과 연결시켰다. 이러한 패턴을 알고 나니 여전히 10세의 꼬마 입장에서 삶에 대처하고 대응하고 있다는 사실이 분명해졌다. 어른이면서도 나는 그들에 대해 늘 지레 겁을 먹고 지나치게 생각하여 이를 내면화하면서 나를 불편하게 하는 다른 사람들의 행동과 선택에 대해 보상하곤 했다.

치료를 받으면서 나의 감정적 고통이 무엇이고 타인의 고통이 무엇인지 구별하는 법을 배웠다. 또한 나의 상처받은 부분들이 상황에 어떻게 반응하는지도 배웠다. 나 자신의 조율에 주의를 기울이는 법과 제대로 된 경계를 설정하는 법, 진정한 성인 자아가 앞으로 나서도록 부르는 법도 배웠다. 나는 이전보다 자유롭고 나다운 방식을 통해 진정한 삶으로 나아가기 시작했다.

## 나는 지금 '여기'에 있다

이제 나의 어릴 적 상처받은 부분들이 비로소 기능적으로 행동하
는 성인 자아와 통합되었다. 나는 다른 사람들만큼이나 나에게도
사랑과 연민을 보여주는 등 부모님과 다른 사람들에게 배웠던 기
능적 대응 도구들을 사용하기 시작했다. 온전히 내 힘으로, 내가 꿈
꾸는 목표를 원하는 대로 이뤄내며 살 수 있게 되면서 더는 상처받
은 어린 소년 자아와의 단절 때문에 힘겨워하지 않게 되었다. 자존
감이 강해지면서 내 주변 관계들도 치유되기 시작했다. 우선, 파괴
적이었던 일부 친구들과의 관계가 자연스럽게 정리됐다. 항상 그
들 곁에 있어준다는 이유로 나와 어울렸지만, 내 말을 진지하게 듣
는 법이 없었던 친구들은 내가 명확한 관계의 경계를 설정하면서
더는 내게서 쓸모를 찾지 못했기 때문이다. 나 또한 내가 원하는 대
로 친구들을 보는 대신에 있는 그대로의 그들을 보면서 나 자신을 먼
저 존중하는 법을 배웠고 감정적으로 불필요하게 소비했던 부분을
정리하기 시작했다. 그러면서 변화된 나와 비슷한 삶을 살아가는,
좋은 사람들을 주변에 두게 됐다. 무엇보다 더는 다른 사람들이 편
안하도록 나 자신을 낮추는 행동을 그만하게 됐다.

　부모님에게서 오랫동안 느낀 복합적인 감정들도 재정립했다. 엄

마와 나는 늘 가깝게 지냈고, 내가 나이를 먹고 치유되면서 엄마가 걸어온 길에 깊은 연민과 존경을 느낄 수 있었다. 그녀가 우리 가족 모두를 위해서 가족을 완전하고 온전하게 지키고자 얼마나 희생했는지 깨달았기 때문이다. 아빠와의 관계 또한 많은 부분 치유됐다. 나 자신을 존중하고 사랑하는 법을 배운 후에야 가능해진 일이다. 나는 아빠를 있는 그대로 존중하고 사랑하며 아빠의 모든 부분을 온전하게 수용하고 받아들이게 됐다. 쉽지는 않았지만, 그래서 아빠의 결점, 상처, 불안, 음주, 고통스러운 폭언을 용서하고 그의 또 다른 면들인 명랑함, 조용한 관대함, 사랑, 창의력, 힘, 연민을 볼 수 있게 됐다. 그렇게 된 순간 우리는 더 이상 대립하는 관계가 아니었다.

당신은 상처받은 자아를 치유하는 과정에서 과거와 타협하고 이를 받아들여야 한다. 이 통합 과정에서는 자신의 이야기를 계속해서 다시 말하는 과정이 반드시 필요하다. 우리는 자신의 경험을 쓰고 이야기할 때 자기 자신에 대한 관점을 얻기 때문이다.

## 연습: 자기 생각을 써보자

내 이야기를 읽으면서 떠오르는 기억과 감정이 있었을 것이다. 잠시 시간을 내어 이를 공책에 적어보자. 내 이야기가 당신의 사례와 어떻게 비슷한가? 어떤 느낌과 기억이 되살아났는가? 어쩌면 당신이 어린 시절 가정사를 헤쳐 나가고자 충동적 반응 도구를 어떻게 개발했는지 자기 안에서 보고 있을 것이다. 자기가 느끼는 바를 알아차리고 기록하면 5장에서 인생의 타임라인을 기록하는 연습을할 때 도움이 될 것이다.


# 트라우마의
# 이해

트라우마는 윽박지름을 당하는 것처럼 사소해 보이는 행동에서 교통사고를 당했거나 전쟁을 겪고 살아남았거나 사랑하는 사람의 죽음을 겪었거나 성적 및 정신적 학대를 경험했거나 하는 등의 심각한 사건에 이르기까지 다양한 과정에서, 다양한 형태로 생겨날 수있다. 어떤 형태이든 간에 트라우마는 우리에게 지속적인 영향을미친다. 트라우마 사건이 일어나는 동안 몸과 마음은 물론 영혼까지도 핵심 자아를 보호하고 핵심 감정을 안전하게 저장하고자 복잡한 일련의 절차를 거친다.

우리는 억제suppression, 억압repression, 해리dissociation라는 세 가지 주요 방법으로 이러한 트라우마를 헤쳐 나간다. 억제는 어떤 기억을의식적으로 잊어버리는 것이다. 적극적으로 그 일을 잊기로 선택하고 어떤 힘도 부여하지 않는다. 억압은 기억하기 고통스러운 사건을 일정 기간에 걸쳐 무의식적으로 잊을 때 일어난다. 해리는 심각한 트라우마가 발생했을 때 일어나는 현상으로, 아이의 타고난

생존 본능이 '당신은 나를 해치려 하지만 내 핵심은 건드리지 못할 거야'라고 말하며, 아이든 어른이든 자기를 보호하기 위해서 그 사건으로부터 심적으로 거리를 두게 만든다.

트라우마를 겪은 사람은, 트라우마가 일어난 뒤에도 그 사건이 끝났다는 사실을 잘 인지하지 못한다. 이럴 때 재순환 고통이 생겨나면서 트라우마는 계속해서 우리의 관심을 끌려고 노력한다.

# 다양하게
# 이름 붙여진 상처들

트라우마는 깊이 숨기면 숨길수록 어둡고 추잡한 비밀이 된다. 이에 이름을 붙이고 제대로 이야기해야만 그 어두운 그늘에서 끄집어내 트라우마가 우리의 삶을 좌지우지하지 못하게 할 수 있다. 우리는 여기에서, 다양하게 이름 붙여진 트라우마의 유형들을 살펴보려고 한다.

## 핵심 상처

핵심 상처는 가족 구성원이나 그밖에 우리가 신뢰하는 사람들과의 사소한 상호 작용이 반복되면서 생겨난다. 이런 상호 작용은 사소한 언어 공격이거나 비방일 수도 있고 상처를 주려는 의도가 담긴 수치스러운 발언에 의한 것일 수도 있다. 어쩌다가 한 번씩 일어나기도 하고 매일 일어나기도 한다. 어떤 경우이든 간에 지속적으로 나타난다는 게 중요하며 이 과정에서 우리는 감정적 타격에 익숙해진다. 그런 타격들이 모여서 아픈 곳이 되고 결국은 보이지 않는 상처로 발전한다. 이 상처는 얼어붙은 감정적 통증을 간직하고 마침내 우리 일부가 되어 자아에 중대한 영향을 미친다.

바로 지금, 당신은 살면서 경험한 사건들을 생각하며 그 일들이 핵심 상처였을지 궁금해하고 있을 것이다. 우리는 저마다 자라면서 상처와 실망, 수치심을 경험하기 마련이다. 이렇게 상처받는 경험들은 대개 인간이 성장하면서 겪는 정상적인 것으로 나쁘지도 좋지도 않은, 그냥 일어나는 일들이다. 다만 이 과정에서 우리 각자가 어떻게 영향을 받았고, 이를 어떻게 헤쳐 나갔는지가 이런 정상적인 발달 과정과 핵심 상처에 대한 차이를 만들어낸다.

물론 나쁜 행동을 하거나 감정을 주체하지 못하는 아이들은 교정과 훈육을 받아야 한다. 여기서 많은 부모가 저지르는 실수는 바로 그런 '행동'이 아니라 '아이'가 나쁘다고 말하는 것이다. 시간이 흐르면서 아이는 이런 수치심이나 조롱을 진정한 자기 자신에 대한 부정적 평가로 받아들여 핵심 상처에 대한 신념을 형성하게 된다. 이처럼 나쁜 아이와 나쁜 행동이 명확하게 구분되지 못한 환경에서, 많은 사람이 부정적인 평가에 의존해 자기 자신에 대한 자아 개념과 인식을 제대로 갖추지 못하고 자존감, 진로 계획, 가치관 등 삶의 많은 부분이 휘둘리는 경험을 했을 것이다. 이렇게 상처를 남기는 상호 작용 중에서 우리가 심각하게 받아들이는 것도 있고 대수롭지 않게 넘기는 것도 있다. 그동안의 삶을 돌이켜보면서 어떤 일이 당신에게 깊이 영향을 미쳤는지 살펴보자. 당신이 나쁘다는 말을 들었거나 당신 행동이 나쁘다는 말을 들은 적이 있는가? 우리가 이 두 유형의 감정적 정보를 받아들이고 처리하는 방식에는 커다란 차이가 있음을 기억해야 한다.

## 감정적으로 얼어붙은 상처

핵심 상처를 입으면 감정적으로 그 상처를 받았던 나이, 즉 당신의 상처받은 나이에 얼어붙는다. 이 상처는 당신의 나머지 부분과 같은 시간을 따라 나아가지 않으며, 잠들어 있다가 어른이 되고 나서 특정 사건에 의해 촉발됐을 때 다시 모습을 드러낸다.

상처가 그 시간에 얼어붙어 당신의 내면 깊숙이 박혀 있다는 생각은 그 상처를 짊어지고 성장한 당신의 부분을 이해하고 이와 연결하는 한 방법이다. 또한 당신이 오랫동안 겪어야 했던 감정적 고통을 다양한 관점에서 바라보는 방법이기도 하다.

## 트라우마 핵심 상처

트라우마 핵심 상처traumatic core wounding는 극도로 깊이 베인 상처에서 비롯된다. 깊은 트라우마 상처의 예시로는 주먹질당하거나 빰을 맞는 등의 신체적 학대, 욕을 듣거나 방치당한다고 느끼거나 존중받지 못한다고 느끼는 등의 정서적 학대, 합의하지 않은 성관계를 견디도록 강요당하거나 어린 나이에 성적으로 자극적인 환경이나 포르노를 접하게 되거나 누군가가 동의를 얻지 않고 자기 신체를 노출시키는 모습을 보는 것과 같은 성적 학대 등을 대표적으로 들 수 있다. 이런 신체적, 정신적, 성적, 정서적 상처, 특히 그중에서도 성적 학대 트라우마는 오랫동안 지속적으로 영향을 미치고 깊은 상처를 입힌다.

극심한 트라우마 상처는 모두 영혼 속으로 깊이 파고들며 완전히 치유되기까지 더 오랜 시간이 걸리는 경우가 많다. 이와 같은 경우, 대개 정서 및 지적 발달 경로를 바꾸고 평생 우울증과 불안, 심지어 중증 정신 질환으로 이어지기 쉽다.

나는 심리 치료를 시작한 이래로 내가 그들의 이야기를 사례로 들지 않겠다고 마음먹게 할 정도의 끔찍한 일을 당한 사람들을 치유해 왔다. 그들이 어린 시절 그토록 끔찍한 트라우마를 견뎌야 했다는 이야기를 들으며 크나큰 연민을 느낀 동시에 줄곧 겸손해졌다. 이토록 지독한 트라우마 경험은 인간이 자신의 능력 이상으로 무리하도록 몰아붙이고, 최선을 다해 품고 있는 고통을 견디며 살아가게 만든다. 나는 아이와 어른 모두가 회복 탄력성＊을 이용해 진정한 자아가 다치지 않도록 보호하는 모습을 많이 봤지만 누구에게나 견딜 수 있는 한계점, 회복 탄력성을 이끌어낼 수 있는 한계점이 있기 마련이다. 평생에 걸쳐 더 많은 트라우마를 경험할수록 회복 탄력성 은행의 잔액도 줄어든다.

때때로 사람들은 '음, 그 시절에는 다들 엉덩이를 맞곤 했어'라거나 '나는 나쁜 아이였으니 그런 일을 당해도 싸'라고 생각하면서 어떤 사건을 무시하거나 축소한다. 그런 합리화나 축소는 마음이 그 사건을 논리적으로 이해하거나 분석해서 지나쳐 갈 수 있도록 돕는다. 마음은 의식적으로 이를 억제하면서 '그냥 넘어가자. 이런 감정 영역에 계속 머무르다 보면 느끼고 싶지 않은 감정들을 느끼기 시작할 테니까. 넘어 가, 여기에는 아무것도 볼 게 없어'라고 말한다. 하지만 우리가 제대로 앞을 보며 나아가고자 한다면 트라우마는 무시해서도 축소해서도 안 될, 있는 그대로 바라보고 치유해야 할 대상이다.

당신이 신체적 학대나 성적 학대로 심각한 트라우마를 겪은 적이 있다면 다음 사항을 꼭 명심하기 바란다.

• **학대는 누군가가 당신에게 저지른 일이다.**

---

＊ 실패나 부정적인 상황을 극복하고 원래의 안정된 심리적 상태를 되찾는 성질이나 능력

- 당신이 했던 그 어떤 일도 상대방이 당신에게 한 짓의 원인이 아니었다.
- 그 일은 지금 당신에게 일어나고 있지 않다. 이제 당신은 안전하다.
- 당신은 도움을 받을 수 있고 이 상처를 치유할 수 있다.
- 당신은 충분히 내면을 치유하고 진정한 삶을 받아들일 수 있다.


# 트라우마가
# 다뤄지는 방식

트라우마는 당신의 시간과 속도에 맞춰서 치유해 가야 한다. 트라우마가 발생했던 과거에 당신은 누군가를 혹은 상황을 통제할 수 있는 입장이 아니었다. 몸집이 작았고, 자기 의견을 표현하고 자기 자신을 보호하기 위해 요구되는 적절한 말을 다 알지 못할 때였으며, 당신의 세계는 말 그대로 동네가 전부였다. 온갖 위험에서 스스로를 지키려고 어른들에게 의지했지만 어쩌면 그런 어른들 또한 중독과 정신 질환 같은 고통에 사로잡혀 있었거나 힘들게 일하느라 당신을 돌볼 시간이 없었거나 그들 자신도 학대받고 있었을 것이다.

때때로 부모는 나중에야 자녀가 어떤 종류의 학대를 경험했다는 사실을 알고 죄책감에 시달린다. 정말 몰랐던 경우도 있고 알면서도 외면하면서 상황을 최소화했을 수도 있고 가해자가 아이에게 아무에게도 말하지 않기로 비밀 서약을 시켰을 수도 있다. 부모가 자신의 상처로 이미 큰 감정적 고통을 겪고 있다면 아이가 겪는 감정적 고통을 알아차리거나 이해하거나 보지 못할 수도 있다. 부모는 신체적으로 어른이지만 정서적으로는 훨씬 미숙할 수도 있고, 이는 부모가 자녀에게 대응하거나 대응하지 않는 방식에서 드러난다.

우리는 자신의 상처를 치유할 때까지 다른 사람들의 감정적 상처를 제대로 들여다보기 힘들다. 예를 들어 애초에 자녀가 울고 있거나 괴로워한다는 사실을 알아차리지 못하는 부모라면 그 부모 자신도 상당히 고통에 시달리고 있을 확률이 크고, 그들에게도 아이에게 필요한 만큼의 승인과 보살핌, 관심이 필요하다고 볼 수 있다. 한 가족 내에서 감정적 트라우마가 대대로 이어지는 이유가 여기에 있다. 누군가가 박차고 나서서 순환을 치유하기 전까지 가족 전체가 감정적으로 얼어붙은 상처에 갇히게 된다.

## 성적으로 상처받은 트라우마

특히 성적 학대를 받은 아이는 감정과 떨어져서 구분하는 법을 배운다. 이는 앞에서도 살펴본 '해리'라고 하는 트라우마 생존 기술이다. 이런 트라우마를 겪은 아이는 자신의 핵심을 보호하려고 상황에 무의식적으로 반응한다. '이 나이 많고 덩치가 크고 강한 사람은 나보다 더 큰 힘과 통제권을 갖고 있어. 그는 분명히 잘못된 행동을 하고 있어. 그러면서 나에게 아무한테도 말하지 말라고 했지. 나는 싫다고 말하고 맞서 싸우려고 했지만 나보다 힘도 세고 몸집도 큰 그는 반항해 봐야 소용이 없다고 말해. 무력감을 느낀 나는 항복하고 말았어. 맞서 싸울 수 없으니 나 자신을 구하려면 마음속으로 들어가야 해. 나는 핵심이 되는 내 감정, 인격, 목소리, 영혼을 안전하게 보관할 수 있도록 마음 깊은 곳에 파묻을 거야. 그 사람이 진실한 나를 가지도록 두고 보지 않을 거야. 내 몸은 자기 마음대로 할 수 있겠지만 진짜 나를 어쩌지는 못할 거야'와 같은 식으로 말이다.

수많은 남성과 여성이 나중에 알고 보니 해리였던 방법으로 끔찍한 성적 학대를 감정적으로나 정신적으로 견뎠다고 내게 말했다. 어린아이에게 그런 트라우마의 무게와 부담은 믿기 힘들 정도로 무겁게 느껴진다. 그들의 자존감, 사랑, 신뢰, 존중은 산산조각 나며 더는 자기 자신이나 자기가 살아가는 세상을 믿을 수 있다고 느끼지 않아 돌이킬 수 없이 변해 버리고 만다.

아동 성폭행은 아이의 영혼에 믿기 힘들 만큼 상처를 입힌다. 이런 유형의 깊은 핵심 상처는 특정한 대처 기술과 충동적 반응 도구를 만들어내며, 그중 일부는 의도적으로 남들이 결코 감지할 수 없도록 만들어진다. 폭행당한 아이는 간절하게 투명인간이 되고 싶다고 느끼므로 순응하면서 남의 눈에 띄지 않도록 행동한다. 이런 아이는 수치심과 분노라는 진짜 감정을 감춘다. 또한 정신을 바짝 차리고 심하게 경계하면서 폭행당한 경험에서 살아남고자 자신의 느낌을 차단한다. 결국에는 기능적인 감정적 대응 체계가 잘 작동하지 않음으로써 무감각하게 된다. 여기서 학대의 경험이 심하게 충격적인 경우라면 해리를 일으키게 된다.


## 트라우마는 되풀이된다

감정적 상처는 일정한 시간에 걸쳐서 일어나기도 하지만 한순간에 발생하기도 한다. 이런 상처 경험은 우리의 자아감, 진정성, 경계, 회복 탄력성에 기초한다. 핵심 상처는 무심코 상처 주는 말, 가정 내의 혼란스러운 일상, 심각하고 반복되는 학대 등 다양한 형태로 발생할 수 있다. 깊은 감정적 트라우마는 심리적, 정신적 손상을 유발하며, 이를 치유하려면 훨씬 더 오랜 치료가 필요할 수 있다. 핵심 감정적 상처를 해결하지 않으면 치유되지 않은 상처가 성인기까지 이어질 가능성이 있으며 그 속에 상처 패턴이 계속해서 반복된다.

우리가 계속해서 감정적 우여곡절에 장단을 맞춰줄 사람을 선택하는 이유는 이와 같이 치유되지 않은 핵심 상처가 제자리에 머물러 있기 때문이다. 때때로 우리는 그것이 나쁘다고 생각하지 못하고 이렇게 잠재의식 속에 파묻힌 패턴 때문에 상처받은 나이는 계속해서 일정 시기에 갇혀 얼어붙어 있다가 촉발 요인이 생기면 곧장 상처받은 도구를 들고 뛰어나가려고 대기하고 있다.

힐 프로세스를 통해 핵심 상처를 탐색하는 동안에는 여유를 가지고 자기 자신에게 상냥하게 대하도록 하자. 그리고 어떤 일이 핵심 상처인지 아닌지 확신이 들지 않는다면 핵심 상처일 가능성이 높다. 이렇게 오랫동안 곁에 머무르면서 당신이 기억을 떠올릴 때 감정적인 반응을 나타낸다면 이는 할 말이 있다는 뜻이다. 다행히 모든 상처는 치유될 수 있으며 힐 프로세스를 통해 당신은 완전히 통합된 온전한 성인으로 거듭날 수 있다.

# 4장

# 상처받은 아이는 상처받은 어른이 된다

Healing Your Lost Inner Child

그른 일과 옳은 일이라는 생각 너머에 들판이 있다.
그곳에서 당신을 만날 것이다.

—루미

우리는 어른이 되면 다양한 소통을 통해 어른다운 결정을 내리며 더 많은 책임을 지게 된다. 그러면서 더는 유치한 행동을 하지 않을 것이라고 생각한다. 하지만 감정적으로 상처받은 아이는 자라서 감정적으로 상처받은 어른이 될 뿐이다. 어른이 되어서도 때때로 외부 사건에 충동적으로 반응하고 나중에 자기 행동을 쑥스러워하거나 부끄러워한다. 폭발이 지나가고 감정이 가라앉으면 책임지는 성인 자아가 피해를 평가하면서 '나답지 않은 짓이었어. 대체 왜 내가 그렇게 행동했을까?'라고 생각한다. 감정을 분출한 뒤에는 혼란스러울 때가 많다. 이해가 되지 않는다. 자기가 무슨 짓을 했는지는 알지만 그렇게 행동한 이유는 모른다. 사건의 기억은 수치심에 뒤덮이고, 그런 수치심이 너무 커서 스스로를 용서할 수 없게 된다.

이번 장에서는 힐 프로세스 속으로 깊이 파고들어 앞에서 살펴본 핵심 상처의 발생 이유와 과정을 구체적으로 들여다보고 이해하면서 길 잃은 내면 아이와 성인 자아와의 통합에 조금 더 가까워질 수 있다. 일단 핵심 상처를 치유하고 나면 더는 촉발되는 일이 없을 것이며, 불건전한 패턴을 계속해서 되풀이하지 않을 것이다.

# '불량 뽑기'의 늪

사람들은 자신이 건전한 관계를 맺으려고 하다가도 케케묵은 감정적 대응을 사용하고 같은 패턴을 반복하고 있다는 사실을 어렴풋하게나마 알고 있지만, 달리 어떻게 해야 할지 몰라서 좌절하곤 한다. 바람직하지도 만족스럽지도 않은 관계에 휘말리는 패턴에서 벗어나고 싶지만 아직 감정적 상처를 치유하지 못한 상태다. 이들은 내가 불량 뽑기라고 부르는 선택을 자주 한다. 이는 계속해서 인정받지 못한 핵심 상처를 중심으로 상대를 선택하고, 관계를 지속해 나가는 것을 의미한다. 그들의 감정적 상처는 마음속 깊은 곳에서 자기파괴적인 패턴을 치유하고 싶어 하면서도 상처 입은 경험을 다시 재현할 사람을 찾고 있다. 예를 들어 한 여성의 잠재의식 속에서는 '10대 시절에 사귀었던 남자친구에게 받은 이 상처를 정말로 치유하고 싶어'라는 생각이 들어 있다. 그러나 그녀의 상처는 잠재의식 속 이런 욕망을 '설사 상대방이 내게 잘해주지 않는다고 하더라도 자기애가 강한 사람을 골라서 서로 공의존할 거야. 나는 그런 상황에 적응하는 법을 알고 있으니까 상관없어. 내게는 언제든 꺼내 쓸 수 있는 도구가 있잖아'라고 무의식적으로 해석한다.

많은 사람이 상처를 치유할 때까지 불량 뽑기를 계속 하게 되는 이유가 여기에 있다. 그들은 무의식적으로 지나온 관계를 복제하려 하고, 그러한 시도에서 생긴 감정적 상처로 다음 상대방을 고르는 데도 비슷한 선택을 한다. 자기 자신을 재순환 고통에 다시 놓이게 하는 것이다. 상처받은 사람은 계속 상처받은 사람을 찾고 그렇지 않은 사람은 건전한 사람을 찾는 이유가 여기에 있다.

## 외로웠던 어린 소녀, 브리짓

브리짓은 직장 생활을 원만하게 해왔지만 사생활은 힘에 겨웠다. 10대 아들 두 명을 데리고 이혼한 브리짓은 현재 전남편과 양육을 분담하고 있다. 처음 나를 만나러 왔을 때 브리짓은 누군가와 데이트를 하거나 사귀는 데 전혀 관심이 없었다. 문제는 상황이 잠잠할 때는 아무 이상이 없다고 느꼈지만, 아무 문제가 없는 날보다 실망하고 두려워하고 외로운 날이 대부분이었다는 점이다. 어떤 일이 잘못되어 깜짝 놀라거나 아들들이 말썽을 피우는 날이면 브리짓은 과도하게 긴장하곤 했다. 브리짓의 핵심 상처가 촉발되면서 분노로 가득 차 다른 사람들을 말로 공격했다. 그녀는 잠시나마 기분이 나아지도록 술과 대마초, 처방약을 사용했다.

브리짓은 그녀가 반복하는 재순환 고통을 알아차렸고 그 패턴을 멈추고 싶어 했다. 자신이 분노가 폭발하는 상태일 때에는 정상이 아닌 것 같다며 그녀가 설명하는 느낌과 행동은 화가 난 아이가 분노 발작을 일으킬 때 나타내는 느낌과 행동이었다. 유능한 전문직 성인 자아의 언어나 행동이 아니었다. 브리짓의 상처받은 자아는 가장 가까운 사람들에게 성질을 부리고 있었다.

브리짓은 자신의 상처받은 내면아이가 4세 정도 됐다고 밝혔다. 사실 치료 초기에 브리짓은 자신에게 상처받은 내면아이까지 있다는 사실을 싫어했다. 힐 프로세스를 진행하면서 이 어린 시절 상처받은 자아가 나타나는 이유를 알게 됐지만 상처받은 부분과 재순환 고통에 넌더리를 냈다. 브리짓은 "그냥 걔가 사라졌으면 좋겠어요! 걔가 미워요"라고 말했다. 힐 프로세스는 어린 자아를 무시하거나 내버리는 과정이 아니라 이 부분을 성인 자아와 통합시키는 방법이다. 브리짓은 분노 폭발을 일으키는 촉발 요인을 파악하고 자신의 이 부분과 소통하는 법을 배웠다. 또한 이렇게 감정적으로 얼어붙은 부분이 언제 촉발되는지 알아차릴 수 있도록 자기가 나타내는 충동적 반응들을 목록으로 작성했다.

어느 날 브리짓이 이런 상처받은 내면아이까지 있다는 사실에 화를 내고 있을 때 나는 브리짓에게 그 어린 소녀 자아가 살고 있는 내면은 어떤 모습인지 물었다. 브리짓은 조금도 망설이지 않고 "바닥에 누더기가 깔려 있고 창문이 없는 춥고 어두운 곳이에요"라고 설명했다. 나는 "끔찍하겠네요"라고 말했다. 나는 이런 온갖 기분을 느끼면서 그런 곳에 살고 있는 4세의 소녀가 현재 자기 앞에 서 있다면 어떻게 할 것인지 물었다. 브리짓은 그 아이를 안아주고 깨끗하게 씻겨서 좀 더 살기 좋은 곳으로 데려다주겠다고 말했다. 이 말을 하면서 자신의 내면아이가 살아갈 공간으로 창문이 있고 바닥에 누더기가 없는 애정이 넘치는 곳을 상상했다. 어린 시절, 안전과 쾌적함을 보장받지 못한 공간의 결핍. 브리짓은 이 부분을 상상 속 4세 아이의 상황으로 투영함으로써 안아줘야 할 자신의 상처를 직면하고 받아들일 수 있게 되었다.

상처받은 어린 소녀가 촉발됐을 때 브리짓은 초조해하고 경계하는 동시에 통제하려고 했다. 그녀는 이 부분이 모습을 드러냈을 때 사용할 기능적 대응 도구를 만들었다. 우리는 "괜찮아, 내가 나쁜 일이 절대 일어나지 않도록 할 거야. 나는 침착하고, 내가 옳은 일을 할 거라고 믿어"처럼 브리짓의 책임지는 성인 자아가 할 법한 말들을 생각해 냈다. 상처받은 자아가 안심하고 진정할 수 있도록 브리짓이 해야 할 말은 이것뿐이었다. 브리짓이 자기 자신과 이런 내적 경계를 설정하고 다른 사람들과 외적 경계를 설정할수록 어린 자아는 책임지는 성인 자아가 책임자라는 사실을 더욱 확실히 알게 됐다.

현재 브리짓은 자기 자신 및 다른 사람들과 경계를 설정하는 작업을 계속해서 하고 있다. 그녀의 삶은 완벽하지 않다. 두 아들은 여전히 말썽을 피우고, 사귀는 사람도 없지만 적어도 어린 자아는 예전만큼 충동적으로 반응하지 않는다. 브리짓은 언제 상처받은 부분들이 나타나는지 알아차리려고 열심히 노력하며, 자기 자신에게 격려와 안도감,

자기애 등을 주려고 기능적 대응 도구를 쓴다. 이렇게 할 때 자기 자신이 진실한 사람이 될 수 있다고 믿기 때문이다.

# 충동적 반응 도구의 등장

1장에서 배웠듯이 당신은 어린 시절에 가족 상황과 환경에 대처하고자 충동적 반응 도구들을 만들었다. 어렸을 때 개발했던 충동적 반응 도구들을 살펴보기도 했다.✛ 이제 우리는 이 도구들을 존중하면서 좀 더 자세히 살펴볼 것이다. 충동적 반응 도구를 존중한다는 말이 언뜻 잘 이해되지 않을 수도 있지만 이런 도구들은 어릴 적 당신이 겪었던 상처, 고통, 혼란에 적응하고 대응하고 이를 헤쳐 나가며 이해하도록 도와줬다는 점에서 지녀야 할 태도이다.

우리가 지금 하고 있는 작업은 자기 자신에 대한 혐오나 거부가 아닌 일종의 자기애를 위한 일이다. 앞으로도 당신은 충동적 반응 도구를 사용할 수 있지만, 사용하지 않을 수도 있다는 사실 또한 깨달을 수 있다. 대신 당신이 확장하도록 도와주는 도구들을 사용하기 시작할 것이다. 목표는 지금껏 당신이 개발한 모든 도구들을 의식적으로 파악한 다음 특정한 상황에서 어떤 도구를 사용하고 싶

---

✛ 1장의 연습: 충동적 반응 도구 살펴보기를 참조하자.

은지 식별하는 것이다.

우선 당신이 사용하는 충동적 반응 도구를 하나 떠올려보고 이를 마음에 간직하자. 예를 들어 당신이 다른 사람들의 기분을 맞추려고 과도하게 보상하고 지나치게 애쓰는 사람이라고 하자. 그렇다면 과거에 당신에게 이 도구가 필요했을 때 이를 사용할 수 있었다는 데 감사한 다음, 여전히 이 도구가 필요한지 아니면 그저 습관처럼 사용하는지 자문해 보자. 이제 그 도구를 내려놓을 수 있을까? 그 도구를 완전히 떠나보낼 수 있을까? 마음속 깊은 곳에서 뭔가 뒤흔들리는 느낌이 들기 시작할 수도 있다. 이는 정상이다. 폭풍우가 계곡을 건너듯이 이 감정이 당신을 스쳐 지나가도록 두고 넘어가자.

어쩌면 다시 필요할지도 모른다는 생각에 오랫동안 의지한 상처받은 도구를 포기할 엄두가 나지 않을 수도 있다. 이는 타당한 마음이다. 치료를 받는 과정에서 당신이 안전하다고 느끼고 스스로 보호하는 법을 익힐 때까지는 누군가에게 속마음을 털어놓고 싶지도 않을 수 있다. 아직 이 도구가 필요하다고 생각하더라도 포기하지 말자. 그냥 이 점을 인정하고 충동적 반응 도구를 사용할 때마다 의식하도록 하자. 나는 지금도 원한다면 상처받은 도구들을 이용할 수 있지만 동시에 기능적 대응 도구 대신에 충동적 반응 도구를 사용했을 때 관계에서 치러야 할 대가도 잘 알고 있다는 사실을.

감정적 대응 도구는 충동적인 쪽이든 기능적인 쪽이든 언제든지 사용할 수 있다. 앞으로 당신은 자기 자신에게 "이게 지금 내가 사용하기에 가장 좋은 도구일까?"라고 묻게 될 것이다.

## 연습: 나의 충동적 반응 도구 파헤치기

이 연습은 1장의 충동적 반응 도구를 체크하는 연습과 이어진다. 이 연습을 시작하기 전에 앞서 연습에서 공책에 적었던 충동적 반응 도구 목록을 다시 살펴보도록 하자.

이 연습을 어떻게 해야 하는지 시범을 보이기 위해서 '나는 통제 불능이라고 느낄 때 다른 사람들에게 소리를 지른다'라는 충동적 반응 도구를 사용해 보자. 당신도 이런 충동적 반응 도구를 사용한다면 어린 시절에 그 도구가 필요했던 이유를 곰곰이 생각해 보자. 예를 들어 '나는 스스로를 방어할 수 없다고 느꼈을 때 맞서 싸우기 위해 이 도구가 필요했다'라면 여기서 나아가 당신이 이 충동적 반응 도구를 무엇 때문에, 어디에서, 왜, 누구를 위해 만들었는지 구체적으로 생각해 보자. 당신이 무력하고 불확실하고 두렵고 걱정스럽다고 느꼈을 때를 떠올려보자. 예를 들어 '나는 형이 나를 때리려고 했을 때 나를 방어하려고 이 도구를 만들었다'가 답이 될 수 있다. 그 대답을 각각의 충동적 반응 도구 옆에 적어보자.

또한 해당 사항이 있다면 당신이 그 도구를 누구에게서 배웠는지도 기록할 수 있다. 그 도구는 당신 삶에서 일어나는 어떤 일에 대한 대응이었는가, 아니면 누군가가 당신에게 말하거나 행한 방식이었는가? 다른 사람이 그 도구를 사용하는 모습을 봤는가, 아니면 저절로 사용하게 됐는가? 이 연습을 하는 동안 '이유는 모르겠어. 그냥 항상 그렇게 해왔어'라는 생각이 자주 들 것이다. 그래도 괜찮다. 이 생각도 적어두자. 우리는 자기 자신에게 너무 익숙해서 역기능적 행동과 반응도 정상으로 느낀다.

일단 답을 다 적었으면 전체적으로 자세하게 살펴보기 바란다. 반복되는 패턴이 보이는가? 그 패턴을 적어보자. 예를 들어 어쩌면 당신은 선택하는 상대에게 권한을 주거나 자기가 당신을 마음대로 할 수 있다는 듯이 행동하는 상대를 선택하는 패턴을 발견할 수 있다. 일단 패턴을 파악했다면 그런 패턴이 과거 및 현재 관계에 어떻게 적용되는지 생각해 보자. 이 패턴을 바탕으로 친구나 연애 상대를 선택한다고 생각하는가? 이 패턴은 당신의 충동적 반응 도구와 어떤 관련이 있는가?

이 연습은 당신이 어떤 상황에서, 어떤 이유로 감정적으로 상처받은 대응을 배우게 됐는지 이해하도록 돕는다. 상처받은 도구를 가지고 태어나는 사람은 없다. 당신이 대처하는 데 도움을 얻고자 이를 만들어내고 개발한 것이다. 힐 프로세스를 진행해 나가면서 당신은 이런 도구들이 여전히 당신에게 도움이 되는지, 앞으로도 계속해서 사용하고 싶은지 여부를 파악하게 될 것이다. 이 연습의 결과에 대해서는 5장에서 다시 살펴보게 될 것이다.

# 망가진
# 경계

사람들은 대부분 자기가 바람직한 경계를 가지고 있는지 아니면 그렇지 않은지 잘 모른다. 자기가 어떻게 경계를 설정하는지는커 녕 경계를 설정했는지 아닌지조차 모르기도 하고 그게 어떤 모습 인지도 모른다. 이렇게 경계 설정이 제대로 되어 있지 않을 때 자아 는 취약해지고 이는 주체적이고 단단한 삶을 불가능하게 만든다. 이를 '망가진 경계'라고 하는데 여기에는 경계가 아예 없는 상태인 경계 부재를 포함하여 제대로 갖춰지지 않은 거품 경계, 극단적 경 계, 분노한 경계가 있다.

## 경계 부재

경계가 없는 상황이란 우리가 어떤 것이나 어떤 사람에 대해서 어 떻게 느끼는지 명확하고 분명하게 말하지 못하는 경우를 말한다. 이처럼 경계가 서 있지 않을 때 사람들은 주변에 밀착된다. 온갖 남 의 일에 끼어들고 만사에 자원해야 한다고 느끼며, 친구와 가족들 이 자신에게 그들의 문제를 떠넘기게 한다. 공의존 용어로는 이런 사람들을 해결사, 구조자, 관리자라고 한다. 아이러니하게도 그들 은 스스로를 감당하기 힘들다고 느낄 때가 많고 자기 자신의 문제를 어떻게 해야 할지 몰라서 남들 문제에 참견하기 시작한다.

밀착 상태에서는 위와 같이 경계가 모호할 때도 있지만 아예 없을 때도 있다. 경계가 없는 사람들은 스스로 필요와 욕망이 없다고 느낀다. 그들은 마음을 닫고 자기 권한을 아예 주장하지 않는 법을 배운 대신에 피해자처럼 굴 때가 많다. 자기가 무엇을 좋아하거나 좋아하지 않는지 몰라서 다른 사람들에게 그들이 무엇을 좋아하는지 물어보고 이를 따라 한다. 또한 다른 사람들의 행동과 감정에 집착한다. "넌 뭘 원해?" "나는 모르겠어, 넌 뭘 원해?" 경계가 없는 사람들은 경계 결여와 그로 인한 밀착에 지쳐버릴 때가 많고, 스스로 불러오고 참여한 온갖 사태에서 그냥 도망치고 싶어 한다. 그들은 깊은 불안을 안고 있고 평생 자기가 어떤 사람이어야 하고 스스로에 대해 어떻게 생각해야 하는지 남들이 결정하도록 한다. 또한 옳고 그름에 관한 감각을 다른 사람들에게 투사하며, 이로 인해 경계가 없는 사람에게 주요 상처 패턴이 두 가지 생긴다.

첫 번째 패턴은 독심술mind reading이다. 다른 사람이 그들에 대해서 어떻게 생각하고 느끼는지 상상하려는 시도다. 이런 유형의 상처는 관계를 맺는 양자 모두에게 혼란을 준다. 독심술을 하는 사람들은 몇 가지 사실만을 바탕으로 이야기를 지어낸 다음에 어떤 일이 일어나고 있는지 각본을 쓴다. 그들은 자기가 느끼는 불안과 판단을 상대방에게 투사하고 상대방이 무엇을 생각하거나 느끼는지에 대한 자신의 생각에 들어맞는 이야기를 지어낸다. 독심술을 하는 사람은 자기 인생이 엉망진창이고 모두가 자기를 미워한다는 생각에 빠지기 쉽다.

 나머지 한 패턴은 다른 사람들이 자기를 통제하려고 한다고 느끼는 탓에 수동 공격적으로 다른 사람들을 통제하려는 시도다. 경계가 없는 사람은 관계에서 안전과 통제를 확립하려고 애쓰지만 이를 간접적으로 시도함으로써 갈등을 피하고 남의 눈을 피한다. 경계가 없는 사람은 자기 느낌을 어떻게 이야기해야 하는지 모르므로 자기가 회피하거나, 비방하거나, 묻지도 않고 행동하더라도 상대방이 그 의도를 알아차리기를 바란다. 처음에 상대방은 이를 의식하지 못하고 이렇게 미묘하거나 간접적인 단서를 포착하지 못한다. 특히 상대방이 자기애 성향이 있는 경우라면 더욱 그렇다. 하지만 대부분의 사람들은 시간이 흐르면서 언제 자기가 조종당하고 있는지 알아차리게 되며, 이에 대한 억울한 감정이 시작되면서 관계가 한층 더 복잡해진다.

 경계가 없는 사람들은 대체로 많은 일에 어찌할 바를 모르고 억울해하며 스트레스를 받고 걱정하며 혼란스럽다고 느낀다. 게다가 어쩌다가 이렇게 됐는지 모른다. 이런 행동은 갈등에 대한 두려움, 홀로 남겨진다는 두려움, 상황을 통제할 수 없다는 두려움, 자기가 끼지 못하거나 불필요한 존재가 될 것이라는 다양한 두려움에서 비롯된다. 그들은 항상 모든 상황에서 상대방에게 가치 있는 존재가 되지 못할까 봐 두려워한다. 자기에게 가치가 없을까 봐, 말 그대로 자신이 쓸모없을까 봐 두려워한다.

## 연습: 경계 부재 및 밀착 정도 체크하기

당신은 자신과 타인 사이에 경계가 희미하거나 아예 없다고 생각하는가? 그 결과로 가족이나 친구와 밀착되었다고 생각하는가? '경계가 없다'는 말은 당신이 어떤 행동이나 생각을 해도 괜찮거나 괜찮지 않은지, 다른 사람이 당신에게 어떤 일을 해도 괜찮거나 괜찮지 않은지 아예 관심을 기울이지 않는다는 뜻이다. 밀착은 당신이 다른 사람의 일에 관여하고 있을 때 자신과 타인의 경계가 유동적이고 흐릿하다는 뜻이다. 당신 내면에서 이 부분을 찾기는 어려울 수도 있지만, 경계를 설정하거나 설정하지 않는 능력을 살펴보는 것은 내면의 상처받은 부분을 안심시키기 위한 중요한 단계다.

다음 질문들을 주의 깊게 고려해 당신에게 의미가 있는 질문들을 적어보자. 이 작업을 하는 동안 자신을 비난하지 말고 그냥 관찰하자. 옳고 그름은 없다. 그저 당신 경계의 현 위치를 파악하는 과정이다. 이 대답들은 6장에서 다시 사용하게 될 것이므로 나중에 쓸 수 있도록 잘 보관해 두자.

- 나는 남들이 나를 좌지우지하도록 방치하는가?
- 나는 피해자 행세를 하는가? 그렇다면 왜 나는 다른 사람들에게 나를 좌우할 권한을 줄까?
- 모두를 위해 온갖 일을 하려고 애쓰다가 지쳐서 도망치고 싶은가?
- 남들이 내 마음을 읽고 내게 무엇이 필요한지 알기를 바라는가?

- '만약 그들이 나를 사랑한다면 내게 무엇이 필요한지 알 거야'라고 생각하는가?
- 남들이 나를 얼마나 사랑하는지 보려고 사람들을 시험하는가?
- 다른 사람들을 간접적으로 통제하려고 애쓰는가?
- 내가 화가 났거나 슬프거나 실망했을 때 다른 사람들이 내 감정의 단서를 포착하기를 바라는가?
- 눈에 띄지 않고 싶은 동시에 주목받기를 바라는가?
- 내가 어떤 기분인지 혹은 내가 나 자신에 대해 어떻게 느껴야 하는지에 남들이 영향을 미치도록 내버려두는가?
- 남들이 뒤에서 내 험담을 한다고 생각하는가?
- 다른 사람들이 무엇을 하고 있는지 내가 알아야 하는가?
- 상대방이 원하지 않는데도 내 의견을 제시하는가?
- 내가 무엇을 원하는지 몰라서 남들이 내 선택을 결정하도록 하는가?
- 남들에게 경계를 설정하거나 싫다고 말할 만한 가치가 없다고 느끼는가?
- 나는 아무것도 누릴 가치가 없다고 느끼는가?
- 내 인생이 엉망이라서 다른 사람들의 인생을 도우려고 애쓰는가?
- 나는 어떤 일에도 주도권을 쥐지 않으려고 하는가?
- 남들이 생각하거나 믿는 바를 존중하지 않는가?
- 모든 사람을 의심하고 이의를 제기하는가?
- 나 자신을 의심하고 이의를 제기하는가?

여기서 '그렇다'라고 답한 질문 목록을 살펴보자. 어떤 경향이 보이는가? 이런 생각과 행동은 경계 결여와 밀착이 관계에서 어떻게 나타나는지 보여준다. 이는 당신에게 필요한 치유 작업을 반영한다.

몇 가지 질문에 추가로 대답하면서 당신이 경계 설정에 어려움을 겪는 이유를 좀 더 깊이 파고들어 보자. 질문에 대한 대답을 공책에 자유롭게 써보도록 하자. 최대한 자기 자신에게 솔직해지자. 당신이 공개하지 않는 한 이 대답은 당신만 볼 수 있다.

- 인간관계에서 내가 힘이 있다고 생각하려고 하거나 경계를 설정하려고 하다가 소용이 없어서 포기한 적이 있는가? (ex. 내가 싫다고 하면 사람들이 싫어하니까 소용이 없어. 앞으로는 그냥 무조건 동의해야겠어)

- 사람들이 나한테 도움이 되는지 독이 되는지 알아차리나? 이 둘을 구별하기가 어려운가?

- 인간관계에서 내가 피해자 행세를 하는지 솔직하게 생각해 본 적이 있나? (ex. 내가 가여워)

- 다른 사람이나 상황을 탓하면서 내 행동에 대한 책임을 회피하는가?

- 나에게 무엇이 중요한지 아는가, 아니면 지도자와 같이 나보다 뛰어난 것 같은 사람들을 무작정 따르는가?

- 나는 모든 사람들이 서로 잘 어울리면서 어떤 파국에도 휘말리지 않기를 그저 바랄 뿐인가? (마법적 사고)

- 내가 경계를 설정하면 더는 상대방의 구미에 맞지 않아서 그 사람이 나와 관계를 유지하고 싶어 하지 않을까 봐 걱정하는가?

- 내가 원하는 것과 필요한 것을 목록으로 작성한 적이 있는가?

- 나 자신을 적극적으로 돌보려고 노력하는가?

- 내 인생에서 눈을 돌리려는 목적으로 다른 사람의 인생에 참견하지 않고자 노력하는가? (나 자신을 들여다볼 필요가 없도록 다른 사람들에게 몰두하는가?)

이런 질문에 답하다 보면 당신의 인생에 반복해서 나타나는 패턴과 주제를 보게 될 것이다. 자신의 필요를 목록으로 작성하는 데 도움이 필요하다면 부록 B의 필요 목록을 참조하자.

경계 체계가 미비하거나 약할 때 상처는 계속해서 재순환한다. 일단 튼튼하고 기능적인 경계를 설정하는 법을 알고 나면 자기 자신의 권한을 되찾고 진정한 자아와 이어질 수 있다. 이 연습을 하면서 발견하는 패턴과 주제는 당신의 서사를 이루는 수많은 정보를 제공했을 것이고, 당신이 알고 있는 것 이상으로 당신 내부 세계(자기 대화와 인식)를 형성한다.

경계 설정의 다양한 유형과 기술을 배우는 동안 스스로에게 상냥하게 대하자. 당신은 곧 제대로 된 경계를 설정하고, 타인과 애정이 넘치며 서로 존중하는 관계를 꾸려나갈 수 있다.

## 거품 경계

많은 사람이 가상의 전투에 대비해 만반의 준비를 하고자 감정의 갑옷을 두르고 다닌다. 상처받은 부분은 그 전투가 끝났다는 사실을 모르므로 매일같이 상처받은 갑옷을 차려입는다. 세상으로부터 자기 자신을 보호하려고 거품 경계bubble boundary를 친다.

거품 경계는 단단하지만 깨지기 쉽고, 변형되기 쉽지만 뻣뻣하다. 사람들과 거리를 둘 때, 조심스러운 동시에 열려 있다고 느낄 때 세우는 경계가 거품 경계다. 이 경계는 너무 극단적이지도 않고 밀착되어 있지도 않다. 생활하면서 다른 사람들과 어울리지만 동시에 사람들이 너무 가까이 다가오지 않기를 바라며 이를 악 문다. 우리는 거품 경계 속에 있을 때 보호받는다고 느낀다. 거품 경계 속에 있더라도 여전히 다른 사람들을 볼 수 있고 어느 정도까지는 가까이 다가오도록 허용하지만, 남들이 너무 가까이 다가와 거품 경계를 건드리면 순식간에 알 수 있다. 거품 경계는 성역이다.

거품 경계를 치는 사람들은 어린 시절 가정에서 교활하고 수동 공격적인 발언이나 묵묵부답 같은 형태로 공격을 받을 때 자기 자신을 보호하는 법을 배웠다. 이런 사람들은 감정 표현을 본받아 배울 대상이 거의 없는 가정에서 자란 탓에 감정을 표현하는 법을 배우지 못했다. 건전한 감정 표현을 접할 수 없었던 아이들은 정서적으로 방치된 상태로 성장하고 자기가 살아가는 세상을 이해하려고 이야기를 지어낸다. 의식주처럼 기본적으로 필요한 요소는 충족됐지만 정서적인 자양분과 양육은 채워지지 않았기 때문이다. 아이와 부모는 안정적인 애착 관계를 형성하지 못했고 이로 인해 아이는 나중에 불건전한 애착을 형성하기 쉽다.

때때로 이러한 감정 표현 및 양육의 결핍이 내면에 구멍을 만들고 아이는 온전하다고 느끼기 위해 다른 방법으로 이를 채우려고 한다. 이런 행동은 도피, 고립, 침잠, 환상의 삶, 마약 복용이나 음주, 자해, 고함을 비롯한 분노 폭발 행위 같은 형태로 나타날 수 있다.

감정 표현이 없는emotionally unavailable 가정의 아이가 경험하는 유일한 의사소통은 보통 비난이나 망신이므로 그들은 고개를 숙이고 몸을 낮추는 법을 배운다. 어느 순간 이들은 부모에게 정서적 자양분을 바라지 않으며, 상처받은 내면아이는 내부 세계로 후퇴해서 보호와 위안, 안심을 얻기 위해 충동적 반응 도구를 사용한다. 시간이 흐르면 이런 경계가 그들을 둘러싸서 보호하는 거품이 되지만, 이는 혼란과 좌절, 불가피함, 결핍에서 비롯된 것이기에 진정한 자아는 물론 인생의 희망 및 꿈과 들어맞지 않는다.

거품 경계가 극단으로 흐르면 중독, 과음, 부적절한 성관계, 마약에 빠지거나 사람들과 거리를 두고 자기 내면을 외면하는 형태로 나타난다. 단기적인 영향은 잘 느낄 수 없지만 결국에는 이런 행동들에 의존하게 되고 나중에는 비효율적인 경계가 된다. 이것들은 모두 길 잃은 내면아이의 상처받은 서사를 뒷받침하기 위해 만들어진 것이다.

거품 경계를 가진 성인은 사랑받고 있다고 느끼기 위해 자기가 아는 것을 되풀이하면서 이런 사태를 반복하고자 감정을 잘 표현하지 않는 상대를 찾는다. 그들은 친밀함을 원하면서도 사람들을 밀어낸다. 누군가가 거품 너머에 있는 자신의 모습, 승인과 사랑을 갈구하는 상처받은 진짜 자신의 모습을 볼 수 있기를 은근히 바란다.

이들은 좌절감에 시달린 나머지 때때로 단단한 무장을 풀고 거품을 부수고 나와 관계를 맺으려고 마음을 터놓는다. 상대와 연결되어 있다고 느끼면서 그냥 거품 경계를 깨고 나와 취약해질 수 있다고 생각해서다. 하지만 이는 지나치게 성급한 판단이다. 그들은 친밀한 상대나 연애 상대를 찾을 때 항상 뽑기 운이 좋지만은 않기 때문이다. 그들은 자존감이 낮고 자신이 충분히 훌륭하지 않다고 느낄 때가 많으므로 이런 상호 작용에서 자기 자신을 뒷받침하고 지원할 단단한 기능적 경계 도구를 갖추고 있지 않다. 그래서 섣불리 누군가와 친밀한 관계를 맺으려고 시도하다가 자신의 자아감을 희생하게 되고 이는 끔찍한 결과를 초래할 수 있다.

갑자기 거품 경계를 깨고 싶은 사람은 새로운 사람을 만날 때 흥분하고 긴장할 수 있다. 어쩌면 자기 비밀을 전부 털어놓고 지나치게 많은 정보를 제공하면서 온갖 속사정을 드러내겠다고 결심할 수도 있다. 그들은 잠재의식 속에서 자기가 그렇게 하면 상대방이 자신을 낱낱이 알게 될 것이라고 생각하며 진짜 자기 모습을 보여 줬을 때 상대방을 더 가까이 끌어당길지 반대로 밀어낼지 보고 싶어 한다. 이렇게 해서 그들은 거품 경계라는 확실한 안전 상태에서 경계 부재 상태로 간다.

자기 자신을 감정적으로 잘 알지 못하고 건전한 경계 체계를 갖추지 못한 이들에게 섣부르고 지나친 속마음 공개는 친밀함을 형성하려는 시도이지만 동시에 시험이기도 하다. 무턱대고 감정을 쏟아내면 듣는 상대방은 당황해서 도망가 버리는 경우가 많다. 이렇게 되면 지나치게 속마음을 털어놓은 사람은 너무 일찍 너무 많은 비밀을 털어놓았다는 수치심을 느낀다. 그들은 스스로가 어리

석다고 느끼며 거품 속 밀봉된 세상으로 다시 후퇴한다.

## 극단적 경계

극단적 경계extreme boundary는 경계 부재의 정반대이자 거품 경계보다 훨씬 센 경계다. 어떤 사람이 다른 사람으로부터 자기 자신을 감정적, 육체적, 정신적, 혹은 성적으로 지킬 수 있는 유일한 방법으로 삶의 급격한 변화를 추구하는 경우가 이에 속한다. 그 예로는 친구나 가족에서 벗어나 다른 지방이나 외국으로 이사하는 경우를 들 수 있다. 이런 경계를 세우는 것은 철근 콘크리트 요새를 짓는 것과 같다. 다른 사람들이 영영 들어오지 못하도록 하는 방법이다.

　극단적 경계를 설정하는 사람들은 대체로 다른 누군가가 자신에게 한 일로 화가 나고 상처받았거나 무엇인가에 대해 엄청난 두려움을 느낀다. 그들은 자기가 느끼는 두려움에 대한 대응으로 친구혹은 연인 관계, 직장 환경에서 기꺼이 벗어나고자 한다. 그들은 자기 자신을 보호하는 유일한 방법이 상대방이나 상황을 차단하는 것이라고 인식하기 때문이다. 하지만 대부분의 사람들은 위해를 입을지 모른다는 두려움보다는 좌절감 때문에 너무 성급하게 극단적 경계를 설정한다. 이런 경우는 건전한 경계를 설정하는 법을 모를 때 발생한다.

다음은 극단적 경계의 예다.

- 나는 이사할 것이고 어디로 가는지 당신에게 말해주지 않을 것이다.
- 나는 전화와 소셜 미디어를 포함해 당신이 보내는 모든 연락을 차단할 것이다.
- 같은 공간에 있더라도 당신을 아는 체하지 않을 것이다.
- 나는 모든 것을 거절하고 모든 사람을 차단할 것이다.
- 내가 느끼는 고통을 인정하지 않을 것이다. 나는 나 자신에게 관심을 기울이지 않을 것이다.

이런 극단적으로 세워지는 비기능적 경계들 중에는 자기 자신을 보호하고자 수천 킬로미터 떨어진 곳으로 떠나야 하는 사람이 설정할 법한 경계도 있고, 실제로 자기 안전을 지키기 위해서 멀리 떠나거나 누군가를 차단해야 하는 경우도 있다.✚ 하지만 극단적 경계는 관계 연결에서 잠재적으로 장기적 손해를 끼칠 가능성이 있으므로 최후의 수단으로 신중하게 고려해야 한다.

만약 당신이 누군가를 대상으로 극단적 경계를 만들고 싶어진다면 다음 질문을 스스로에게 던져보고 이것이 최선의 선택지인지 결정하기 바란다. 질문에 대한 답을 공책에 적고 6장에서 실시할 경계 작업에 쓸 수 있도록 손 닿는 곳에 두도록 하자. 극단적 경계

---

✚ 당신이 이런 경우라면 333p의 자료를 참조하자.

를 설정하기 전에 다음 질문에 답하자.

- 충분한 근거를 바탕으로 감정적이지 않은 상태에서 내 느낌들을 검토했는 가? 이 사람이 내게 했거나, 하고 있는 일의 결과로 나는 어떤 감정을 느끼 는가? 나는 극단적 경계를 설정해야 하는가, 아니면 달리 설정할 수 있는 기능적 경계가 있는가?

- 내가 이 사람에게 경계를 세운 적이 있는가? 내가 그 사람과 어울리려고 여 러 차례 시도했거나 만나서 감정을 터놓고 찬찬히 이야기한 적이 있는가? 이 문제를 기능적 경계로 해결해 보려고 최선을 다했는가?

- 내가 아무리 명확하게 경계를 표현해도 상대방이 이를 존중하지 않는다고 느끼는가? 학대받거나 방치됐다고 느끼는가? 내 필요가 받아들여지거나 존중받지 못하는가?

- 이 사람과 극단적 경계를 설정했을 때 어떤 결과가 발생할지 생각해 봤는 가? 극단적 경계를 설정하고 나면 어떤 기분이 들까? 나중에 이 관계를 회 복하려고 할 때 어떤 파문이 예상되는가?

- 나는 상대방의 입장을 확실하게 이해하고 있는가? 나는 상대방의 행동이 나 직접 언급한 그의 감정을 근거로 추측하고 있는가?

- 나는 어떤 식으로든 내가 처한 상황에 위협을 느끼는가? 만약 그렇다면 나 자신과 가족의 안전을 확보하기 위해 극단적 경계를 설정해야 하는가?

- 내가 어떤 말과 행동을 해도 상대방이 계속해서 내 경계를 침범하는가?

이 질문들에 명확한 근거를 바탕으로 대답했는데도 여전히 자기 자신과 가족을 보호하기 위해 극단적 경계가 필요하다고 느낀다면 조심스럽고 신중하게 진행하도록 하자. 분노와 악의, 앙심, 질투, 격노를 느끼기 시작하면 잠시 자신을 가다듬을 시간을 갖자. 마음이 가라앉은 다음에 극단적 경계가 필요한지 아니면 그저 감정을 다잡을 필요가 있을 뿐인지 잘 생각해 보자. 이런 결정은 근거를 바탕으로 중심을 잡은 상태에서 내려야 한다.

자기 자신을 보호하고 자기애, 신뢰감, 존중심을 찾기 위해 극단적 경계를 설정해야 한다는 생각이 진심에서 우러나오는 솔직한 대답이라면 자기 자신을 보호하도록 하자. 만약 앞서 제시한 질문들을 생각해 보지도 않고 해결책을 찾기가 너무 힘들거나 혼란스럽다는 이유로 관계를 중단하려고 한다면 좀 더 기능적인 경계를 세울 수 있는 방법이 있는지 다시 검토해 봐야 한다.

최선의 접근법을 찾아보지도 않고 극단적 경계를 설정하면 상처받는 상황이 영원히 계속될 뿐이다. 극단적 경계를 하나씩 설정하기 시작하면 나중에 다른 사람들과 관계에서 극단적 관계를 쉽게 설정할 가능성이 높다. 그것이 문제를 해결하는 것보다 손쉬운 방법이기 때문이다. 그렇게 되면 수많은 문을 닫고 해결되지 않은 감정의 문제로 가득 찬 지저분한 방들을 뒤로하면서 살아가게 된다.

만약 당신이 앞에서 논의한 경우처럼 경계가 없거나 망가졌다거나 거품 경계 혹은 극단적 경계에 해당한다면 자신에게 건전하게 기능하는 경계도 있다는 사실을 기억하기 바란다. 잠시 시간을 내서 당신이 가진 기능적 경계들, 당신이 자아감을 제대로 유지하고 있는 분야를 생각해 보자. 이는 균형이 잘 잡히고 상호적이라는 기분이 드는 관계, 정중한 대접과 신뢰, 존중, 사랑을 받는다고 느끼는 관계를 말한다. 이런 관계 유형은 당신이 다른 사람들과 상호 작용하고 관계를 키워나갈 때 추구해야 할 가장 바람직한 표본이다. 직장에서는 아주 양호한 경계를 정해놓으면서도 가정에서는 경계가 허술한 사람들이 많다. 이는 직장에서는 명확하게 규정된 업무 및 행동 규칙이 있어서 사람들이 그런 선 안에 머무르기 때문인 경우가 많다. 가정에서는 업무 규칙 그 자체가 없으므로 사람들은 어린 시절 가정에서 봤던 경계나 경계 부재를 사생활에 끌어들이는 게 쉽기 때문이다.

다시 한번 당신이 잘못하는 분야보다 잘하고 있는 분야가 더 많다는 사실을 기억하자. 우리는 모두 자기가 가진 도구로 최선을 다하고 있다. 힐 프로세스를 진행하면서 당신은 이미 제대로 작동하고 있는 부분과 아직 노력이 필요한 부분을 배우고 있다.

## 분노한 경계

시달릴 만큼 시달리고 화가 난 후에야 다른 사람과 경계를 긋는 사람이 많다. 그들은 자기감정을 계속 억누르다가 그렇게 억눌린 분노와 원망을 추진력으로 자기주장을 펼치기에 나선다. 그들은 마음에 담아뒀던 감정의 에너지와 분노를 경계를 정당화하는 데 사용한다. 나중에는 "당신이 나를 너무나 화나게 했잖아!"라며 자기가 분노했기 때문에 경계를 설정했다는 핑계를 댈 수 있다. 그들은 이런 변명 뒤에 숨어서 자신의 감정을 인정하지 않는다.

홧김에 경계를 설정하는 사람들은 대개 경계를 설정하는 데 익숙하지 않다. 그들은 감정 표현을 어려워하므로 억눌린 분노를 표출할 때까지 다른 사람들은 그들이 어떤 일에 대해서 어떻게 느끼는지 까맣게 모른다. 사람들은 그들이 화를 내는 것이 문제라고 말하지만 사실 그것은 문제가 아니다. 문제는 그들이 자연스러운 분노 표출을 어떻게 해야 할지 배운 적이 없어서 꾹꾹 눌러뒀다가 터트린다는 점이다.

아이러니하게도 이런 사람들은 분노라는 감정을 갖는 자체가 나쁘거나 틀렸다는 메시지를 받은 경우가 많고 분노를 눌러 담는 순간들은 여성보다 남성에게 더 많이 나타난다. 남자아이들은 자라면서 "화내지 마, 울지 마" "기분이 어떤지 말해봐, 네가 무슨 생각을 하는지 모르겠어" "학교에서 싸우지 마, 네 주장을 펼쳐야 해" "이제 네가 이 집의 가장이야, 남자답게 행동해!"처럼 감정과 관련해 혼란스럽게 뒤섞인 메시지를 자주 받곤 한다. 한편 여성과 여자아이들은 "그렇게 감정적으로 굴거나 호들갑 떨지 마" "넌 왜 그렇게 말이 없니? 기분이 어떤지 말해봐" "존중받고 싶으면 강해져야 해" 같은 말을 듣는다. 또한 사회에 순응하고 남들의 편의를 위해 몸을 낮춰야 한다는 압박을 받는 동시에 "그냥 너답게 행동하고 너 자신을 사랑해"라는 말을 듣는다.

자신의 감정이나 경계에 대해 사과하거나 정당화하거나 설명할 필요는 없다. 당신의 감정은 당신의 감정이다. 분노를 어떻게 표현할지는 당신의 선택이다. 만약 누군가가 당신의 경계를 침범했다면 당신이 느끼는 기분을 이야기할 때 변명을 늘어놓지 않아도 된다. 그저 스스로의 중심을 잡고 당신이 느끼는 감정을 찾고 그 상처받은 부분이 목소리를 내도록 하면 된다.

## 감정 단어 사용하기

경계 설정에서 감정을 표현하는 데 적당한 감정 단어를 찾는 것이 가장 어려울 때가 있다. 일단 적당한 단어를 찾으면 자기가 느낀 바를 명확하게 표현할 수 있다. 누군가가 당신을 파티에 초대하지 않아서 상처받았다고 가정해 보자. 일단 상처받은 감정을 알아냈다면 당신은 그 사람에게 "당신이 나를 그 파티에 초대하지 않아서 상처받았어요"라고 말할 수 있다. 그 사람은 당신이 그렇게 느낀다는 사실을 모를 수 있다. 핵심은 당신이 마음의 상처를 털어놓아서 상대방에게 알렸다는 점이다. 당신은 생각을 이야기했고 가장 적절한 감정 단어를 사용해 느꼈던 감정에 목소리를 부여했다.

아무 말도 하지 않으면 나중에 그 일에 대해 원망하게 된다. 심지어 머릿속에서 그 상황을 반복적으로 재현하면서 계속해서 상처를 느낄 수도 있다. 고통이 재순환하는 것이다. 이는 몸과 마음, 영혼이 우리에게 그 일을 해결하라고 말하는 방식이다. 어떤 감정을 오랫동안 방치할수록 그 감정은 우리 안에서 더욱더 큰 목소리를 낸다.

지금보다 훨씬 더 어렸고 내 느낌을 표현하는 법을 처음으로 배웠을 때 나는 감정을 말로 표현하는 데 익숙하지 않았고, 감정을 식별할 정도로 어휘력이 뛰어나지도 않았다. 정말로 속이 상했을 때도 무슨 말을 해야 할지, 어떻게 경계를 그어야 할지 몰라서 갈팡질팡하다가 "내가 어떤 기분인지 모르겠어요. 그냥 전부 이상하고 속상해요"라고 말하곤 했다. 이것이 감정을 가장 잘 표현하는 말은 아니었지만 나는 내 기분을 드러내려고 애쓰고 있었다. 이처럼 당신이 할 수 있는 가장 기능적인 방법으로 감정을 밖으로 드러내고 경계를 설정하고 거기서부터 시작하는 것이 가장 중요하다.

이 연습은 완벽을 기하는 연습이 아니라 당신의 감정을 존중하고 그런 감정에 목소리를 부여하는 것이다. 시간이 흐르면서 감정을 표현하는 어휘와 용법은 늘어날 것이다.✤

# 극심한 트라우마와 해리

앞에서 배웠듯이 경계 체계 미비 혹은 부재는 건전한 감정적 대응 도구가 없었던 어린 시절 역기능적 가정환경에서 비롯되는 경우가 많다. 안타깝게도 부모나 보호자들 자신이 너무 깊은 상처를 받아

---

✤ 다양한 감정 단어들을 열거한 부록 A의 느낌 차트를 참조하자.

서 기능적 행동이나 경계의 모범을 보일 수 없었고 그래서 아이에게 일어나고 있는 감정적 상처를 보거나 이해하지 못하는 가정이 많기 때문이다. 심지어 부모나 보호자가 아이에게 트라우마가 되는 상처를 입히는 직접적 원인인 경우도 있다. 이런 상황에 방치된 아이들은 어른이 되었을 때 끔찍한 결과를 초래하는 아주 깊은 감정적 상처를 지니게 된다.

트라우마를 받아들이는 방식은 사람마다 다르고 이는 우리 자신의 회복 탄력성 및 자아감에 따라서 달라진다. 특히 반복해서 발생하는 극심한 트라우마는 한 사람을 심리적, 감정적, 정신적으로 그 핵심까지 손상시킬 수 있다. 그런 트라우마가 일어날 때 트라우마를 겪고 있는 사람은 자기를 보호하기 위해 해리를 일으키는 경우가 많다.

해리란 트라우마를 겪은 사람이 정신적, 감정적으로 상황의 현실에서 도피하도록 도와주는 트라우마 반응이다. 그들은 자기 자신을 보호하기 위해 무의식적으로 자신의 본질과 감정을 묻고 보존 차원에서 자신의 마음을 단절시키거나 환상 세계로 들여보낼 준비를 한다. 어떤 의미에서 이 반응은 내면에 극단적인 경계를 설정하는 것, 즉 자기가 통제할 수 있는 안전한 곳으로 후퇴하는 것이다. 말하자면 정신적, 감정적 기능이 끊기는 것과 비슷하다. 그들은 외부와의 소통을 끊고 마음속 다른 곳으로 가서 지금 자신에게 일어나고 있는 일이 끝나기를 기다린다.

PTSD가 있는 사람들은 촉발됐을 때 종종 해리를 일으키는데 이는 트라우마를 떠올리게 하는 대화를 하거나 그런 대상을 텔레비전에서 보는 것만으로도 일어날 수 있다. 촉발 요인이 발생하면 이들은 정신적으로 다른 곳에 가버린다. 그것이 애초에 트라우마가 발생했을 때 그들이 대처한 방식이었기 때문이다.

트라우마를 촉발하는 계기가 발생했을 때 PTSD가 있는 사람들은 마음속에서 트라우마 영상을 보통 처음부터 끝까지 보기 시작한다. 이들은 대부분 트라우마 사건과 연결된 배경음, 촉감, 감정을 비롯해서 맑은 날이었는지 비가 왔는지, 다른 사람이 무엇을 입고 있었는지, 어떤 냄새를 맡았는지에 이르기까지 기억 속의 모든 사항을 아주 자세하게 기억한다.

한편 트라우마를 경험한 모든 사람이 일어났던 일을 자세하게 기억하는 것은 아니다. 나쁜 일이 일어났다는 사실을 기억하는 데 그치는 사람들도 있다. 당신에게 어떤 일이 일어났던 것 같지만 확신할 수는 없다면 그 경험을 억지로 떠올리려고 애쓰지 말자. 당신의 잠재의식이 이 정보를 의식 수준으로 내보낼 준비가 됐을 때가 바로 트라우마를 처리하고 치유할 시간이다. 기억을 억지로 떠올리려고 애쓰는 자체가 원래 사건만큼이나 괴로울 수도 있다. 당신이 그 경험을 기억해야 한다면 기억하게 될 것이라고 믿고 기다리자.

다음 이야기에서는 어린 시절에 극심한 트라우마를 경험한 여성의 어린 시절 미비했던 경계 설정 기술이 성인이 된 후에 어떤 영향을 미쳤는지 들려줄 것이다. 그녀가 치유되기까지는 그녀에게 일어났던 고통과 사건들을 천천히 애정을 담아 인정하는 용기와 힘, 의지가 필요했다. 읽기 힘든 이야기지만 사람들이 어린 시절 끔찍한 트라우마를 겪은 뒤에 상처를 치유하고 바람직한 경계를 설정함으로써 훨씬 더 건강해질 수 있다는 사실을 보여 주기 위해 이 이야기를 넣었다.

## 아무도 믿어주지 않았던 어린 소녀, 메리앤

어릴 적 메리앤은 착한 아이였지만 엄마는 메리앤이 항상 말썽을 일으킨다고 봤다. 메리앤은 자기가 무엇을 하든 간에 부족하다고 느꼈다. 엄마는 메리앤을 방으로 보내면서 "아빠가 집에 오실 때까지 기다려"라고 말하곤 했다. 메리앤은 그런 지시를 들을 때마다 자기 자신에 대해 언짢은 기분을 느끼게 됐고, 나쁜 일이 일어나지 않을 때에도 마음이 불편했다.

메리앤이 13세였을 때 믿었던 이웃에게 성추행당한 뒤 엄마에게 그 일을 이야기했지만 엄마는 그녀의 말을 믿지 않았다. 사실 엄마는 메리앤이 학대당했다는 이야기를 한 번도 믿은 적이 없었고, 다른 이야기도 믿지 않았다. 엄마는 항상 메리앤을 의심했고 그럴 때면 메리앤은 그저 자기가 좀 더 열심히 노력해야 한다고 생각했다.

메리앤이 16세가 되었을 때 다니던 고등학교 교사가 그녀를 성폭행하고 아무에게도 말하지 말라고 했지만 메리앤은 용감하게 교장과 엄마에게 그 사실을 이야기했다. 그러나 교장도 엄마도 메리앤을 믿지 않았다. 늘 그랬듯이 이번에도 엄마는 메리앤을 의심했다. 메리앤은 이런 상황들을 도저히 이해할 수 없었지만 결국 다른 사람들이 자기 자신보다 그녀를 더 잘 안다고 믿게 됐다. 이 과정에서 또 다시 자기 자신에 대해 언짢은 기분을 느끼며 스스로를 탓하게 됐다.

그러면서 메리앤은 학교에서 문제를 일으키고 부모님, 주로 엄마에게 대들기 시작했다. 달리 어떻게 해야 할지 몰랐던 부모님은 메리앤이 문제라고 생각하면서 그녀를 네 달 동안 정신 병원에 입원시켰다. 메리앤은 입원한 동안에 자기보다 여섯 살이 많고 병원에서 잡역부로 일하던 남성인 마이크를 만났다. 마이크는 메리앤에게 결혼하자고 말했고, 메리앤이 고등학교 3학년이었을 때 두 사람은 일찍 결혼했다. 메리앤은 마이크를 보며 자신의 부모님이나, 살면서 만났던 다른 남자들과는 달리 자기를 돌봐주고 자기 말을 귀 기울여 들어주고 자기를 이해해 줄 수 있는 남자라고 생각했다. 하지만 시간이 흐르면서 그녀는 자기 남편이 극도로 자기애성 인격을 지닌 사람임을 알았다.

자기애성 인격 장애자들이 대개 그렇듯이 마이크의 매력과 친절은 금세 없던 일이 되었다. 결혼 생활이 9개월째에 접어들면서 마이크는 메리앤을 통제하려고 하면서 화를 냈다. 마이크는 메리앤에게 폭력을 휘둘렀고, 메리앤은 피를 흘리고 멍이 든 채로 엄마에게 가서 도움을 구했다. 그럴 때마다 엄마는 또 메리앤의 행동 때문에 마이크가 화를 냈을 것이라고 말하면서 돌아가라고 했다. 이번에도 엄마는 메리앤을 믿지 않았고, 메리앤은 또다시 자기 자신을 탓했다. 모두가 자기 잘못이었다.

10년에 걸친 결혼 생활 동안 마이크는 계속해서 메리앤을 때리고 갖은 핑계로 화를 냈다. 메리앤이 식사를 차려도 트집거리를 찾아내 식기들을 바닥에 던져 깬 다음에 메리앤에게 치우라고 했다. 마이크는 메리앤을 위협하고 때리고 가스라이팅하면서 메리앤이 스스로 미쳤다고 생각하도록 조종했다. 그녀는 이밖에도 자세하게 설명하기에는 너무 많은 끔찍한 사건들을 겪었다.

메리앤은 가정 폭력을 당하며 갇혀 있다고 느꼈다. 그녀는 의사와 목사를 비롯한 많은 사람에게 자기가 당하는 학대에 대해 말했지만 1970년대 당시 그들은 그녀의 엄마처럼 모두 메리앤의 학대를 못 본 체했다. 마치 메리앤이 잘못해서 학대를 당한다는 듯한 뉘앙스를 풍기며 남편 곁에서 결혼 생활을 더 잘할 수 있도록 노력하라고 말했다.

메리앤은 27세가 되어서야 자기를 진심으로 사랑했던 한 남자의 도움을 받아 마이크를 떠날 수 있었다. 그녀는 이 남자를 두고 "폭풍우 속 등대"라고 묘사하는데 안타깝게도 메리앤에게는 이 남자의 사랑을 품을 여력이 없었다. 결국 자기를 구해준 사람을 떠났지만, 이때를 회상하면서 극단적인 학대 관계에서 벗어날 수 있도록 도와준 그 사람에게 고마워한다.

메리앤의 자존감, 사랑, 신뢰, 존중은 완전히 망가졌고, 오랫동안 감정적, 정신적, 육체적, 성적 피해에 시달린 탓에 지쳐 있었다. 그녀는 걸어 다니는 부상자였다. 메리앤의 사례를 보면 어린 시절에 입은 상처와 자기 자신 및 엄마 사이의 경계 미비가 그녀의 삶을 반복적으로 힘들게 만들었음을 잘 알 수 있다. 메리앤은 어릴 적에 겪은 경험 때문에 어른이 됐을 때도 자기애성 인격 장애자의 표적이 되도록 길들여졌다. 여느 아이와 마찬가지로 메리앤은 자기가 아는 것만 알 뿐이었고 더 나은 방법은 몰랐다. 그저 엄마가 자기 말을 들어주지 않는다고 생각했고 자기 경계가 미비하다는 사실도 몰랐다. 엄마 역시 경계가 미비했던 사람이기에 아무런 위로나 도움을 받을 수 없었다.

심리 치료사 로스 로젠버그는 『인간 자석 증후군』이라는 책에서 마이크 같은 자기애성 인격장애자들에 대해 "이들은 잠재적 피해자들이 병적으로 외로운지 아니면 무력감과 나약함에 대한 핵심, 실제, 혹은 인식된 신념에 시달리는지 파악할 수 있는 묘한 능력을 보유하고 있다. 그들은 군중 속에서 다른 사람들로부터 고립된 듯 보이는 사람이나, 상대 연인이 말로는 보호하고 사랑한다고 하지만 실제로는 관심을 기울이지 않는 사람이나, 애초에 연인이 없는 사람을 딱 집어낸다. 그리고 이들의 피해자는 맞서 싸울 때 상황이 악화되는 경우가 많으므로 저항이 무의미하다는 것을 배우고 점점 무기력해진다"라고 설명한다.✤

사람들은 메리앤과 같은 사례를 보면서 왜 그런 상황에 처한 사람이

---

✤ Ross Rosenberg, *The Human Magnet Syndrome*, New York, Morgan James Publishing, 2019.

그냥 떠나지 않는지 의문을 품을 때가 많지만, 자존감이 낮고 경계가 없는 사람들은 벗어날 확실한 방법을 보지 못한다. 물론 과거에 메리앤은 자기가 받는 대우가 부당하다는 사실을 알았다. 그래서 어른들에게 자기가 경계를 세울 수 있도록 도와달라고 요청했지만, 도움을 얻으려는 노력은 계속해서 좌절되고 반복된 시도가 실패로 끝나면서 자기 자신을 보호하려는 타고난 능력이 사라진 것이다. 시간이 흐르면서 메리앤은 자기가 그런 취급을 당해도 싸다고 느꼈고 자신의 상처 속에서 길을 잃었다.

메리앤이 처음 나를 만나러 왔을 때는 51세였고, 그녀는 입을 꽉 다물고 화를 내면서 방어적인 태도로 남들을 통제하려고 했다. 심각한 강박 장애 증세를 나타내는 완벽주의자였고, 분노와 두려움이라는 두 가지 감정만을 느꼈다. 메리앤은 매일 불안을 느꼈고 직장에서는 동료들과 거리를 뒀다. 다른 사람들에게 분노한 경계만을 설정할 수 있었던 그녀는 주치의의 추천으로 내게 치료를 받으러 왔다. 어린 시절과 젊은 시절에 겪었던 일들을 누구에게도 털어놓지 않았던 메리앤은 내게 말할 때도 경계했다. 자기 이야기를 해봤자 아무런 도움도 되지 않는다고 믿었기 때문이다. 그녀의 경계 체계는 제대로 작동하지 않았고 사실상 극단적인 요새 형태의 경계로 그녀를 둘러싸고 있었다. 철갑을 두른 그녀는 모든 사람들로부터 스스로를 고립시켰고 인생에서 모두를 잘라냈다.

나는 그런 메리앤의 안전을 보장하고 신뢰를 얻어야 했으므로 치료 과정을 아주 천천히 시작했다. 일단 우리가 그녀의 속도와 시간에 맞춰서 치료를 진행할 것이라고 안심시켰다. 또한 메리앤은 일생 대부분을 자기가 통제하지 못하면서 살아왔으므로 이 치료의 주도권은 그녀가 쥐고 있다고 말했다. 메리앤은 트라우마 반응 과정을 배웠고 자기처럼 광범위한 PTSD 상처 이력을 지닌 사람이 트라우마 반응을 나타내는 것은 자연스러운 일임을 알게 됐다.

치료를 시작한 지 몇 달 만에 메리앤이 얼마나 똑똑한 사람인지 알게 됐다. 메리앤은 적응 기술을 활용해 힘든 경험에서 살아남았을 뿐만 아니라 데이터를 정리하고 복잡한 거래를 관리하며 직장 내 규정 준수를 관리하는 시스템을 개발하는 놀라운 지적 능력을 지녔다. 자기를 방어하기 위한 메리앤의 분노 이면에는 친절하고 사려 깊은 사람이 있었다. 상담을 거듭하면서 나는 몸과 마음, 영혼이 트라우마에 어떻게 반응하는지 보여주는 사례를 반복해서 언급했지만 메리앤은 마치 그런 내용을 처음 들어본다는 듯이 반응하곤 했다. 그녀는 똑똑한 여성이었지만 내가 PTSD, 트라우마 반응, 대처 기술에 대해 가르쳐준 내용을 기억하지 못했다.

마침내 나는 메리앤이 내게 들려준 이야기에 촉발될 때나 트라우마를 떠올리게 하는 이야기를 들을 때마다 그녀가 해리를 일으킨다는 사실을 깨달았다. 그녀는 지적인 대화를 계속 이어나갔고 겉모습이나 행동은 물론 원활한 의사소통까지 정상적으로 보였지만 나중에는 그 어떤 것도 기억하지 못하곤 했다. 즉 메리앤은 우리가 이야기하고 있는 단어나 소리, 이야기, 이미지 같은 촉발 요인에 대응하는 트라우마를 머릿속에서 되풀이하면서 해리를 일으키고 있었다. 메리앤은 어린 나이에 이런 충동적 반응 도구를 배웠고 수십 년이 지난 뒤에도 자기에게 아주 큰 도움이 된 이 도구를 여전히 사용하고 있었다.

시간이 흐르면서 메리앤은 자신이 언제 해리를 일으키기 시작하는지 알아차릴 수 있게 됐다. 나는 메리앤이 계속 제정신으로 현재에 집중할 수 있도록 현재 감각에 집중함으로써 불안, 분노, 슬픔 같은 정서적 고통에서 벗어날 수 있도록 도와주는 그라운딩 기법grounding skill을 익히게 도왔다. (메리앤은 양발을 바닥에 디디고 "지금 현재 나는 안전하다, 나는 상황을 통제하고 있다. 그 일은 지금 내게 일어나고 있지 않으며 나는 내가 나 자신을 지킬 수 있다고 믿는다"라고 말하곤 했다.) 그녀는 집이나 상점, 친구들과 식당에서 점심을 먹는 상황에서 자기가 해리를 일으킬 때 이를 알아차리기 시작했다. 생각했던 것보다 해리는 더 많이 일어나고 있었고, 자기가 정서적으로 더 건강해질 수 있도록 도우려면 새로운 기능적 대응 도구를 개발해야 한다는 사실을 이해했다.

메리앤은 자기 자신의 목소리와 필요에 귀를 기울이는 법을 배웠다. 또한 강아지를 키우기 시작하면서 난생처음 무조건적 사랑을 느꼈다. 그녀는 그동안 가해자들에게 피해를 받았던 것뿐이며 자기가 문제가 아니었음을 알게 됐다. 다른 사람들과 교류하고 우정을 키우는 법도 배웠다. 자기 계발 수업을 들었고 자기 자신을 사랑하고 신뢰하고 존중하기 시작했다. 여전히 이런 자기애를 받아들이기는 어려워하지만 그녀는 매일 발전해 나가고 있다. 만약 트라우마가 일어나고 있었을 때 누군가가 그녀의 말을 믿고 그녀를 신뢰했더라면 그 이후 메리앤의 인생 경로는 완전히 달라졌을 것이고, 완전히 다른 삶을 살았을 것이다.

지금도 메리앤은 해리를 일으키지만 그 촉발 요인은 주로 그녀가 본 책 혹은 영화나 텔레비전 프로그램의 내용과 관련이 있다. 메리앤은 해리 상태에서 벗어나 어떤 일이 일어나고 있는지 알아차리고 앞으로 나아갈 수 있다. 또한 여전히 강박 행동을 하지만 그것들을 있는 그대로 바라보고 있고, 우리는 그 발생과 빈도를 추적 관찰하고 있다. 이제 메리앤은 자기 자신을 보호하고 표현하고 방어하기 위해 입을 연다. 어떤 상황이 불쾌하거나 불편하게 느껴질 때 자기에게 자신을 보호할 도구가 있다는 사실을 알고, 떠날 수 있는 힘이 있다는 것도 안다. 그녀는 자기를 존중하는 사람을 곁에 두기로 선택하고, 상호적인 관계를 맺는다. 메리앤은 이로써 자신의 상처를 받아들이고 바꿔나가기 위해 계속해서 힐 프로세스를 이어나가고 있다.✤

자신의 감정적 고통에 대한 이유를 발견하기란 두렵고 감당하기 힘든 일이겠지만, 앞으로 나아가고 싶다면 과거를 이해하는 것이 중요하다. 자기가 할 수 있는 일이 아무것도 없다고 생각한다면 누구도 괴로운 기억을 기억하고 싶지 않을 것이다. 당신이 지금까지

---

✤ 만약 당신이 어떤 종류든 학대를 당한 피해자라면 333p의 자료를 참조하자.

살아오면서 보여줬던 힘과 회복 탄력성, 인내심을 인식한다면 지금까지 자신에게 일어났던 그 어떤 사건보다 당신이 더 크고 강하다는 사실을 떠올릴 수 있다. 메리앤은 지독한 트라우마 상황을 여러 차례 겪고도 살아남았고 잘 살아가고 있고 자기 자신을 사랑하는 법을 배웠다. 당신도 할 수 있다.

# 5장

# 힐 프로세스 적용하기

Healing Your Lost Inner Child

일생일대의 특권은 있는 그대로의 자신이 되는 것이다.

―조지프 캠벨JOSEPH CAMPBELL

앞에서 우리는 내면아이의 존재를 비롯하여 과거 경험으로 상처가 어떻게 발생하는지, 어른이 된 이후 촉발 요인이 상처받은 내면아이에게 어떤 영향을 미치는지, 이런 상처를 치유하면 어떻게 더 건강하고 행복한 삶을 살아갈 수 있는지에 대해서 알아봤다. 당신은 현재까지 당신에게 핵심 상처를 유발한 어린 시절 기억과 사건을 발견했다. 자신이 충동적 반응을 나타내는 이유와 어떤 감정적 대응 도구를 사용하는지도 배웠다. 지금부터 이 모든 정보와 이해를 적용하기 시작할 것이다.

힐 프로세스 중 위와 같은 단계를 시작하기 전에 이런 유형의 치료에 따르기 마련인 몇 가지 방어를 제쳐놓아야 한다. 이런 반발은 치료 과정을 엉뚱한 길로 이끌고 당신에게 방해가 될 수 있기 때문이다. 이 과정을 최대한 활용하려면 대표적인 방어 행동들을 인식하고 의식적으로 피해야 한다.

• **폄하**: 자라면서 겪은 힘들었던 경험이나 트라우마를 폄하하거나 축소하려

는 유혹을 제쳐두자. 다시 말해 자신이 느낀 혹은 느끼는 감정적 고통을 정
상이라고 치부하지 말자. (ex. 그렇게 심하지는 않았어요)

- **비정상을 정상으로 치부**: 비정상적인 경험을 정상적이었던 것으로 여기는
충동에 저항하자. (ex. 그땐 다들 맞았어요)

- **타인을 보호**: 당신의 부모, 보호자, 가족 및 다른 사람들을 보호하고 싶은
충동에 저항하자. 이는 그들을 존중하지 않는 것이 아니라 당신 자신을 존
중하는 일이다.

- **치유가 가능함을 부정**: 과거를 바꿀 수 없으므로 치유할 수 없다고 생각하
려는 유혹을 피하자. (ex. 과거를 바꿀 수도 없는데 왜 그때로 돌아가서 들여다봐
야 하죠? 어차피 일어난 일이고, 아무것도 바꿀 수 없잖아요)

- **나쁜 기억 회피**: 나쁜 기억을 들여다보지 않고도 치유할 수 있다는 생각을
버리자. 치유하려면 용기가 필요하고 당신은 그럴 가치가 있는 사람이다.
(ex. 어떤 일이 일어났는지 대부분 기억나지 않고, 심지어 기억나는 부분도 달갑지
않은데 왜 그때를 기억해야 하죠?)

어린 시절 상처를 들여다보는 것이 괴로워서 돌이켜보고 싶어
하지 않는 사람들이 많다. 당신이 이런 반응을 보인다면 아마도 이
런 고통스러운 경험을 구분해서 상황이 그렇게 나쁘지 않았던 척
하고 있을지도 모른다. '난 잘 컸잖아, 그렇지 않아?' 이런 합리화는
감정이나 상황을 직시하지 않고 회피할 구실을 제공한다. 하지만
앞에서 배웠듯이 당신이 경험한 사건들을 언급한다고 해서 죽지는
않는다. 물론 아프거나 따끔할 수는 있지만 당신은 자기가 아는 것
보다 더 강하고, 어느 정도 자기 자신을 보살핀다면 이 과정을 온전
하게 이겨내고 훨씬 더 기분이 좋아질 것이다. 만약 이 치유 과정에

거부감을 느끼기 시작한다면 그것은 정상적인 반응이다. 이런 방어적 반응을 인정하고 어린 시절의 모든 측면을 들여다보면서 그런 일들이 현재 당신에게 어떻게 느껴지는지 살펴보도록 하자.

지금부터 당신은 어린 시절에 겪은 상처와 두드러진 사건들을 똑바로 볼 수 있도록 도와줄 타임라인을 작성할 것이다. 당신의 삶을 생생하게 보여줄 이 청사진은 당신이 자기 자신과 살면서 겪었던 사건들을 지금까지와는 다른 관점에서 볼 수 있도록 도와줄 것이다. 타임라인은 출생부터 20세까지 성장기에 초점을 맞춘다. 어떤 사람은 20대 초반 및 그 이후로도 깊고 고통스러운 상처를 경험하기도 하므로 이 특정한 연령대는 엄격한 규칙은 아니며, 꼭 지키려고 할 필요는 없다. 하지만 생애 초기에 발생한 깊은 상처나 트라우마가 사람들에게 가장 큰 영향을 미치며, 평생 가는 상처 패턴이 확립되는 때이기도 하다.

## 어린 시절의
## 타임라인 작성하기

정말 어렸을 때 일어난 일은 제대로 기억나지 않는다고 말하는 사람이 많다. 이는 꽤 흔한 일이다. 우리는 대부분 유아기에 있었던 일들을 많이 떠올리지 못한다. 하지만 아주 어렸을 때 이미 두 가지 유형의 장기 기억인 '암묵 기억'과 '외현 기억'이 생겨났다. 암묵 기억

implicit memories이란 3세 이전에 무의식에 저장되는 기억을 말한다. 예를 들어 매주 토요일 아침에 아빠와 함께했던 외출을 구체적으로 기억하지 못하더라도 아빠와 함께 있다는 생각을 떠올릴 때마다 따뜻하고 다정하고 아련한 느낌을 받는다. 3세 무렵이 되면 매주 토요일 아침마다 아빠가 당신을 데리고 나가서 아침 식사를 함께했고, 어디에 갔는지, 어떻게 그곳까지 갔는지를 의식적으로 떠올리는 외현 기억explicit memories이 저장되기 시작한다.

우리의 기억은 7세까지는 대부분 암묵 기억이지만 3세를 전환점으로 외현 기억이 점점 빈번하게 나타난다. 대부분의 사람들은 약 5세 이후로 일어난 사건이나 상황들을 떠올릴 수 있다. 7세를 시작으로 아이의 기억은 어른의 기억과 비슷해진다. 만약 당신의 기억에 공백이 있다면 어떤 감정에 대처하기 위해 억압, 억제, 해리 같은 방어 기제를 사용했을 가능성이 높다. 기억은 무의식 속에 있겠지만 자연스럽게 의식으로 떠오르지 않는다면 강제로 떠올리지는 말자.

당신의 타임라인을 작성하기 전에 먼저 사례 하나를 살펴보자.

니콜은 32세의 독신 여성이다. 니콜은 엄마보다 아빠와 친하다고 느끼고 남동생과 가깝게 지낸다. 그녀는 전문직에 종사하고 가끔 함께 술을 마시는 친한 친구들이 몇 명 있다. 만나는 사람이 있지만 진지한 관계는 아니다. 니콜의 타임라인을 보면 어린 시절에 일어났던 상황 중에 좋은 사건이라고 할 만한 일도 있고 나쁜 사건이라고 할 만한 일도 있었다. 니콜은 자기 기억에 떠오르는 모든 사건들을 열거했고 각각을 간단하게 설명했다.

3세: 부모님의 이혼

5세: 엄마의 재혼으로 감정적으로 힘들었던 시기

6세: 친구들이 전부 참석한 즐거운 생일 파티

7세: 아빠의 재혼

8세: 학교 폭력 이슈

10세: 가장 친한 친구를 만남

11세: 새로운 중학교로 전학하며 친구들과 헤어져야 했음

13세: 첫 번째 짝사랑

15세: 첫 번째 성관계

16세: 아빠가 죽을 고비를 넘길 정도로 아픔

　　　운전면허를 딴 후 가족 차로 사고를 냄

17세: 학교 성적이 나빴고, 학교에 있고 싶지 않아 방황

18세: 졸업했지만 어디로 나아가야 할지 몰랐음

19세: 대학에 다니며 대마초를 피우고 술을 마시기 시작

20세: 대학을 중퇴할 뻔함

위 서술은 니콜의 기억을 자극하여 몇몇 패턴을 보기에 딱 적당하다. 그런 패턴과 두드러진 기억들을 몇 가지 살펴보자.

우선 부모님이 이혼하고 엄마가 재혼한 5세 무렵은 힘들었다. 생활은 안정되어 갔지만 16세 무렵에 아빠가 돌아가실 뻔하면서 상황이 나빠지기 시작했다. 17세 때는 더 이상 학교에 다니고 싶지 않았다. 자살 충동을 느끼지는 않았지만 더는 삶에 미련이 없었다. 너무 벅차게 느껴졌다. 우리는 니콜의 엄마가 재혼하고 새아빠가 등장하면서 감정적으로 힘들었던 5세 무렵에 어린 시절 상처가 생겼다는 사실을 볼 수 있다. 니콜의 타임라인에서 이런 식으로 5세와 17세에 구체적으로 눈에 띄는 감정적 두드러짐이 상처받은 나이를 나타내고 있음을 알 수 있다. 니콜은 자기 내면에서 가장 요란하게 느껴지는 상처받은 나이에 먼저 초점을 맞출 수 있다.

## '나'의 타임라인 만들기

이제 당신 자신의 타임라인을 깊이 파고들어서 감정적으로 두드러진 사건들을 파악할 시간이다. 이 과정에서 시간을 충분히 갖고 자기 자신에게 다정하게 대하도록 하자. 주의가 산만해지거나 방해받지 않을 장소를 고르자. 지금부터 당신은 아주 사적이고 중요한 일을 하게 될 것이다. 그렇게 말은 했지만 지나치게 생각할 필요는 없다. 이는 당신의 이야기이고, 이미 자세하게 알고 있다.

공책의 빈 면을 가로로 길게 편다. 왼쪽에서 오른쪽으로 선을 그어 한 면을 반으로 나누고 출생 연도부터 20세가 되는 해까지 연도를 적는다. 다음 문단들을 읽으면서 두드러지는 사건들을 기억해 내는 법을 확인한 다음 기록하기 시작한다. 조용히 하고 생각이 정처 없이 흘러가도록 두자. 과거에 있었던 사건들이 영화처럼 펼쳐지는 모습을 상상해 보자. 생각이 흘러가는 동안 두드러지는 사건들을 적어보자. 각 사건이 발생했던 나이 옆에 타임라인과 함께 짧은 설명을 적도록 하자. 놀랍도록 자세하게 기억을 적는 사람도 있고 짧은 메모를 쓰는 사람도 있다. 당신에게 맞는 방식대로 하면 된다.

'대수롭지 않았다' 혹은 '그런 일들은 모두에게 일어났다'는 생각으로 그런 사건들을 폄하하지 않도록 하자. 그런 모든 일들이 당신 자신을 이해하는 데 기여할 것이다. 그냥 사건들이 떠오르도록 두고 계속해서 타임라인에 기록하자. 어떤 상황들은 생각하기에 불편할 수도 있으므로 지금은 그냥 표시만 해두거나 나중에 기억을 떠올릴 수 있을 정도의 설명만 적어두도록 하자. 예를 들어 당신이 7세였을 때 누군가가 당신을 부적절하게 만졌고 역겨운 기분을 느꼈던 사건을 기억한다고 해보자. 그러면 그냥 '역겨움'이라고만 적어두자. 이 작업은 그저 연습을 끝내기 위해 트라우마를 다시 떠올리는 일이 아니므로 이 과정을 실시하는 동안 자기 자신에게 상냥하게 대하도록 하자.

사건을 기억하기가 어려운 경우, 당신이 20세가 되기 전부터 알았던 믿을 수 있는 친구나 친척과 이야기를 나누면 도움을 얻을 수 있다. 기분이 내킨다면 그런 사람들에게 지금 당신이 어떤 작업을 하고 있는지 이야기하고 그들이 당신의 어린 시절에 대해 뭔가 알고 있는지 물어보자. 어쩌면 그들은 자기들이 보기에는 두드러진다고 느꼈지만 당신은 대수롭지 않다고 여겼던 어떤 일을 기억할 수도 있다. 계속해서 타임라인을 채워보자. 10대 시절로 들어가면 적을 정보가 늘어나는데, 이는 정상이다.

## 감정적 대응 척도 체크하기①
## : 생활 전반

일단 타임라인을 다 채웠다면 감정적 대응 척도를 사용해 각 사건의 강도가 어느 수준인지 정해야 한다. 이 연습은 당신이 현재 이런 사건들에 대해서 어떻게 느끼는지 좀 더 확실하게 규정하도록 도와줄 것이다. 이는 당신의 주관적 측정을 바탕으로 결정하는 과정이므로 당신이 각 사건에 대해 어떻게 느끼는지 존중하는 것이 중요하다. 이런 평가는 당신이 상처받은 나이를 밝히는 데 도움이 될 것이다.

감정적 대응 척도는 0점에서 10점까지 척도를 사용하며 0점이 가장 낮은 감정적 강도(중립적, 행복 또는 기쁨)를 의미하고 10점이 가장 높은 감정적 강도(엄청난 수치 혹은 슬픔)를 나타낸다. 이 척도는 어떤 사건을 '좋다' 혹은 '나쁘다'로 평가하는 데 사용하지 않는다. 그저 당신이 그 사건을 떠올릴 때 내면에서 느껴지는 강도의 수준을 평가한다.

다음과 같은 감정적 대응 척도 설명을 사용해 타임라인에서 두드러지는 각 사건의 강도 수준을 결정하도록 하자.

다음은 낮은 강도 평가에 해당하는 사례다.

## 낮은 강도(1 - 3)

- 어렸을 때는 정말로 신경 쓰였던 사건이었지만 지금은 그 기억이 아무렇지도 않다.
- 이 사건을 기억할 때 대부분은 별다른 기분이 들지 않는다.
- 이 사건은 행복했고 무척 기뻤다.
- 나는 아무렇지 않게 이 기억을 떨치고 나아갈 수 있다.
- 내게 상처를 줬던 사람과 같이 있을 수 있고, 그들을 용서하고 떨쳐버렸으며, 이제 더는 큰 문제가 아니다.
- 예전에는 어떤 상황이나 사람에게 정말로 화가 났지만 그 고통을 이겨냈고 지금은 더 넓은 관점을 지니고 있다.

다음은 중간 강도 평가에 해당하는 사례다.

## 중간 강도(4 - 6)

- 상황이 좋지 않았던 때의 사진을 본 적이 있는데 사진 속 내 모습이 행복해 보여서 지금의 내가 어떻게 느껴야 할지 혼란스럽다.
- 내게 일어났던 일에 화가 날 때도 있지만 늘 그런 것은 아니다.

- 때로는 이런 사람들이나 상황들에 얽힐 수 있지만 늘 그런 것은 아니다.

- 가족 기능의 역동이나 만성적인 문제들은 여전히 내 삶에서 혼란을 일으킨다. 나는 그것이 마음에 들지 않고 사라졌으면 좋겠다.

- 이 사건을 떠올리면 기분이 상하지만 나쁘거나 수치스러운 느낌은 이내 사라진다.

다음은 높은 강도 평가에 해당하는 사례다.

### 높은 강도(7 - 10)

- 나는 그 일을 떠올릴 때마다 정말 화가 나거나 슬퍼진다.

- 나는 그 일을 떠올릴 때마다 틀어박히고 말이 없어지고 마음을 닫는다.

- 나를 학대했던 사람을 생각나게 하는 특정한 지역이나 사람들 주변에 있을 때 신체 반응을 나타낸다.

- 나는 이 사건을 기억할 때 몹시 수치스럽고 괴롭다.

- 나는 이 기억이 그냥 사라졌으면 좋겠다. 사건 자체를 전부 지우고 싶다.

- 나는 이 사건을 생각하거나 촉발됐을 때 해리를 일으키거나 의식을 잃는다. (이는 10점 수준의 강도다.)

당신의 타임라인을 살펴보고 각 상황을 기억하면서 떠오르는 느낌의 강도를 0점에서 10점 사이로 평가하자. 이 숫자를 색깔 볼펜이나 색연필을 사용해 각 사건 옆에 적어두자. 이는 당신만 아는 정보이니 자신에게 솔직해지도록 하자.

각 사건의 등급을 전부 매겼다면 편히 앉아서 타임라인을 다시 살펴보자. 이 큰 그림이 당신의 인생 초기에 대해서 무엇을 말해주는가? 낮은 강도에서 중간 강도로 평가한 사건이 많이 있는가? 아니면 중간 강도에서 높은 강도라고 평가한 사건이 많은가? 이런 평가로 무엇을 알 수 있게 되었는가? 높은 강도 평가들이 한곳에 몰려 있는가, 아니면 타임라인 전체에 걸쳐 퍼져 있는가?

평가 연습은 당신 인생에서 일어난 사건들을 측정하고 어떤 상황들은 아주 격렬했음을 인식하는 방법이라는 점을 기억하자. 이는 당신이 성인이 된 이후로 나타나는 증상들을 보게 할 상처받은 나이를 밝힐 수 있도록 도와줄 것이다.

## 감정적 대응 척도 체크하기②
## : 어린 시절 가정생활

어릴 적 가정과 식구들, 가족 간 상호 작용이 어땠는지 생각해 보는 것도 당신의 타임라인과 생후 20년 동안 일어난 사건들을 들여다보는 방법이다. 다음은 감정적 반응 척도와 관련해 가정 분위기가 어떻게 느껴질 수 있는지, 그런 가정에서 성장한 아이가 성인이 됐을 때 감정 및 관계에서 어떤 양상을 나타낼 수 있는지 보여주는 설명이다.

## 낮은 강도(1 - 3) 가정

당신이 전반적인 강도 평가가 낮은 가정에서 자랐다면 대체로 자기 자신에 대해 만족했을 것이다.

- 가끔씩 화나는 상황이 벌어지기도 하지만 기이하거나 이상한 일은 없었다. 불쾌한 일들은 대부분 떨쳐버릴 수 있었다.
- 친구들을 만나고 우정을 쌓았으며, 삶이 완벽하지는 않더라도 화나거나 상처받았던 때보다 행복한 때가 더 많았다.
- 한결같이 애정을 쏟는 어른들이 항상 곁에 있었다. 어른들은 나름대로 힘든 일을 겪었지만 자신의 감정을 조절하고 당신에게 안정적인 사랑과 의견을 줬다.
- 자라면서 경험했던 특정한 때를 떠올릴 때면 여전히 마음속에서 피어오르는 따뜻한 기운을 느낀다.

낮은 강도 가정에서 자란 사람은 어른이 되어서 괴로운 일이 있을 때 연애 상대나 친구들에게 기댈 수 있다. 어린 시절 경험에서 비롯된 전반적인 좋은 느낌이 성인기 경험으로 이어진다.

## 중간 강도(4 - 6) 가정

당신이 전반적인 강도 평가가 중간 정도인 가정에서 자랐다면 아마도 가정생활이 대체로 무난했지만 항상 괜찮지만은 않았다고 느낄 것이다. 이웃들 눈에 보이는 예쁜 집의 닫힌 문 뒤에서 벌어지는 일과 항상 일치하지는 않듯이, 외부에서 일어나는 일이 내부와 항상 일치하지는 않았다. 당신은 당혹스러운 기분을 느꼈고 '아무도 나를 이해하지 못해'라거나 '아무도 나를 좋아하지 않아'라고 생각했다. 중간 강도 가정에서 자랐다는 말은 어린 시절에 감정이 격한 사건이나 트라우마가 반복해서 발생하지는 않았지만 때로는 집안 분위기가 험한 시기가 있었다는 뜻이다. 이런 가정에서 어린 시절을 보내면 상처받았거나 화났던 때가 행복했던 시간을 무색하게 할 수 있다.

- 당신이 안전하다고 느끼게 했던 어른들도 있었지만 위협하던 어른들도 있었고, 당신은 그들과 가까이하지 않으려고 애썼다.
- 부모나 형제자매, 그 외 친척들이 알코올, 마약, 도박 등 중독 증세를 나타냈다.
- 친구들보다 좀 더 많은 갈등의 상처를 느끼면서 어린 시절을 보냈지만 전반적으로는 무난했다.
- 대체로 자기 자신에 대해 만족한다.
- 성인이 된 이후로 불안이나 우울증으로 약을 복용하거나 치료를 받은 적도 있지만 대체로 이런 상태가 지속되는 경우는 없다.
- 장기적인 관계를 맺을 수 있지만 그런 관계가 기능적으로 돌아가게 하려면 노력이 필요하다.

### 높은 강도(7 - 10) 가정

전반적으로 강도가 높은 가정에서 자랐다면, 이는 혼란과 동요가 끊임없이 이어지는 어린 시절을 보냈다는 사실을 의미한다.

- 주변에 차분한 어른들이 있었을 수도 있지만 늘 그렇지는 않았다.

- 당신은 항상 보호해 줄 책임자를 찾았고, 제대로 된 어른을 찾을 수 없을 때면 자기 자신이 책임을 지고 상황을 통제해야 한다고 느꼈다.

- 두통이나 배탈, 불안, 과도한 각성 같은 신체 증상을 자주 나타냈다. 다음 사태가 언제 발생할지 항상 예의 주시했으므로 상황이 좋을 때도 이렇게 경계하는 기분을 느끼곤 했다.

- 부모나 주된 보호자가 혼란과 알코올 남용을 비롯한 여러 중독 증세를 자주 나타내곤 했다. (이런 보호자들은 대개 자기 문제에 정신이 팔려서 아이를 돌볼 시간이 없다. 첫째 아이가 엄청난 책임을 지게 되거나 아이들이 전부 현실을 외면하고 도피할 방법을 찾는다.)

- 어른이 된 이후로 여러 차례 치료를 시도하고, 기분이 나아지기를 바라면서 다양한 약물 치료를 받다가 말기를 되풀이한다. 어린 시절부터 성인이 된 이후로도 삶은 혼란스럽고, 다른 사람들은 어떻게 행복할 수 있는지 의아하다.

- 연애 상대와 감정적으로 친밀한 관계를 유지하기 어렵고, 당신에게 좋지 않은 사람임을 알면서도 같은 유형의 사람에게 계속해서 끌린다.

- 당신이 자랐던 유형의 가정을 원하지 않는다고 말하면서도 혼란을 피하기는 불가능해 보인다.

나는 나의 상처받은 나이를 10세라고 평가했고, 내 여동생을 안전한 곳으로 대피시켰던 트라우마 기억을 10점에 해당하는 높은 강도라고 평가했다. 나는 어린 시절의 가정생활이 중간 강도 가정부터 높은 강도 가정 사이를 오갔다고 판단했다.

당신이 작성한 타임라인, 강도 평가, 어린 시절 가정에 대한 설명을 살펴보자. 어떤 패턴이 보이는가? 당신의 어린 시절 가정생활이

다른 관점에서 보이는가? 이런 강도 평가는 당신의 경험을 설명하고 정량화해서 자기 자신이 살아온 이력을 객관적으로 바라볼 수 있도록 돕는다. 당신만 그런 것이 아니고 비슷한 경험을 한 사람이 많다는 사실을 알 수 있도록 참조하라는 의미로 강도 평가 과정을 소개했다.

지금까지 당신은 오랫동안 생각하지 않았던 일들을 들여다보면서 내면을 탐색하는 어려운 일을 했다. 때때로 이 같은 감정 발굴은 정말 괴롭고 피곤하고 감당하기 힘들다. 우리는 계속해서 더 깊은 곳까지 파고들 것이지만 일단 지금은 잠시 휴식하면서 감정을 안정시키도록 하자.

## 연습: 보물 상자를 관리하자

앞에서 했던 연습처럼 과거에서 감정적으로 괴로운 부분을 끄집어낼 때 유용한 명상과 시각화 기법을 가르쳐 주고자 한다. 어린 시절부터 생각해 온 모든 일들, 당신의 의식 속에 있는 감정적으로 상처받은 모든 사건들을 떠올려보자. 이런 사건들이 작은 보물들처럼 바닥에 흩어져 있다고 상상해 보자. 그런 사건들과 연결되기 시작하면서 당신이 각 상황 속에 들어찬 수많은 감정을 발견한다는 것을 기억하자.

나아가 바닥 위에 보물 상자와 어린 시절 기억들이 전부 흩어져

있다고 상상해 보자. 보물 상자는 당신이 감정이 적나라하게 드러
난 상태로 돌아다니는 듯한 기분이 들지 않도록 감정적으로 힘들
었던 사건들을 전부 보관할 안전한 보호 장치다. 당신이 넣는 모든
것을 담을 수 있도록 마치 마법처럼 늘어날 것이다. 기억을 주워 들
고 당신의 인생에 있어줘서 고맙다고 하자. 어릴 적에 그 일을 겪을
때는 힘들었겠지만 당신을 이루는 모든 것이 소중한 만큼 그 부분
도 여전히 소중한 당신의 일부분이다. 이 기억들에 감사한 다음 보
물 상자에 넣자. 감정적인 기억들을 전부 모을 때까지 하나씩 넣자.
그리고 뚜껑을 덮어두자.

　마지막으로 보물 상자를 당신 내면의 안전한 장소에 넣어두자.
때가 되면 상자를 열어 그 속에 든 감정적인 기억들을 천천히 꺼내
볼 것이다. 시간이 흐르면 고통스러운 사건 각각을 둘러싼 감정들
을 치유하게 되겠지만 일단 지금 치유 작업을 하는 동안에는 당신
이 다시 온전하다고 느끼기 시작할 수 있도록 안전한 장소에 보관
하자.

# 감정적으로
# 두드러진 사건

작성한 타임라인을 다시 보면서 감정적 대응 척도로 7점에서 10점
사이를 기록한 사건들에 주목하자. 이런 사건들은 감정적 강도가

높은 감정적으로 두드러진 사건들, 즉 당신에게 힘겨웠고 당신의 인생 경로에 영향을 미쳤던 경험들이다. 당신이 촉발되거나 이렇게 두드러진 사건들을 기억할 때면 아주 선명하게 기억이 떠오르고 정말로 고통스럽다. 타임라인에서 이런 감정적으로 두드러진 사건들을 형광펜으로 표시하거나 다른 종이에 따로 적어두도록 하자.

## 상처받은 나이를 제대로 알기

앞에서도 잠깐 언급했지만 상처받은 나이란 어릴 적에 경험했던 극단적이거나 감정적으로 중요한 경험이 핵심 상처를 초래했던 연령을 말한다. 이렇게 상처를 받은 사건은 그 일이 발생했을 당시의 나이와 연결되고, 상처는 그 시기에 얼어붙어 성인이 된 당신의 내면에 여전히 갇혀 있다.

여기서 상처받은 나이를 결정하는 사례를 하나 더 살펴보자. 존의 부모님은 존이 7세였을 때 이혼했지만 엄마와 아빠는 존이 12세가 될 때까지 계속해서 갈등을 이어갔다. 존이 엄마와 아빠의 집을 계속 오갔던 이 5년 동안은 감정적으로 무척 힘든 시기였다. 너무 어렸던 데다가 막바지에는, 사춘기에 접어들었던 이 시기에 일어났던 일들을 전부 다 처리하기는 벅찼다. 감당하기 힘들고 혼란스러웠다. 7세 무렵과 12세 무렵 감정적 기억은 상당히 무거웠고 타임라인을 훑어보던 존은 어느 쪽이 더 강렬하게 느껴지는지 판단하기 어려웠다. 상처받은 나이를 정확히 파악하기 위해 존은 7세부터 12세 때의 타임라인을 자세히 살펴봤다. 부모님이 이혼했던 7세 때의 상처가 최악이었는지, 엄마가 재혼했던 12세 때의 상처가 최악이었는지 곰곰이 생각했다. 그는 엄마가 재혼했던 때 느낀 상처가 가장 강렬했다고 판단했다. 존과 무척 가깝게 지냈던 아빠가 뒷전으로 밀려나고 다른 남자에게 아빠라고 불러야 했기 때문이다.

당신이 상처받은 나이를 알아내려면 감정적으로 두드러진 사건들, 즉 타임라인에서 높은 강도의 사건들을 살펴보고 그 일이 일어났을 때 당신의 나이나 연령대를 기록해 둬야 한다. 특정한 나이에 상처를 받았을 수도 있지만 정확해야 할 필요는 없다. 신체적, 정신적, 정서적, 성적 학대는 몇 년 간에 걸쳐서 일어날 수도 있고 특정한 시간에 발생할 수도 있기 때문에 정확한 나이를 맞추는 것이 중요하지는 않다. 실제로 어린 시절에 극단적 상황을 여러 기간에 걸쳐 겪었다면 당신의 여러 부분이 상처를 품고 있을 수도 있다.

이 전체 과정을 진행하는 동안 수많은 감정의 찌꺼기가 떠오를 것이다. 그 과정이 너무 너무 벅차게 느껴진다면 전문가의 도움을 받도록 하자. 진짜 나쁜 일들을 억지로 기억하려고 스스로에게 강요하지 말자. 당신이 아이였을 때는 자신에게 일어난 일을 통제할 수 없었지만 지금은 할 수 있다. 이 과정을 어떤 속도로 진행해 나갈지는 당신이 결정한다.

당신의 현재는 과거와 다르다. 여러 면에서 발전해 왔고, 그럴 수

있었던 건 쉽지 않았지만 이겨내야만 했던 여러 경험을 겪은 덕분이
다. 이렇게 생긴 지혜는 생각보다 더 큰 도움이 될 것이다.

## 상처받은 나이를 찾는 또 다른 방법들

상처받은 나이를 찾기가 어렵다고 해도 걱정할 필요는 없다. 이를
찾는 다른 방법들이 있기 때문이다. 성인이 되어서 나타내는 느낌,
행동, 충동적 반응 도구들을 살펴보고 그 부분을 참고해서 상처받
은 나이를 판단할 수 있다. 지금까지 읽은 이야기들을 보면 어떤 사
람이 어떤 식으로 아이 같은 행동을 나타내는지, 이런 양상이 상처
받은 나이와 어떻게 관련이 있는지 알 수 있다.

　가끔 내담자들이 충동적으로 분노를 폭발한 이야기를 하면서 하
나같이 "고함치고 소리를 지를 때면 어린아이 같다고 느껴요"라고
덧붙인다. 그럴 때 나는 그때 자신이 몇 살처럼 느껴지는지 묻는다.
이는 당신의 충동적인 부분, 이기적인 부분, 상처받은 부분을 역공
학적reverse-engineering 접근으로 식별하는 방법이다. 당신이 성인이 된
이후로 맺은 관계에서 계속해서 나타나는 감정적 역동과 그것이
어떻게 어릴 적 나이와 부합하는지 이해하는 또 다른 방법이다. 또
한 신뢰할 수 있는 사람에게 도움을 받아 상처받은 나이를 밝히고
당신 인생에서 나타나는 삶의 패턴과 주제(이는 잠시 후에 살펴볼 것
이다)를 찾을 수도 있다. 하지만 친구들에게 당신의 인생에 대해서

물어본다는 것은 자신의 취약점을 드러내는 행위임을 명심하고 주의를 기울이기 바란다. 다른 사람에게 마음을 열기로 결심했다면 당신과 당신의 패턴을 평가할 때 상냥한 태도를 보일 친한 친구를 고르도록 하자.

당신이 안전하고 안심할 수 있다고 느낀다면 친구에게 다음 질문들을 해 보자.

- 내가 하는 어떤 행동이 나 자신을 초라하게 만들고 내가 성장하는 데 도움이 되지 않을까?
- 나는 어떤 유형의 사람들에게 끌리는 것 같아?
- 나는 어떤 유형의 사람들을 끌어당기는 것 같아?
- 속상한 상황이 생겼을 때 나는 어떻게 반응하는 것 같아?
- 격한 반응을 드러낼 때 나는 주로 어떤 말을 하지?
- 내 권한을 다른 사람들에게 넘기는 모습을 본 적 있어?
- 나는 어떤 이야기를 자주 해?
- 내가 똑같은 이야기를 하고 또 하니? 어떤 일에 대해 반복해서 불평하니?
- 내가 어떤 것에 집중하고 반복하는 경향이 있는 것 같아?
- 내가 특정한 방식으로 어떤 행동을 하거나 선택을 할 때 몇 살처럼 느껴져?

이런 질문에 대한 대답은 듣기 거북할 수도 있다. 하지만 당신이 신뢰하고 당신을 잘 아는 사람을 선택했다면, 당신이 어린 시절 상처받은 연령대를 좁히도록 도와줄 통찰력을 줄 수 있을 것이다. 예를 들어 친구가 당신이 종종 10대처럼 행동한다고 말했다고 하자. 좀 더 구체적으로 말해보라고 하니 당신이 때때로 15세처럼 행동한다고 말한다. 타임라인을 보면서 당신이 15세였을 때 인생에서 어떤 일이 일어나고 있었는지 살펴보자. 상처받은 나이를 파악하는 데는 여러 가지 방법이 있다. 친구가 하는 대답들은 그 사람의 주관적인 척도이고 심지어 투사일 수도 있다는 점을 기억하자. 그렇더라도 당신의 타임라인이나 성인이 된 이후로 촉발 요인이 된 경험들을 밝히는 데 도움이 될 것이다.

## 반복되는
## 패턴 찾기

이제 기억할 수 있는 한도 내에서 타임라인을 채웠으니 한 걸음 물러나서 작성한 내용을 살펴보자. 타임라인에서 상당 기간 동안 비어 있는 연령대가 있는가? 사건들이 다닥다닥 붙어서 일어난 시기가 있는가? 어쩌면 당신은 튀는 패턴이나 주제를 알아차리기 시작할 것이다. 어떤 기억들이 계속해서 재순환하는가? 당신 인생의 하이라이트 영상에는 어떤 사건들이 있는가? 잊을 수 없거나 떨쳐낼 수 없거나 아예 기억하고 싶지 않은 기억은 무엇인가? 이런 기억에서 패턴을 찾을 수 있는가?

다음은 타임라인 연습에서 알아차릴 수 있을 법한 패턴 사례들
이다.

- 슬프거나 외롭다고 느낌

- 어떤 일에 대해 자격이 없거나 오해받는다고 느낌

- 계속 같은 유형의 친구나 관계를 자기 인생에 끌어들임

- 나를 제외한 모두가 우월하다고 생각하며 열등감을 느낌

- 소외되었음을 느낌

- 피해 의식을 느끼고, 고통스러울 때 남을 탓함

- 지속적으로 외부의 승인을 구함

- 외부에 화를 내고 비난하면서도 속으로 상처받았다고 느낌

- 자기 자신을 의심하고 남들에게 권한을 줌

타임라인에 나타나는 패턴이나 주제에 주목하자. 이는 당신의
치유 경로를 알려줄 단서들이다. 이와 더불어 당신이 계속해서 하
는 선택들도 살펴보자. 친구들은 당신의 패턴에 대해서 뭐라고 말
하는가? 어린 시절 가정의 분위기를 떠올려보자. 당신의 가족은 서
로 경계를 존중했는가? 친밀하다고 느꼈는가? 아니면 각자가 나머
지 가족들과 고립된 섬 같았는가? 다들 자기 일을 하기 바빴는가?
아니면 밀착 행태를 나타내면서 다들 어떤 일이든 전부 알고 다른
가족 일에 참견했는가?

당신의 타임라인에서 버림받음이나 외로움에 대한 주제를 발견

할 수도 있다. 어쩌면 아무런 관련이 없고 무작위로 발생하는 사건들을 경험했을 수도 있다. 하지만 이렇게 무작위로 발생한 사건들을 좀 더 깊게 들여다보면 지금 당신의 인생에서 일어나는 관계 역동이나 상황이 어릴 적 상황과 비슷할 수도 있다. 심지어 지금 사귀는 사람이 당신이 고등학생이었을 때 관심이 있었던 사람과 같은 유형의 사람일 수도 있다. 우리는 습관의 동물이다. 우리에게 바람직하지 않더라도 같은 일을 계속 되풀이하기가 더 쉽다.

타임라인 중에 중요한 일이 일어나지 않은 휴면 기간이 있을 수 있다. 역기능적인 가족 행태가 여전히 일어나고 있었더라도 당신이 스스로 방어해야 할 정도로 촉발되지 않았을 가능성이 있다. 이런 휴면 기간은 충동적 반응 도구와 기능적인 감정적 대응 도구가 필요할 때를 대비해 당신 곁을 지켰다. 어쩌면 당신도 나처럼 부모가 알코올을 남용하거나 알코올 혹은 마약에 의존하는 사람이었고, 어린 시절 중 상당 부분을 머릿속에서 지우는 법을 배웠을 수도 있다. 이런 자기 보호 조치는 감당하기 힘든 시간을 대처해 나가는 데 도움이 됐다. 이는 고통스럽거나 상처가 되는 느낌 혹은 사건의 기억을 밀어내는 방식이다. 지금까지도 내 어린 시절 중에는 떠올릴 수 없는 부분들이 있다. 이는 내가 장면들을 봤고 그런 일이 일어났다는 사실을 알고 있는데도 이런 기억을 억제했다는 뜻이다.

지금까지 힘든 작업을 해왔으니 이제 잠시 휴식하도록 하자. 감정적으로 격했던 과거 사건들을 다시 떠올릴 때 우리는 그 위협이 무엇인지 파악하고 재빠른 조치를 취하고자 하는 트라우마 반응으로 숨을 참을 때가 많다. 흉부 윗부분으로 얕은 숨을 쉬는데, 이는 우리가 방심하지 않고 경계하면서 투쟁, 도피 혹은 경직 반응을 보일 준비를 해야 한다는 메시지를 몸과 마음에 강하게 보낸다.

다음 연습은 숨을 좀 더 깊게 쉬도록 도와 몸 전체의 긴장을 풀리게 할 것이다. 몸과 마음, 영혼에 긴장을 풀어도 되고 아무도 당신을 쫓아오지 않으니 가만히 조용하게 있어도 된다고 알려줘야 할 때 언제 어디에서든 할 수 있다. 심하게 긴장한 경우라면 매시간마다 이 연습을 실시하는 것이 좋다.

## 연습: 간단 호흡법

이 호흡법은 몸의 균형을 다시 맞추고 당신의 모든 부분에게 당신은 안전하며 두려움을 느낄 필요가 없다고 말해주는 과정이다. 자연 경치를 바라보거나 편안한 음악을 들으면 한층 효과를 높일 수 있다. 자기 자신에게 이 부드러운 호흡법을 선물하자.

우선 조용한 곳에 편안하게 앉는다. 눈을 감고 한 손을 배 위에 올리고 코로 길게, 천천히 숨을 들이쉰 다음 입으로 부드럽게 숨을 내쉰다. 무리하지 말고 그냥 코로 부드럽게 숨을 들이쉰 다음 마치 촛불을 살짝 불어서 끄듯이 입으로 내쉰다. 처음에는 필요 이상으로 빨리 숨을 쉴 수도 있지만 그냥 흐름에 몸을 맡기고 천천히 호흡하자.

# 촉발 요인 찾아내기

촉발 요인은 길 잃은 내면아이가 충동적 반응을 활성화하고 분노를 폭발하도록 하는 행동, 말, 사람, 사건을 말한다. 이런 촉발 요인을 찾아내면 핵심 상처에 닿을 수 있다. 이제 당신은 상처받은 나이를 알아냈으니 촉발 요인을 찾아내면 성인이 된 당신의 삶에서 감정적 상처가 언제 나타날지 실시간으로 알 수 있을 것이다. 그러면 당신의 책임지는 성인 자아가 이 부분이 진정하도록 신속하고 성숙한 대응을 하며 당신이 계속 통제력을 유지할 수 있도록 할 것이다. 촉발 요인은 광경, 소리, 냄새, 촉감 또는 특정 상황에서 발생할 수 있다. 또한 쉽게 당신의 기분을 상하게 하거나 존재를 경시하거나 폄하하거나 망신시키거나 무시하는 어떤 것 혹은 어떤 사람일 수 있다.

## 연습: 촉발 요인을 찾자

공책을 꺼내서 1장의 연습: 충동적 반응 도구 살펴보기를 통해 확인한 충동적 반응 도구 목록을 살펴보자. 이 목록을 사용해서 다음과 같은 촉발 요인들을 확인할 수 있다.

　당신이 속상해지는 상황을 생각해 보고 다음 질문에 대한 대답을 공책에 적어보자.

- 이런 상황은 보통 언제 어디에서 일어나는가?
- 이 촉발 요인은 광경, 소리, 냄새 또는 촉감인가?
- 당신의 촉발 요인은 사람, 사물, 혹은 상황인가?
- 얼마나 자주 발생하는가?
- 이 상황이 일어났을 때 당신은 즉시 어떤 감정을 느끼는가?
- 그런 느낌을 신체 중 어디에서 느끼는가?
- 뭔가를 말하거나 하고 싶은가, 아니면 한마디 말도 없이 물러나고 싶은가?
- 이 상황에 같은 사람들이나 같은 유형의 사람들이 연루되는가?
- 이 상황은 당신의 어린 시절에서 누구 혹은 무엇을 떠올리게 하는가?

이런 질문에 대답할 때 너무 많이 생각하지 말자. 처음으로 떠오르는 본능이 보통 잠재의식과 이어지는 핫라인이다. 답변에서 두드러지는 패턴이나 주제가 있는가? 지금까지 작성했던 연습과 비교할 때 이 질문에 대한 답변 내용은 어떠한가? 지금까지 당신은 특정한 상황에서 어떻게, 언제, 왜 그런 방식으로 대응하는지 좀 더 잘 이해하게 됐다. 자기 자신을 좀 더 깊게 알아가고 있다.

이제 1장에서 했던 연습의 답변을 살펴보면서 이런 충동적 반응을 사용했을 때 어떤 일이 일어나고 있었는지 생각해 보자. 공책에 충동적 반응에 앞서 일어난 촉발 요인을 써보자. 당신이 충동적으로 대응하도록 부추긴 상황이나 물건은 무엇인가? 당신은 자기 자신을 소홀히 하거나 회피하거나 몰아세우는가? 예를 들어 자신을 소홀히 하는 행위는 누군가가 당신을 비난하고 있는 것처럼 느끼는 촉발 요인과 연결될 수 있다. 몰아세운다고 할 때, 촉발 요인은 상대방이 내 말을 들어주지 않는다는 느낌일 수 있다. 이는 당신의 촉발 요인을 확인하는 또 다른 방법이다. 만약 당신이 자기 말을 들어주거나 인정해 주는 사람이 없다고 느낄 때 마음을 닫고 토라진다는 사실을 알아냈다고 하자. 이를 염두에 둘 때 당신은 어린 시절에서 무엇을 떠올리는가? 어쩌면 당신은 엄마나 아빠의 관심을 끌려고 했지만 무시당했거나 외면당했다.

이제 이렇게 상처받은 부분이 성인이 된 당신의 삶에 어떻게 나타나는지 생각해 보자. 이런 행동이 친구나 동료와 맺는 주요한 관계에서 일어나는가? 이런 식으로 촉발됐을 때 당신은 입을 꾹 다무는가? 이런 일이 일어났을 때 당신은 몇 살이라고 느끼는가?

다음으로 이런 상처가 촉발됐을 때 당신이 하고 싶은 말이나 행동을 생각해 보자. 조용히 틀어박힐 수도 있고 소리 지르고 뛰어다니고 싶을 수도 있다. 당신이 하는 말이 다 들리도록 소리치고 싶은가? 고함치고 화를 내면서 반응하는가? 이런 충동적 반응이 앞에서 찾아냈던 상처받은 나이와 맞아 들어가는가? 나중에 다른 연습에 사용할 수 있도록 답변을 잘 적어두자.

마지막으로 잠시 시간을 내서 당신의 상처받은 내면아이가 수년 동안 당신과 소통하려고 애쓴 방식을 살펴보도록 하자. 두렵거나 무섭거나 겁이 나거나 배신당하거나 상처받은 이후로 촉발됐을 때

이 부분은 어떻게 반응했는가? 이런 행동과 충동적 반응은 촉발 요인과 감정적 상처 간의 관계를 밝힐 수 있을 때까지 계속해서 나타날 것이다.

이번 연습을 하면서 당신의 촉발 요인을 찾아낼 수 있었다면 정말 멋진 일이다. 찾지 못했다고 해도 괜찮다. 치유 과정을 계속해 나가면서 당신 자신과 상처받은 내면아이를 활성화하는 촉발 요인에 대해서 더 많이 이해하게 될 것이고 모든 것이 더 분명해질 것이다.

앞으로 남은 과정에서는 당신의 상처받고 길 잃은 내면아이와 대화를 나누고 관계를 형성하기 시작할 것이다. 내면아이가 더는 고립되고 가로막히고 무력해지지 않도록 긍정적인 관계를 형성하는 것이다. 이 과정을 통해 당신은 관계를 형성할 수 있도록 당신 자신의 상처받은 부분의 특징을 그려내는 법을 배울 것이다. 이 상처받은 부분과 관계를 맺는 방법 중 하나가 자기 자신에게 치유 편지를 쓰는 것이다. 하지만 먼저 주디스의 사례를 살펴보도록 하자.

**사례**

## 친구와 가족에게 거부당한 10대 소녀, 주디스

딸과 아들을 한 명씩 둔 40세의 엄마 주디스는 사랑하는 가족과 멋진 친구들이 있지만 늘 불행하고 자기 자신에 대해 비판적이었다. 주디스는 즐거운 어린 시절을 보냈고 사랑이 넘치는 가정에서 자랐으며, 트라우마를 겪은 적도 없고 어린 시절에 심각하게 나쁜 일은 전혀 없었다고 말했다. 나는 주디스에게 부정적인 자기 대화와 자기비판이 어디에서 비롯됐다고 생각하는지 물었다. 애초에 그런 생각을 가지고 태어났을 리는 없기 때문이다. 주디스는 모르겠다고 하면서 "제가 기억하는 바로는 전부 좋았어요"라고 말했다.

성인이 된 이후 주디스는 대학에 진학했고, 결혼을 했고, 직장을 얻었으며, 아이들을 낳았다. 그러는 동안에 자신에게 뭔가 문제가 있다는 느낌이 항상 주위를 맴돌았고, 자기 자신을 보는 인식 속에 내재되어 있었으며 다른 사람들과 상호 작용하는 방식에서 나타났다. 아무리 성공을 거두고 남편과 아이들이 사랑한다고 말해도 주디스는 자기 자신을 의심하고 무가치하다고 느꼈으며 자기를 비하하고 남들이 자기를 어떻게 생각하는지 궁금해 했다. 주디스는 자기 자신을 비난하고 스스로에게 과도한 요구를 했으며 그냥 앉아서 쉬는 법이 없었다. 자기가 가치 있다는 사실을 증명하려고 항상 무리했다.

그렇게 주디스는 나를 찾아왔고 힐 프로세스를 시작했다. 함께 치유 작업을 하면서 나는 주디스에게 어릴 적에 배운 충동적 반응 도구와 기능적 대응 도구, 자기 자신 및 남들을 대상을 설정한 경계들을 적어 보라고 했다. 그런 다음에 주디스는 자기 대화를 자세히 쓰고 자기 자신에 대한 생각이나 부정적인 신념이 각각 어디에서 비롯됐는지 밝혔다. 태어났을 때부터 20세까지의 타임라인을 자세히 작성하면서 낮은 자존감과 부정적 자기 대화를 유발한 사건들을 볼 수 있었다. 이 과정에서 상처받은 나이가 저절로 드러났다. 주디스가 트라우마 사건을 경험한 적은 없었지만, 어떤 사건으로 크게 실망하여, 그녀 자신에 대한 감정에 부정적인 영향을 미친 일들은 분명 있었다.

주디스가 15세였을 때 친한 친구들과 함께 응원단에 도전했는데, 자기만 빼고 모든 친구들이 뽑혔다. 주디스는 이 일을 일종의 거부로 받아들였고 그녀의 자존감과 정체성에 깊은 상처를 느꼈다. 자기에게 뭔가 문제가 있다고 느꼈고 자기 자신에게 더 엄해졌으며, 자기를 비판하고 과도한 잣대를 들이댔다. 주디스는 왜 자기가 뽑히지 않았는지, 친구들이 자기를 어떻게 생각하는지에 대해 이야기를 꾸며냈다. '친구들이 여전히 나를 좋아할까? 조애나는 왜 내게 전화하지 않았지? 걔도 나를 버렸나? 내가 뭘 잘못했지? 어떻게 하면 걔가 나를 좋아하게 할 수 있을까?' 주디스가 이 경험에서 느낀 거부는 깊은 불안감을 키우고 진정한 자아와 단절하게 된 중대한 상처였다.

문제는 이것만이 아니었다. 완벽주의자였던 엄마는 주디스에게 능력 이상으로 많은 것을 요구했다. 엄마는 주디스를 따라다니면서 방을 쇼룸처럼 정리하고 숙제와 심부름을 다 해놓으라고 요구했다. 뭐 하나라도 제자리에 있지 않거나 정리가 되어 있지 않으면 소리를 질렀다. 주디스는 '난 멍청해. 더 잘 알았어야 했어. 그건 바보 같은 짓이었어'라고 생각하기 시작했다. 부정적인 자기 대화는 내면에 견고하게 자리를 잡았고 주디스가 잘못한 일은 낱낱이 지적하면서 잘한 일은 좀처럼 인정해 주지 않는 엄마 때문에 그녀의 상처는 더욱 강화됐다.

주디스는 사랑이 넘치는 가정에서 자랐지만 이런 수준의 완벽은 부담이었다. 자기가 부족하다는 불안감을 늘 느끼게 됐고 친구들이 자기를 좋아하지 않는다는 이야기를 꾸며내며 뭔가를 완벽하게 해내지 못했을 때 엄마의 압박 메시지를 강화했다. 휘몰아치는 감정에 대처하기 위해 완벽주의, 통제 행동, 독심술, 과잉보상, 불신이라는 충동적 반응 도구를 개발했다.

성인이 된 이후에는 15세인 주디스의 자아가 수치심이라는 상처를 짊어졌다. 주디스가 소외감을 느끼거나 친구들이 자기를 좋아하지 않는다고 상상할 때 이 상처받은 부분이 성인 자아 앞에 나서곤 했다. 주디스는 매일 '그녀는 나를 좋아할까? 나에게 화가 났나? 왜 내 문자에 답을 하지 않을까? 나는 왜 초대받지 못했지?' 같은 생각을 하면서 독심술과 이야기 꾸미기에 많은 시간을 보냈다. 그런 다음에는 '넌 아직 나를 좋아하니? 우리 사이 괜찮은 거야? 내가 어떻게 하면 우리 관계가 더 좋아질 수 있을까?' 같은 문자를 보냈다. 주디스의 성인 자아는 이런 행동이 터무니없다는 사실과 자기에게 좋은 친구들이 있다는 것을 알았지만 여전히 친구들이 자기를 거부할까 봐 걱정했다. 주디스의 상처받은 나이는 계속 앞으로 나섰고 자기가 괜찮다는 확신을 얻으려고 기를 쓰고 애썼다.

결국에는 책임지는 성인 자아가 불안정한 15세의 자아가 어질러놓은 난장판을 치워야 했다. 그때마다 그녀는 마음을 가다듬고 중심을 잡고 다시 어른으로 행동했다. 상처받은 자아가 보낸 문자와 걸었던 전화들을 곱씹으면서 그런 식으로 행동한 자신을 부끄러워하고 어리다고 느

껐다. 수치심이 겹겹이 싸였고 자기가 왜 이런 행동을 계속 되풀이하
는지 이해할 수 없었다.

힐 프로세스의 자기 탐색 연습을 실시하면서 주디스는 어릴 적에 생긴
감정 및 사고 패턴과 그것이 어떻게 불안정감과 열등감을 느끼는 온상
이 됐는지 밝혔다. 충동적 반응과 상처받은 감정적 도구들이 어디에서
비롯됐는지 알아차렸고 이것들을 버리고 성숙하고 기능적인 도구를
개발할 준비가 됐다고 느꼈다. 일단 자아감이 강해진 주디스는 15세의
자아와 이어질 준비를 마쳤다. 상처받은 나이를 밝히고 자신이 엄마의
통제에 얼마나 영향을 받았는지 확인한 주디스는 상처받은 어린 자아
가 성인 자아의 상처받은 부분에게 보내는 치유 편지들을 썼다. (이 편
지를 쓰는 법은 곧 배우게 된다.) 치유 편지들을 쓰면서 마침내 어린 자아
와 그 고통을 듣고 인정하기 시작했다.

주디스의 상처받은 내면아이는 시간 속에 갇힌 모든 느낌들을 털어놨
다. 여러 차례에 걸쳐 편지를 주고받는 동안에 감정적인 상처에 대한
정보를 내놓고 검토하고 평가하고 관찰했고, 상처받은 자아는 서서히
더 큰 관점을 키우게 됐다. 어린 자아는 자기에게 결점이 없었고 그런
생각은 그저 여러 사건들을 바탕으로 만들어낸 환상에 지나지 않다는
사실을 알게 됐다. 이런 어린 시절 사건들이 어떻게 거짓된 자아감, 거
짓 서사를 만들어내고 뒷받침했는지도 봤다. 또한 엄마는 그냥 그런
성격이었다는 것과 엄마 자신의 문제가 주디스의 불안감, 통제 욕구,
자기 자신과 남들에 대한 불신, 자기가 충분하지 않다는 믿음을 만들

어낸 주요 원인이었다는 것도 알게 됐다.

의식적인 작업으로 주디스의 부정적인 자기 대화가 확연히 줄어들었고 이야기 꾸미기와 독심술도 사라졌다. 시간이 흐르면서 주디스는 자기 자신을 좀 더 치유된 관점으로 바라보게 됐다. 또한 심호흡하기, 진정하기, 자기 자신을 칭찬하기, 집안이 쇼룸처럼 정리되어 있지 않아도 긴장하지 않기 등 기능적인 감정적 대응 도구들을 사용하는 법을 배웠다. 치유 작업을 하는 동안에 남편은 주디스가 화를 덜 내고 더 편안해졌다고 언급했다. 주디스는 자기 문제가 아이들에게 짐이 되어서는 안 된다는 사실과 화풀이하지 않는 법을 배웠다. 지금도 아이들에게 화를 내기는 하지만 좀 더 바람직한 관점을 갖게 됐다. 더는 내면아이가 어린 시절에 겪은 해묵은 사건들을 내보이는 데 휘말리지 않는다. 주디스는 먼저 자기 자신에게 더 친절해지고 다른 사람들에게 더 친절해지는 법을 배우면서 현재의 삶이 자유롭다고 느낀다. 자기 권한을 되찾으면서 더 자기답다고 느끼는 것이다. 남편은 주디스가 치유 작업을 한 것에 감사하고 그녀가 예전처럼 긴장하면서 불안정한 행동들을 하지 않아 다행이라고 했다.

# 나에게 쓰는
# 치유 편지

자기 자신과 주고받을 치유 편지를 쓰는 것은 감정을 즉시 발산하고 상처받은 자신의 부분과 이어질 수 있는 훌륭한 방법이다. 이 편지는 복잡한 편집이나 판단 없이 의식의 흐름 기법으로 빠르게 작성할 수 있다. 무엇을 쓸지 지나치게 생각하거나 미리 생각하지 않고 앉은자리에서 전부 끄집어낸다. 내면의 상처는 누군가가 들어주고 인정해 주기를 바라고 있으며, 이 과정은 그렇게 하는 데 도움이 되고 효율적인 방법이다. 이 치유 편지는 당신만을 위한 것이다. 처음 몇 차례 편지를 쓰고 나면 생각을 그냥 떠올리기만 하거나 말로 표현할 때와 다른 방식으로 당신의 느낌과 연결될 수 있다. 당신은 오랫동안 묻어두었거나 표현하지 않았던 감정을 온전하고 자유롭게 표현해도 된다고 자기 자신에게 허락할 것이다. 편지 쓰기는 이렇게 억눌리고 묻혀 있던 에너지를 안전하게 분출할 수 있는 수단이 된다.

글을 쓰기 시작하면 우리 안의 깊은 부분에 접근하게 된다. 글을 쓰는 움직임이 의식과 무의식을 연결하는 다리를 만들어 가슴에 억눌린 감정을 분출할 길을 터주기 때문이다. 일단 생각과 감정을 종이에 옮기면 그것을 직면하면서 새로운 방식으로 풀어갈 방법을 배울 수 있다. 이는 엄청난 용기가 필요한 일이기에 사람들은 이 간단한 연습을 미루곤 한다. 하지만 힐 프로세스를 지금까지 해온 당신이라면 어린 시절에 일어났던 사건들이 어른이 된 당신에게 영향을 미치고 있다는 사실을 더는 부정할 수 없을 것이다. 치유 편지는 집중력이 요구되는 글쓰기 작업이라는 점을 미리 기억하기 바란다. 당신 외에 다른 사람들에게 보여주기 위한 글이 아니다. 8장에서 다시 살펴보게 될 테니 일단 지금은 잘 보관해 두도록 하자.

## 어린 자아가 성인 자아에게 보내는 편지

처음으로 쓰게 될 편지는 당신의 상처받은 어린 자아가 성인 자아에게 보내는 편지다. 이 편지를 주고받는 목적은 어린 자아가 품고 있는 고통과 혼란, 오해, 왜곡, 거짓 서사를 밝히는 데 있다. 이 편지 교환 과정은 그런 쟁점들이 무엇인지 어떻게 그렇게 됐는지 명확하게 밝히고 자세하게 설명하려고 만든 것이다. 그다음에는 책임지는 성인 자아가 응답하여 오해를 풀고 어린 자아에게 지금껏 한 번도 가져보지 못했던 사랑과 승인, 신뢰, 존중을 줄 기회를 갖는다. 내가 발견한 바로는 내면아이가 첫 번째 편지를 쓰도록 하는 것이 더 효과적이었다. 고통을 품고 있는 쪽도, 성인 자아가 답장에서 언급할 감정적 상처를 밝혀야 하는 쪽도 내면아이이기 때문이다.

첫 번째 편지를 쓰기 전에 참고할 샘플 편지를 읽으면 도움이 될 것이다. 다음은 내 어린 소년 자아가 성인 자아에게 보낸 편지다.

### 어른이 된 로버트에게

나는 고작 10세이고 너무 벅차고 슬퍼. 엄마와 아빠는 매일 밤마다 싸우다시피 하고 나는 어떻게 해야 할지 모르겠어. 정말 길을 잃은 느낌

이야. 지치고 두렵고 배가 아파. 착하고 완벽한 아들이 되려 노력했지만 아무런 소용이 없었어. 내가 느끼는 모든 감정을 어떻게 해야 할지 몰라서 포기하거나 도망치고 싶어.

나는 부모님의 기분이 어떤지 살피고 부모님이 화를 낼 법한 행동이나 말은 하지 않으려고 노력해. 하지만 어떨 때는 부모님이 다정하고 어떨 때는 서로에게 화를 내고 내게 소리를 질러서 혼란스러워. 나도 맞서서 소리를 지르고 싶을 때도 있고 그냥 사라져버리고 싶을 때도 있어. 도저히 이해가 안 돼. 나는 아무도 나를 보지 않았으면 좋겠다는 마음에 내 방으로 가서 베개에 얼굴을 묻고 울어. 그냥 이런 상황에서 도망치고 숨고 싶어. 감당하기가 힘들어. 어떻게 해야 할지 모르겠고 지금 상처받았고 외롭고 완전히 혼자인 것 같아. 앞으로 그 누구도 나를 사랑해 주지 않을 것만 같아. 슬프고 화가 나.

**_아직 어린 로버트가_**


나는 어린 소년 자아 입장에서 이 편지를 쓰면서 눈물이 흘렀고 슬픔과 좌절, 분노, 격노로 얼굴이 붉어졌다. 너무 빠르고 맹렬하게 휘갈겨 쓴 탓에 내가 쓴 글씨인데도 간신히 알아볼 수 있었다. 이 편지들을 쓰면서 나는 내 어린 자아에게 발언권을 줬다. 나는 그 세월 동안 내가 짊어졌던 깊은 고뇌를 보고 듣고 느낄 수 있었다. 그런 단편적인 정보들을 연결해서 내 상처받은 어린 자아가 성인이 된 이후의 삶에 어떻게 모습을 드러냈는지 봤다. 나는 다른 사람들을 통제하려 했고 열등감과 외로움을 느끼며 분노를 수동 공격적인 방식으로 나타냈다.

이런 느낌들을 자세히 쓰면서 나는 변화와 해방감을 느끼기 시작했다. 오래전부터 느꼈던 묵은 감정들을 표현하는 법을 배웠고 이를 떨쳐버릴 수 있다는 데 감사했다. 갇혀 있었던 모든 감정들을 인정했고, 그 과정에서 성인이 된 내 인생에 부정적인 영향을 미치고 있었던 충동적 반응을 더는 사용하지 않을 수 있었다.

쓰기 시작하기 전에 무엇을 쓸지 너무 많이 생각하지 말자. 치유 편지는 글이 자연스럽게 흘러나오도록 하는 반사적 몰입 경험이다. 내면아이는 할 말이 많으니 대본은 필요하지 않다. 어린 자아는 자신의 감정을 분명하게 표현할 것이고, 이는 성인 자아가 답장할 편지의 내용을 이끌 지침이 될 것이다. 어린 자아가 첫 번째 편지를 쓰게 하려면 당신이 상처받은 나이의 머리와 마음속에 들어가야 한다. 다시 말해 그 나이에 어떤 일이 일어났는지 기억해야 한다. 어디에 살았는지, 누가 있었는지, 분위기는 어땠는지, 무엇보다도 어떤 기분을 느꼈는지 떠올려야 한다. 이 과정에서 어떤 감정적 고통과 이어지는 것이 핵심이다. 치유 편지를 피상적인 수준에서 주고받는다면 원하는 결과를 얻지 못할 것이다. 당신 내면과 상처받은 부분에 살고 있는 상처와 고통, 분노, 슬픔, 좌절을 끌어낼 수 있도록 자신에게 허락하자.

글을 쓰는 행위는 잠재의식 속 감정적 기억과 깊은 관계를 구축한다. 펜을 손에 들고 편지, 글, 문장을 쓰면서 고통을 표현하다 보면 내면 깊은 곳에 묻혀 있는 감정적 기억이 드러난다. 처음 시도할 때는 어린 자아가 회의적인 태도를 보일 수 있으니 갑자기 대단한 돌파구가 마련될 것이라는 기대는 하지 말자. 첫 번째 편지는 감정 교류의 기반을 만들고 이후 편지에서 더 깊게 들어갈 수 있도록 준비하는 단계다.

이제 당신 차례이다. 작업을 할 조용한 장소를 찾자. 집에 조용한 장소가 없다면, 사생활을 보장할 수 있는 외딴 장소나 뒷마당이 있는가? 편지를 쓰다가 중간에 중단하는 일이 생기지 않도록 시작하기 전에 미리 설명을 끝까지 읽어두자.

백지를 앞에 두고 시작하자. 타임라인을 훑어보고 구체적인 상처받은 나이와 당신이 쓰려고 하는 사건을 확인하자. 눈을 감고 상처받은 부분에게 어떤 기분인지 설명해 달라고 부탁하자. 상처받고 길 잃은 내면아이와 교감하기 시작하자. 다음 질문들을 활용해 설정을 시각화하도록 하자.

- 당신의 내면아이는 몇 살인가?
- 당시 집안에 어떤 일이 있었는가?
- 거기에는 누가 있었는가?
- 어떤 느낌을 받았고 어떤 소리와 냄새가 났는가?
- 무슨 일이 일어났는가?
- 당신은 어떤 기분을 느꼈는가?
- 상처받은 부분이 간직한 비밀은 무엇이었는가?
- 이 부분이 품고 있는 깊고 무거운 상처는 무엇인가?

**・ 당신의 어린 자아가 성인 자아에게 하고 싶은 말은 무엇인가?**

준비가 됐다면 쓰기 시작하자. 그 일에 대해서 생각하지 말고 그냥 쓰자. 계속해서 펜이나 연필을 움직이고 떠오르는 대로 써나가자. 논리적일 필요도 없고 심지어 읽을 수 있게 쓸 필요도 없다. 빠르고 격렬하게 쓰자. 글씨를 잘 쓰려고 노력하지 않아도 된다. 내면에 남아 있는 것이 있다면 상처받은 부분이 하고 싶거나 해야 하는 말이 더는 생각나지 않을 때까지 계속해서 쓰도록 하자. 이 연습을 급하게 서두르거나 다음 과정으로 빨리 넘어가야 한다고 생각하지 말자. 무리해서 자기 자신을 몰아붙인다고 해서 더 빨리 치유되지는 않는다.

자신의 어린 자아 관점에서 글을 쓰기가 어렵다면 친구나 익명의 사람에게 편지를 쓴다고 생각하면서 어린 시절에 상처받은 사건을 묘사해 보자. 관건은 그 상황과 관련된 감정을 느끼는 것이다. 이는 성인 자아가 답장을 쓰는 다음 단계에 도움을 줄 것이다.

## 성인 자아가 어린 자아에게 보내는 편지

이제는 당신의 성인 자아가 어린 자아와 교감할 준비가 됐다. 성인 자아가 애정과 관심, 보살핌을 줄 수 있다면 바람직하다. 어쨌든 방금 당신은 어린 자아가 털어놓은, 너무나 오랫동안 간직해 왔던 온갖 고통스러운 감정을 들었다.

　이미 알고 있겠지만 책임지는 성인 자아는 성숙하고, 경제적 책임을 지고, 이 세상에서 성인으로서 맡은 바 임무를 다하는 부분이다. 당신의 건실한 부분이다. 어린 자아는 그런 책임지는 성인 자아에게서 "내가 앞으로 튼튼한 경계를 설정할 것이고 애초에 상처와 촉발 요인을 만들었던 사태를 잘 다룰 수 있다"라는 확신의 말을 들어야 한다. 만약 어린 자아가 당신을 믿지 않거나 당신이 튼튼한 경계를 만들지 못했다면 그는 충동적 반응 도구를 내려놓지 않을 것이다.

　이번에도 먼저 편지 쓰기 샘플을 보면 도움이 될 것이다. 다음은 내 성인 자아가 어린 자아에게 보낸 답장이다.

### 사랑하는 어린 로버트에게

나는 너를 너무 사랑하고, 엄마와 아빠, 여동생을 돕기 위해서 너무나 열심히 노력한 네가 정말 자랑스러워. 지금은 너무나 혼란스러울 거야. 네가 모든 것을 개선해서 바로잡고 완벽하고 싶어 한다는 점은 잘 알고 있지만, 그건 네가 할 일이 아니야. 넌 그냥 10세의 아이로 동생에게 오빠 노릇을 하고 친구들과 놀고 심부름을 하고 자유를 느끼면 돼. 엄마와 아빠, 가족들은 전부 네가 생각하는 것보다, 그들이 표현할 수 있는 것보다 더 널 사랑한단다. 네가 길을 잃고 피곤하고 슬플 때, 그럼에도 넌 충분히 완벽하고 온전하고 완전하다는 사실을 알아줬으면 좋겠어. 길을 잃은 듯한 기분이 들더라도 너는 사랑이 넘치는 큰 가족의 일원이야. 가끔은 별나기도 하지만 사랑이 가득한 가정이란다.

그리고 아빠가 네게 소리를 지르는 이유는 고통과 두려움 때문이라는 걸 알아줬으면 좋겠어. 아빠는 감정을 바람직하게 표현하는 법을 모르고, 술을 많이 마시면 목소리가 커지고 무서워져. 그냥 아빠가 널 사랑한다는 것만 알아둬. 네가 좀 더 나이를 먹으면 아빠의 사랑에 감사하고 받아들이면서 아빠를 있는 그대로 존경할 수 있을 거야.

엄마는 괜찮을 거야. 엄마가 슬프거나 걱정스러워 보일 때 네가 엄마를 도우려고 애쓴다는 걸 알아. 엄마가 잘 지내는지 생각하고 상황이 나아지려면 무엇을 해야 할지 고민한다는 것도 알아. 지금은 이해하기 힘들 수도 있겠지만 엄마도 너처럼 상황을 개선하려고 애쓰고 있어. 너는 엄마에게 친절과 사랑, 배려, 나아가 아빠나 다른 사람들이 화를 낼 때 상황을 바로잡는 법을 배우고 있어.

네가 대부분의 밤에 울면서 잠들고 스트레스 때문에 배가 아프다는 건 알아. 거의 항상 슬프고 혼란스럽다는 것도 알아. 하지만 언젠가는 네 감정을 표현하고 알리고, 네가 가치 있다고 느낄 수 있을 거야. 너 자신과 감정을 믿기 시작하면서, 모두를 위해 네가 완벽할 필요는 없다는 사실도 알게 될 거야. 무엇보다 내가 너를 응원하고 있다는 사실을 알고 마음으로 느꼈으면 좋겠어. 나는 너와 어른이 된 나를 보호하는 경계를 세우는 법을 배우고 있어. 그러니 넌 나를 보호하려고 애쓸 필요도 없고, 완벽하지 않아도 되고, 다른 사람들의 기분을 맞출 필요도 없고, 남들을 위해서 문제를 해결할 필요도 없어. 너는 항상 너를 지켜주는 형이 있었으면 좋겠다고 했으니 내가 형처럼 널 보호해 줄게. 넌 혼자가 아니야.
사랑해.

**어른이 된 로버트가**

심호흡을 하자. 이 편지를 읽으니까 어떤가? 어떤 감정이 떠올랐
는가? 그런 감정에 주목하자. 이는 당신이 자기 자신과 상처에 대
해서 더 많이 알도록 도와줄 단서들이다.

어린 로버트에게 보낸 내 편지에서는 일관된 사랑의 메시지를
볼 수 있다. 나의 책임지는 성인 자아는 어린 로버트에게 내 경계
설정이 튼튼하고 감정을 느껴도 괜찮다고 안심시킨다. 치유 편지
를 쓸 때 맥락을 설명하기 위해 일어났던 사건에 대해서 써도 되
지만 초점은 당시에 느꼈던 감정에 맞추도록 하자. 상처받은 어린 자
아가 치유 과정을 시작하려면 감정에 대한 경험을 있는 그대로 받
아들이고 승인하는 과정인 정서적 타당화emotional validation 가 필요하
다. 이렇게 하면서 내면아이는 당신을 신뢰하고 당신이 그 자리에
있을 것이며 내면아이를 버리지 않을 것임을 알기 시작할 것이다.
상처받은 내면아이를 비판하거나 모든 것을 바로잡기 위해 무엇을
해야 하는지 말하고 싶은 충동을 억제하자. 내면아이는 이미 이 통
제할 수 없는 상황을 개선하려고 과하게 노력했다. 지금 이 부분에
게 필요한 것은 인정과 사랑, 친절, 타당화이다.

다음 편지 쓰기로 넘어가기 전에 내 환자의 성인 자아가 어린 자

아에게 쓴 샘플 편지를 소개한다.

**베키에게**

정확한 이유는 모르겠지만 넌 자신이 착하거나 예쁘거나 똑똑하다고 생각한 적이 없었어. 난 그 생각이 사실이 아니라고 말해 주려고 이 편지를 써. 네가 그렇게 느끼게 된 데는 많은 이유가 있어. 입양아에 가족과 외모도 다르고 부모님과도 잘 어울리지 못해. 오빠는 자기 문제로 벅차고 친구들과는 어떻게 해야 좋은 친구가 될 수 있는지 모르지. 나는 네가 얼마나 괴롭고 슬프고 외로운지 알아. 그래도 괜찮아. 너는 성장할 거고 도움을 받아서 자기 자신에 대해서도 좀 더 자신을 갖게 될 거야. 네 친구들이 항상 네게 잘해주지만은 않는다는 것도 알아. 그래서 혼란스러울 거고, 때로는 너에게 뭔가 잘못이 있는 게 아닐까 싶은 생각도 들 거야. 하지만 넌 그런 사람이 아니야.

네가 경험한 모든 것들이 지금의 나를 만들었어. 이런 경험들을 한 덕분에 내가 어떤 사람인지, 내가 어떤 사람이 되고 싶은지 들여다보게 됐어. 오랜 시간 네가 느낀 감정들을 무시하고 억누르면서 살았지만 이제는 내가 나 자신과 가족, 내 아이들, 공동체와 세계를 위해 내가 되고 싶은 사람에 더 가까워질 수 있다고 확신해.

네가 얼마나 열심히 노력했고 다른 사람들의 기분을 맞추려고 했는지 알아. 어른이 된 나는 내 말과 행동으로 성인인 나를 잘 돌보는 법을 배우고 있어. 그로 인해 너도 더 안전하고 강하다고 느끼게 될 거야. 우리를 위해서 나는 이렇게 다짐했어. 나는 내 삶이 발전한다고 믿으며 지금 내가 있어야 할 바로 그곳에 있겠다고.

사랑해.

**_어른이 된 베키가_**

베키의 편지는 어린 시절에 느낀 뭔가 잘못된 듯한 느낌과 환영 속에서 아직도 맴돌고 있는 상처받은 내면아이 자아와 교감한다. 베키의 성인 자아는 이 상처받은 부분과 교감하고자 시간을 거슬러 감정적으로 전력을 다하고 있다. 성인이 된 이후로 베키의 상처받은 부분은 낮은 자존감, 감정적인 차단, 대립 회피, 외롭고 고립된 느낌으로 나타났다. 이 편지는 어린 자아에게 이런 상처를 떨쳐내라고 요청하는 초대장이다. 베키의 성인 자아가 자기 자신을 돌보고 경계를 세우는 법을 배우고 있기 때문에 그녀는 감정과 상황을 좀 더 정확하게 보려고 노력하고 있다.

성인 자아가 보내는 편지를 처음으로 쓸 때 어디서부터 시작해야 할지 감이 오지 않을 수 있다. 그런 경우라면 어린 자아가 첫 번째 편지에서 썼던 상황을 묘사하는 데서 시작하도록 하자. 어린 자아가 사용했던 감정 단어를 그대로 사용하자. 어린 자아에게 사용하는 언어의 핵심은 바로 정서적 타당화와 인정이다.

일단 어떤 언어를 사용하고 무엇을 인정하고 싶은지 알았다면 어린 자아에게 편지를 쓸 준비가 된 것이다. 당신이 어린 자아가 처한 상황을 알고 있고 그 상황이 고통스럽다는 점을 설명하자. 예를 들어 당신은 어린 자아가 배신당했다는 사실과 그로 인한 상처와 슬픔을 알고 있다. 어쩌면 당신보다 나이가 많은 누군가가 그런 상황을 잘 설명해 주고 이해해 주면 좋겠다고 바랐던 것을 기억할 수도 있다. 그랬다면 어린 자아에게 편지를 쓰면서 당신이 그렇게 해주면 된다. 편지를 쓰기 시작하기 전에 상처받은 부분이 성인 자아에게서 알아내고, 듣고, 느껴야 하는 주요 요소들을 기억해 두도록 하자.

- 어린 자아가 품고 있는 모든 고통과 상처를 인정하고 그 당시에 느낀 구체적인 감정들을 승인하자.
- 어린 자아가 치유되고 성인 자아와 통합될 때까지 당신이 이 부분을 포기하거나 무시하지 않겠다고 알리자.
- 당신이 자기 자신과 다른 사람들을 상대로 튼튼한 경계를 설정해서 상처받은 내면아이의 모든 부분을 보호할 것이라고 말하자.

이제 다시 당신 차례이다. 어린 자아 입장에서 편지를 썼을 때처럼 이번에도 조용한 장소를 찾아보자. 잠시 차분하게 앉아서 편안하게 심호흡을 몇 차례 하자. 빈 종이를 놓고 쓰기 시작하자. 먼저 '어린 …에게'라고 쓰자. 당신의 내면아이가 간절하게 듣고 싶어 하는 말을 들려주자. 이 부분이 보살핌을 받고 있다고 말해주자.

만약 당신이 심각한 결손 가정에서 자랐거나 여러 차례에 걸친 배신 혹은 심각한 트라우마를 겪었다면 내면아이는 당신에게 안심이 되는 말을 많이 듣고 싶어 할 것이다. 이런 경우에 내면아이는 아주 신중하다. 자기를 보호하는 법을 배운 내면아이는 당신이 모든 일이 잘 될 것이라고 말해도 순순히 믿지 않을 것이다. 이렇게 오래된 상처를 치유하려면 시간이 걸리기 마련이니 인내심을 갖도록 하자. 무엇보다도 멈추지 말자. 어린 자아가 영혼을 드러낸 후에 그곳에 오랫동안 머무르도록 내버려두지 말자. 그러기 위해서 자애와 이해심, 연민을 담아서 진심 어린 편지를 쓰자. 편지를 쓴 다음에는 나가서 산책을 하고 자연과 교감하고 물을 많이 마시도록 하자. 이런 행위는 훌륭한 그라운딩 연습이며 깊은 감정적 고통을 처리한 후에 자기 내면이 더 단단해졌다고 느끼도록 도와준다.

일단 어린 자아와 몇 차례 편지를 주고받았다면 내면의 상처받은 부분이 변화하고 있는지 스스로에게 물어보자. 내면아이가 진화하거나 변화하고 있는가? 당신이 다른 관점을 가지기 시작할 정도로 상황이 조금씩 달라지고 있는가? 그 사건은 여전히 예전처럼 강렬하게 느껴지는가? 감정들이 완화되고 있는가, 아니면 여전히 그대로인가? 타임라인과 감정적 대응 척도 점수를 검토해 보자. 점수는 그대로인가, 아니면 줄어들었는가?

치유 편지를 주고받아도 내면에서 아무런 변화가 일어나지 않는다면 좀 더 깊이 파고들면서 편지에 진심을 담아야 할 것이다. 피상적인 수준에 머무르면서 내면을 파고들어 고통을 찾아내지 않는다면 이 연습으로 별다른 진전을 얻기 힘들다. 더 깊이 파고들기가 거북하다면 그 문제를 살펴보자. 그 고통을 다시 느끼고 싶지 않은가? 고통을 치유한다면 앞으로 당신의 삶이 어떻게 될지 몰라서 두려운가? 자기 자신에게 상냥하게 대하자. 자기 자신을 비난하지 말고 잘 지켜보자.

당신은 여전히 경계를 설정하는 법을 배우는 중이고 아직 이에 익숙하지 않으므로 상처받은 부분을 어떻게 안심시켜야 할지 잘 모른다는 문제가 있을 수 있다. 그래도 괜찮다. 상처받은 부분은 단지 자기 말을 듣고 승인해 주기를 바란다. 경계 설정을 제대로 하기 전에 흉내 내야 할 수도 있지만, 편지 교환을 통해 앞으로 나아가면서 강해지고 자기 자신을 사랑하는 한 당신은 진전을 이뤄나가고 있다.

다만 당신이 여전히 어릴 때와 똑같이 느끼고 있다는 점이 문제가 될 수도 있다. 당신이 어른으로서 느끼는 고통이 어릴 때 느꼈던 고통을 그대로 비추기 때문이다. 혹은 일이 잘 될지 모르는 데 어떻게 어린 자아를 안심시킬 수 있을지 의문이 들 수도 있다. 지금 당신이 이 책을 읽고 이 작업을 하고 있으므로 당신의 인생 이야기가 어떻게 풀리는지 이미 확실히 알고 있다는 것을 명심하자.

아이라면 누구나 모든 일이 잘 될 것이라는 말을 듣고 싶어 한다. 어른이라고 해서 모든 일이 정말로 잘 될지 알 수는 없지만 어른은 아이에게 그런 희망찬 힘을 실어준다. 어른은 아이를 위해 일이 잘 될 수 있도록 최선을 다할 것이므로 모든 일이 잘 될 것이라는 말을 해줄 책임이 있다.

다시 말하지만 자기 자신에게 상냥하자. 오랫동안 발견하지 못했던 내면의 길을 열어나가는 과정은 마법과 같은 일이다. 이는 오

랫동안 어둠 속에 묻혀 있던 익숙한 장소로 들어가는 여정이다. 이
과정에서 저절로 모습을 드러내는 감정의 원천이 있지만 이 보물
을 만지려면 스스로가 취약해질 수 있도록 허락해야 한다.

## 10대 소년 제이슨에게 온 편지

제이슨은 자녀가 있는 43세 유부남이다. 그는 결혼 생활에 만족하지
못해서 나를 만나러 왔다. 제이슨과 아내는 감정적으로 전혀 친밀하지
않다. 제이슨은 의논을 회피하고 때로는 갈등에서 벗어나려고 아내에
게 거짓말을 한다. 제이슨은 자기가 쓴 치유 편지를 공개해도 좋다고
허락했다. 다음은 제이슨의 14세 상처받은 자아와 책임지는 성인 자아
가 주고받은 편지이며 첫 번째 편지는 어린 자아가 쓴 것이다.

### 나이 먹은 제이슨에게

최근에 정말 많은 일이 있었어. 친한 친구가 교통사고를 당해서 죽었어. 걔
형이 음주운전을 했거든. 그들이 타고 있던 차가 다른 차를 옆에서 들이받고
도로에서 벗어나 나무를 정면으로 들이받았대. 차에 타고 있던 내 친구와 다
른 사람 한 명이 죽었어. 무슨 말을 해야 할지도 모르겠어. 현실감이 없을 정
도로 충격을 받았어. 하지만 친구는 떠났고, 내 안에는 구멍이 생겼어. 우리
는 거의 매일 어울려 놀았어. 밴드를 만들자는 얘기도 했어. 친구는 드럼을

사고 낡은 어쿠스틱 기타를 찾아서 내게 줬어. 이제 밴드는 영영 만들 수 없 겠지.

우리 가족은 내게 어떤 일이 일어났는지 이해하고 내게 생각할 시간을 준 것 같지만 그 일에 대해서는 입에 올리지 않아. 아마도 무슨 말을 해야 할지 모 르는 것 같아. 그냥 나만 보면서 내가 무엇을 할지 궁금해하는 것 같아. 여전 히 내게는 친한 친구와 같이 어울리는 친구들이 있어. 우리는 대개 빈둥거리 면서 술을 마시고 담배를 피우며 아무렇게나 지내. 이렇게 지내면서 엄마 말 을 듣지 않은 탓에 엄마는 나를 아빠에게 보냈어. 이 말은 곧 내가 친구들과 같은 고등학교에 갈 수 없게 됐다는 뜻이야.

이제 나만 빼고 전교생이 서로 아는 낯선 학교에 다니게 될 거야. 유령처럼 복도를 걸어 다니겠지. 주변을 둘러보면 남자애들과 여자애들이 이야기를 하며 즐겁게 지내는 모습을 바라만 보게 될 거야. 나는 늘 너무 외롭고 무서 워. 이런 일을 겪어야 한다는 게 화가 나. 기회가 있을 때마다 예전 친구들과 어울려. 적어도 가끔은 아직 그렇게 할 수 있어. 드디어 아빠와 함께 많은 시 간을 보낼 수 있어서 기분이 좋기는 하지만 여전히 화가 나고 슬프고 많이 외 로워. 나는 아직도 내 방에 틀어박혀서 연민의 세계에 멍하니 빠져들곤 해. 가끔은 너무 심해져서 다른 사람이 됐으면 좋겠다고 생각하면서 울다가 잠 들어. 왜 이렇게 심하게 내게 뭔가 문제가 있다는 느낌이 드는지 모르겠지만 너무 괴로워. 아무도 이해하지 못하는 것 같고, 내가 할 수 있는 일은 아무것 도 없어. 모든 것이 괜찮다는 듯이 삶을 살아가야 하는 것 같아. 내가 할 수 있 는 일이라고는 혼자 있거나 친구들과 어울려 술을 마시거나 대마초를 피우 거나 들키면 곤란해질 짓들을 하는 것뿐이야. 삶이 나아질까? 괜찮다고 느낄 날이 오기는 할까?

제이슨의 성인 자아가 보낸 답장을 보면서 그가 어린 자아에게 얼마나 애정과 지원을 아끼지 않는지에 주목하자.

### *14세의 제이슨에게*

넌 네게 무척 중요한 사람을 잃었어. 특히 도와줄 수 있는 사람이 아무도 없는 것 같을 때 이런 일을 극복하기란 정말 힘들 거야. 네 가족은 너를 정말 사랑하고 최선을 다하고 있어. 너는 그냥 그 슬픔을 느끼고 싶은 만큼 느끼면 돼. 슬픔을 감출 필요도 없고 괜찮은 척할 필요도 없어. 게다가 아는 사람 하나 없는 낯선 학교에 다녀야 하다니, 정말로 힘들고 벅차겠구나. 완전히 자제력을 잃지 않은 너 자신을 칭찬하렴. 해야 할 일을 하는 용기를 낸 너 자신을 칭찬해 줘.

가족들이 어떤 말이나 행동을 해야 네 상황이 나아질지 모른다고 해도 너를 정말 사랑한다는 사실은 알아주길 바란다. 너도 실은 네가 좋은 사람이라는 걸 알고 있잖아. 그저 너 자신이 살면서 사랑과 좋은 것들을 누릴 가치가 있는 사람이라고 믿기만 하면 돼.

사랑해.

**어른이 된 제이슨이**

제이슨이 치유 편지를 공개하도록 허락해 줘서 다행이다. 제이슨의 편지는 그가 자신의 어린 자아가 짊어지고 있는 고통과 얼마나 친밀하게 이어져 있는지 잘 보여준다. 제이슨이 14세의 자아에게 보낸 편지에서는 형이나 멘토가 할 법한 말들을 들을 수 있다. 그는 친절하고 명확한 말과 관점을 보여준다. 또한 "내가 너를 보고 듣고 있으며, 네가 괜찮을 것이라는 것을 안다"라고 말하면서 어린 자아를 안심시킨다. 제이슨은 어린 자아에게 얽매여 있을 필요가 없고, 자신의 감정을 느낄 수 있으며, 고통을 놓아버리고 정서적으로 성장할 수 있다고 격려한다.

제이슨은 계속해서 편지를 주고받으면서 상처받은 내면아이가 치유되도록 돕고 청소년 시절에 받은 상처에서 비롯되어 성인이 된 이후로도 계속하고 있던 몇몇 행동을 멈출 수 있었다. 제이슨이 성인이 된 이후로 어린 자아는 거짓말, 회피, 수동 공격성, 은밀한 통제 욕구로 모습을 드러냈다. 그는 다른 치료들도 시도해 봤지만 어떤 치료법도 문제의 근원에 도달하지 못했다. 지금 제이슨의 목표는 상처를 끄집어내서 성인 자아의 건실하고 성숙한 감정으로 치유하는 것이다.

아마 당신도 제이슨의 편지를 읽으면서 어린 자아가 치유될 길을 열어준 고통과 진심을 느낄 수 있었을 것이다. 이렇게 어린 자아와 교감을 하면 당신 내면에서도 감정적인 변화가 일어날 것이다. 그것이 그저 연습을 하기 위해서 편지를 쓰는 것과 자기 내면에서 지속적인 변화를 일으키는 편지를 쓰는 것의 차이다.

## 치유 편지를 대하는 자세

치유 편지를 몇 차례나 주고받아야 하는지 궁금할 것이다. 대부분은 네 번이나 다섯 번 정도 주고받는다. 어린 자아가 품고 있고 성인 자아가 해결해야 하는 여러 감정들을 처리하는 데 이 정도 횟수가 효과적이다. 편지는 여러 장 써도 되고 딱 한 장만 써도 되지만 몇 문장보다는 많이 쓰는 것이 좋다. 편지를 쓰면서 아무런 감정도 느끼지 않고 그저 사실을 나열하는 데 그친다면 일단 머릿속을 비우고 한동안 가만히 앉아서 감정에 접근할 필요가 있다. 어렵더라도 계속하자.✤ 상처받은 어린 자아는 당신에게 하고 싶은 말이 많다. 어린 자아가 편지로 고통을 표현하고 싶은 충동을 더 이상 느끼지 않을 때 당신을 억누르고 있었던 모든 것을 떨쳐내고 내면의 변화를 느끼게 될 것이다.

편지를 쓰고 난 기분이 어떠한가? 앞으로 며칠 동안 당신의 어린 자아가 성인이 된 당신의 삶에 어떻게 나타나는지에 주목하자. 그냥 평상시대로 생활하면서 당신이 타임라인에 적은 사건들이 일어났을 때 느꼈던 감정도 지금 느끼는 감정을 연관 지을 수 있는지 살펴보자. 어린 자아의 목소리에 귀를 기울이는 법을 배우자. 당신이 사람들에게 기분을 말할 때 어떤 단어들을 쓰는지에 주목하자.

당신이 어떤 상황에 대응하기 전에 어떤 식으로 잠시 머뭇거리

---

✤ 단어가 떠오르지 않고 상기시켜 줄 힌트가 필요하다면 부록 A의 느낌 차트를 참조하자.

는지에 주목하자. 언제 평상시와 다르다는 느낌이 드는지도 살펴 보자. 이는 변화가 일어나고 있다는 뜻이다. 예전에는 당신이 촉발 요인에 특정한 방식으로 반응하곤 했지만 지금은 대응 방법을 선 택할 수 있다는 인정하자. 당신은 어린 자아가 전면에 나설지 아니 면 성인 자아가 주도하고 경계를 설정하면서 상처받은 어린 자아 에게 모든 일이 잘 될 것이라고 안심시킬지 결정할 수 있다. 성인 자아가 책임을 지고 모든 부분을 보호할 때까지 어린 자아는 충동 적 반응 도구를 내려놓지 않을 것임을 기억하자.

## 진척 과정
## 평가

지금까지 당신은 깊이 있는 치유 작업을 많이 해왔다. 잠시 시간을 내서 상황을 확인하고 진척 과정을 평가하면서 당신이 어떻게 하 고 있는지 살펴보자.

당신은 상처받은 어린 자아가 언제 어떻게 당신 앞으로 나서게 할지 결정하면서 새로운 방식으로 자기 자신을 바라보고 있다. 당 신이 쓴 편지들을 살펴보고 어린 자아가 어떤 말을 하고 있는지에 귀를 기울인다. 이 부분이 어디에 멈춰서 갇혀 있는지, 무엇을 찾고 갈망하고 간절히 바라는지 듣고 있다. 이것이 힐 프로세스의 최종 목표다. 당신의 어린 자아가 어떤 말을 하고 어떻게 소통하는지에 관심을 기울이자.

당신의 상처가 어떤 식으로 드러나든 간에 그저 당신의 관심을 끌려는 방법일 뿐임을 기억하자. 이는 좋지도 나쁘지도 않은 현상이다. 당신은 이런 내면의 감정적 에너지를 바꾸려고 노력하고 있다는 사실을 이해하면서 그냥 자신이 이를 관찰하고 수용하도록 허락하자.

## 연습: 촉발 요인을 관리하는 기능적 대응 도구의 개발

이 연습은 각 촉발 요인이 어디에서 비롯됐는지, 이를 치유하려면 무엇이 필요한지, 기능적 대응 도구를 사용하는 계획을 어떻게 세우는지 좀 더 명확하게 파악하도록 도와준다.

공책을 꺼내 이번 장 앞부분의 연습에서 작성한 촉발 요인 목록을 검토하자. 그 촉발 요인이 어디에서 비롯됐고 이를 치유하려면 무엇이 필요할지 적어보자.

- **촉발 요인**: 무시당하기. 이는 정말로 신경 쓰이는 촉발 요인이다. 어떤 대상이 한 번도 내 말을 제대로 들어준 적이 없다거나, 가치 있게 생각한다고 느끼지 못한 데서 비롯된다. 나는 이 부분에서 존중과 경청을 바라고, 사람들에게 좀 더 튼튼한 경계를 설정해야 한다.

일단 촉발 요인의 근원을 파악했다면 책임지는 성인 자아가 계속 관장할 수 있는 계획을 세우자. 예를 들어 상처받은 어린 자아와 합의를 볼 수 있다. 촉발 요인이 어디에서 비롯됐고, 그것이 무엇이며, 촉발 요인이 나타났을 때 어떤 충동적 반응을 보이고, 이런 순환을 위해 무엇을 하고자 하는지 당신이 잘 알고 있으므로 앞으로 상황을 주도하며 이 모든 상처를 잘 돌보겠다고 어린 자아를 설득하는 방법이다. 즉 도구 상자에 추가할 여러 기능적 대응 도구를 만드는 것이다.

이 촉발 요인 목록과 기능적 대응 도구 상자는 성인 자아가 매일 자기 자신을 정서적으로 돌보기 위해 무엇이 필요한지 기억하는 데 도움이 될 것이다. 매일같이 새로운 기능적 대응 도구를 개발하고 촉발 요인을 해결하고자 의식적으로 더 많은 노력을 기울일수록 상처와 얽힌 역기능적 역동에서 더 빨리 벗어날 수 있다. 처음에는 스스로가 매일 이를 실천하도록 계속 상기시켜야 하겠지만 일단 습관이 되면 자연스럽게 느껴질 것이다.

이 시점에서 당신에게 여전히 감정적 고통이나 상처의 그림자가 드리울 때가 있을 것이다. 예를 들어 소리를 지르거나 충동적으로 행동하거나 떼를 쓰거나 변덕을 부리곤 한다. 그래도 괜찮다. 이는 상처받은 부분이 아직도 촉발되고 있다는 뜻이다. 이 작업의 목표는 완벽해지는 것이 아니라 무엇이 당신에게 효과가 있고 무엇이 효과가 없는지 인식하고 식별하는 것이다.

어떤 사람이나 상황에 대응한 다음에 그 대응이 당시에 당신이 할 수 있었던 가장 건실한 대응이었는지 스스로에게 물어보자. 고통과 실망, 상처의 이면을 보면서 이런 행동을 선택한 근원이 무엇인지 확인하자. 만약 감정과 충동적 반응이 계속해서 다시 나타난다면 상처의 근원을 잘 이해하기 위해 치유 편지를 좀 더 주고받아야 할 것이다. 인내심을 갖고 힘들더라도 계속하자.

힐 프로세스 과정을 통해 상처받은 한 부분의 필요를 해결한 후에, 다른 한 부분이 수면 위로 떠오르면서 두 번째 상처받은 나이가 "이제 내 차례야"라고 말하는 경우도 있다. 다른 상처 부위가 나서기 시작한다면 새롭게 나타난 이 상처받은 감정들과 다시 치유 편지를 주고받도록 하자. 어린 자아가 그 당시의 느낌과 경험들을 표현하는 데 사용하는 언어에 주목하고 전에 했듯이 부드럽게 답장을 쓰도록 하자.

또한 이미 처리했다고 생각했던 문제가 다시 표면으로 떠오를 수도 있고 이런 해묵은 패턴과 감정이 모습을 드러낼 때면 당신이 후퇴하고 있다는 기분이 들 수도 있다. 이는 오래된 감정 프로그래밍의 그림자가 당신 삶의 다른 시간에 모습을 드러내는 것뿐이다. 이 역동의 다른 부분을 검토해야 하기 때문에 다시 모습을 드러낸 것이다. 이는 치유 과정과 더불어 나타나는 자연스러운 부분일 뿐이다. 이런 일이 일어나면 지금까지 했던 과정을 반복해서 그림자를 처리하도록 하자.

이번 장에서는 타임라인을 작성하고, 경험의 강도를 평가하고,

상처받은 나이를 확인하고, 촉발 요인을 이해하고, 어린 자아와 치유 편지를 주고받는 과정에서 당신 자신을 많이 탐색했다. 제시한 연습과 과정을 모두 마쳤다면 축하한다! 정말 대단한 일이다. 그중에서 일부를 피했더라도 괜찮다. 이런 저항은 모르는 것에 대한 두려움일 뿐이다. 가던 길을 계속 가면서 할 수 있는 만큼 하도록 하자. 모든 것이 적당한 때와 순서에 따라 진행되고 있다.

당신은 어린 시절에 겪었던 상처를 잘 치유하고 있다. 전보다 자기 자신에 대해 훨씬 더 많이 알게 됐고, 진정한 삶을 살아가기 위한 채비를 하고 있다. 다음 장에서는 길 잃은 내면아이 치유에서 관건인 건전한 경계를 설정하는 법을 배우도록 할 것이다.

# 6장

# 경계를 세우는 여러 가지 방법들

Healing Your Lost Inner Child

드라마보다 자기 자신을 더 사랑하라.

—젠 신체로JEN SINCERO

건전한 경계 설정 방법을 배우는 것은 힐 프로세스를 진행하면서 밟게 될 가장 중요한 단계에 속한다. 이번 장의 목표는 당신이 자기 자신 및 다른 사람들을 상대로 설정한 경계를 명확하게 밝히는 것이다. 그 연습들을 하면서 경계가 건전하게 기능하는 영역과 망가진 영역을 평가함으로써 경계의 상태를 알아내게 될 것이다.

경계는 상처받은 자아가 정서적으로 성장하고 상처받아서 생긴 방어적 태도를 버릴 기반을 형성한다. 일단 건전한 경계가 확립되고 나면 상처받은 부분은 충동적 반응 도구와 충동적 반응을 내려놓고 책임지는 성인 자아와 통합될 수 있다. 이 과정에서 책임지는 성인 자아는 한결같은 태도로 상처받은 부분을 학대하거나 괴롭히거나 그 외 어떤 식으로든 촉발하는 사람들을 상대로 명확한 경계를 설정할 수 있고 설정해야 한다는 사실을 보여줘야 한다. 동시에 내부 경계를 명확히 세워서 건전하고 생산적인 사고와 느낌, 존재가 무엇인지 확실히 보여줘야 한다.

# 건전한
# 경계 설정

성인이 된 당신은 성장기에 부모님이 갖고 있었던 경계 체계와 비
슷한 경계를 사용할 가능성이 높다. 부모님이 무엇이든 다 받아들
이고 경계를 고수하지 못했든, 당신을 포함한 다른 사람들을 대상
으로 벽을 쌓고 차단했든 간에 당신은 부모님이 상황에 대응하는
모습을 보면서 이를 전부 받아들였을 것이다. 이런 경계 대응 방법
을 낱낱이 습득하면서 그런 상황에는 그런 식으로 대처해야 한다
고 생각했을 것이다.

## 건전한 경계 선택하기

건전한 경계는 자기 자신이 어떤 상황에서 어떻게 느끼는지를 명
확히 아는 것이다. 건전한 경계를 많이 세울수록 우리는 더 명확해
지고, 더 명확해질수록 우리를 이루는 모든 부분이 서로 교감함으
로써 안전하고 진실하다고 느낀다. 경계를 설정할 때 비로소 자유
롭다고 느끼게 된다.

　지금 당장 실천할 수 있는 구체적인 건전한 경계를 몇 가지 살펴
보도록 하자. 먼저 1장에서 실시했던 연습: 충동적 반응 도구 살펴
보기에 대한 답변을 다시 살펴보자. 이는 당신이 사용하는 상처받

은 감정적 도구들이다. 다음 목록에서 당신의 충동적 반응에 가장 잘 부합하는 항목을 찾은 다음 각 항목에 어울리는 건전한 경계 대응을 기록하자. 당신의 상처와 관련된 구체적인 건전한 경계를 한두 개 고른 다음 연습을 시작하자.

- **만약 당신의 권한을 남에게 넘겼다면** 건전한 대응은 이를 되찾을 방법을 찾는 것이다.
- **다른 사람의 기분이 상하지 않도록 모든 제안을 승낙한다면** 사소한 거절을 연습하자. 상대방이 자기 자신의 감정을 느끼도록 두자.
- **당신이 다른 사람들을 통제하려고 한다면** 당신이 무엇을 신뢰하지 않는지 생각해 보자. 그런 다음에 "나는 삶의 흐름 속에 있고 다른 사람들에게 진정한 내 모습을 드러낸다"라고 단언하자.
- **당신이 다른 사람들을 조종하려고 한다면** 당신이 무엇을 신뢰하지 않는지 생각해 보고 내부 경계를 살펴보자.
- **당신이 다른 사람들을 시험한다면** 자신의 어떤 부분을 사랑하지 않는지 생각해 보고 스스로에게 "나는 나 자신을 사랑하는 법을 배우고 있어"라고 말하자.
- **당신이 피해자처럼 군다면** 그 이유가 관심을 받으려는 데 있는지 생각해 보자. 진짜 이유는 무엇인가? 스스로에게 "나는 나 자신의 모든 부분을 승인하고 받아들이는 법을 배우고 있어"라고 말하자.
- **당신이 남들을 위해 과잉보상하고 계속 노력한다면** 자기애를 키우고 행동하는 대신에 그냥 존재하는 방법을 찾아보자. 스스로에게 "나는 충분하고도 남아"라고 말하자.
- **관계 문제를 해결하는 대신에 차라리 다른 사람을 만나 새롭게 시작하겠다는 마음으로 누군가를 밀어낸다면** 이것이 익숙한 패턴인지, 그런 순환을

처음부터 다시 반복할 가치가 있는지 생각해 보자.

- **자존감이 낮다면** 당신이 자랑스럽게 여기거나 잘한 일을 하루에 한 가지씩 생각해 보고 스스로에게 표현하자.
- **당신이 진실을 말하지 않는다면** 지금 당신의 됨됨이를 반영하는 말을 하면서 어떻게 하면 자기 자신을 존중할 수 있는지 생각해 보자.
- **다른 사람에게 맞추려고 자기 자신을 낮춘다면** 천천히 우뚝 일어서 심호흡을 하고 자신의 고유한 가치를 되찾자.

이런 건전한 대응들은 내부 경계를 세우고 다진다. 내부 경계 진술은 조용한 순간에 자기 자신에게 하는 말이다. 이런 진술을 연습하면서 자존감과 자기애를 다시 채울 수 있고, 이는 상처받은 내면 아이를 치유하고 경계 설정을 강화하는 데 도움이 된다.

4장에서 우리는 망가지고 손상된, 온전하지 않은 경계 체계를 살펴봤다. 4장의 연습: 경계 부재 및 밀착 정도 체크하기에서 당신은 상처가 어떻게 빈약하거나 허술한 경계로 나타나는지에 대한 답변을 공책에 적었다. 지금 그 답변들을 다시 검토하자. 자기 자신을 좀 더 잘 이해하게 된 지금, 바꾸고 싶은 대답이 있는가? 이런 상황들이 당신의 삶에서 여전히 일어나고 있는가, 아니면 힐 프로세스를 진행하면서 이런 일들이 바뀌기 시작했는가? 어떤 부분에서 경계 설정을 확립하거나 확장해야 할까? 재순환 고통을 멈출 수 있으려면 어떤 경계를 세워야 할까?

일단 자기 자신과 다른 사람들을 위해 지속적으로 튼튼한 경계를 세울 수 있다면 당신은 진정한 자아와 교감하고 감정적으로 자유로운 느낌을 가지기 시작할 것이다.

당신이 치유의 길을 걸으면서 경계를 언급하기 시작할 때 다른 사람들이 반발할 수도 있다. 이는 정상이다. 당신의 친구와 가족, 동료들은 당신이 자기 의견을 표현하거나 자신의 경계를 존중하는 데 익숙하지 않다. 그들은 관계 역동이 바뀌기를 바라지 않을 것이다. 경계가 빈약한 사람에게 이는 두려운 일이기 때문이다. 그들은 당신에게 뭔가를 하고 싶은지 계속해서 집요하게 물을 것이다. 그렇게 설득하면 당신이 그 일을 해줄 것임을 알기 때문이다. 어떻게 보면 당신은 거절할 때 상대방이 당신을 집요하게 설득하면 승낙하도록 설득할 수 있는 사람이라고 생각하게끔 훈련한 셈이다. 이제 당신은 거절의 태도를 고수할 수 있다. 굴복해서 다른 사람들을 만족시키는 대신에 자기 자신을 존중하고 꿋꿋이 버텨라.

세계적인 공의존 전문가 피아 멜로디는 저서 『공의존에 직면하기Facing Codependence』에서 어린 시절 가족이 외부 경계와 내부 경계를 어떻게 형성하는지 아주 자세하게 다룬다. 멜로디는 경계 체계가 (1)사람들이 우리 공간으로 들어와서 학대하지 못하도록 막고, (2)우리가 다른 사람들의 공간으로 들어가 학대하지 못하도록 막으며, (3)우리 각자에게 우리가 어떤 사람인지에 대한 감각을 구현하는 방법을 제공하는 세 가지 목적을 지닌 눈에 보이지 않고 상징적인 '힘의 장'이라고 설명한다.✛

---

✛ Pia Mellody, Facing Codependence, HarperCollins, New York, 2003.

이제 내부 경계와 외부 경계 및 이를 설정하는 법을 좀 더 깊게 살펴보자.

## 내부 경계 설정하기

내부 경계는 특정한 쟁점에 관해 자기 자신과 약속한 개인적 진술 및 협약을 말한다. 우리는 매일 여러 쟁점에 관해 말없이 견해를 밝힌다. 내부 경계는 자기 자신과 맺는 내부 계약이므로 다른 사람들과 논의할 필요는 없다. 내부 경계는 자기 자신을 위해서 자기 자신에 대해 책임을 지도록 돕는다.

다음은 내부 경계를 나타내는 진술의 예시다.

- 나는 친구들과 그 술집에 가지 않을 것이다. 내게 바람직하지 않은 환경이라는 것을 알기 때문이다.
- 나는 다른 사람에게 고함치거나 비명을 지르지 않고 그들을 속이거나 탓하거나 조롱하거나 비하하지 않을 것이다.
- 나는 다른 사람들의 비판을 함부로 받아들이지 않을 것이다.
- 나는 나 자신에게 솔직할 것이다.
- 나는 오늘 실수를 하더라도 나 자신을 책망하지 않을 것이고 나 존중할 것이다.

- 나는 나 자신과 한 약속을 지키고 일주일에 적어도 두 번은 운동을 할 것이다.
- 나는 우울증과 불안 문제를 도와줄 치료사를 찾을 것이다.
- 나는 다른 사람들을 상대로 튼튼한 경계를 유지하고 필요할 때는 거절할 것이다.
- 나는 매일 감사함을 느낀 모든 일을 일기에 기록할 것이다.
- 나는 더 많이 웃고 나 자신과 다른 사람의 장점을 찾는 연습을 할 것이다.

이는 자기 자신과 약속하고 그 약속을 존중하는 법을 보여주는 예시다. 자기 자신을 아는 사람들은 튼튼한 내부 경계 체계를 갖추고 있다. 다른 사람들이 자기 세계를 규정해 줄 것이라고 기대하는 사람들은 내부 경계가 흐릿한 경우가 많고 의사 결정에 서투르다. 이런 사람들은 자기 내부의 현실과 정체성을 규정할 권한을 남들에게 준다.

## 외부 경계 설정하기

외부 경계는 다른 사람이나 상황에 대해 설정하는 진술 또는 입장이다. 당신이 내적으로 무엇을 원하거나 원하지 않는지 명확하게 알고 이를 다른 사람에게 단순하고 확실하며 단호한 진술로 표현할 때 세워진다. 외부 경계는 '나' 진술로 시작하는 경우가 많은데 예를 들면 다음과 같다.

- 당신이 나를 끼워주지 않아서 내 마음이 아파요.

- 나는 내 개인 공간이 침범당하고 있다고 느낍니다. 당신이 내게 가까이 서 있는 게 싫어요. 뒤로 물러나 주시겠어요?

- 나는 당신이 왜 내게 도움을 청하지 않는지 혼란스러워요.

- 당신이 계속해서 나를 깔보듯이 말해서 내 마음이 아파요.

- 나는 우리 관계를 믿을 수 있고 안전하다고 느껴요.

- 나는 당신이 여행에 나를 데려가서 신나요.

- 나는 당신이 내 친구여서 정말 감사하고 기뻐요. 내 인생에 있어줘서 고마워요.

- 나는 함부로 기웃거리거나 엿듣지 않음으로써 당신의 사적인 영역을 존중할 것이고 당신도 똑같이 해주기를 바라요(내부 및 외부 경계).

- 나는 당신이 내게 원하는 성적인 행동을 하기가 불편해요.

- 나는 당신을 존중할 것이고 당신을 통제하려고 하지 않을 거예요.

- 나는 당신이 거절할 때 이를 존중할 것이고 내가 거절할 때 당신도 이를 존중해 주기를 바라요.


내부 및 경계 진술이 항상 거절하는 내용인 것은 아니다. 당신이 하고자 하는 일이나 동의하는 일을 진술할 수도 있다.


## 경계 진술을 위한 몇 가지 방법들

경계를 설정할 때는 그 결과에 초연해야 한다. 예를 들어 "아니, 오늘밤에는 나가고 싶지 않네"라고 말할 때 당신은 상대방을 조종하는 것이 아니다. 그저 자신의 감정을 소리 내서 표현하는 것이다. 경계 진술은 무정하거나 무신경한 태도가 아니다. 만약 그렇다면 이는 불건전한 방식으로 자신의 감정을 차단하거나 다른 사람들과 거리를 두는 행위다. 경계 진술은 자기 자신의 모든 부분과 온전하게 교감하는 발언이다. 이 중심 장소에서 당신은 어떤 상황이나 사건, 발언에 대해 자신이 어떻게 느끼는지 밝히고 나서 그런 감정을 바탕으로 어떻게 행동하고 싶은지 결정할 수 있다.

경계 진술을 할 때는 '나' 진술로 표현해야 한다. 경계 진술이 "당신이 나를 화나게 했어요" "당신은 항상 이렇게 하고 절대 그렇게 하지 않아요"처럼 다른 사람을 비난하거나 모욕해서는 안 된다. 이 진술은 상대방이 방어적인 태도를 내려놓고 당신의 감정을 귀담아들을 수 있도록 고안됐다. 건전한 경계를 세우려면 지금 이 순간의 자기 자신을 돌아보면서 "지금 현재 이 사람, 이 장소, 이 상황에 대해서 내가 어떻게 느끼지?"라고 자문하자. 경계 진술은 직감에 따른 반응이다. 이런 생각이 당신에게 좋게 느껴지든 그렇지 않든 간에 당신 몸속 어딘가에서 신체 반응이 일어날 것이다. 이 반응을 무시하고 다른 사람의 행동에 대해 변명하지 않도록 주의하자.

만약 당신이 "글쎄, 그 사람은 힘든 시간을 보냈어. 내가 나서서 그를 위해서 이렇게 할 거야"라거나 "내가 거절한다면 그녀가 나를 좋아하지 않을 테니 그녀에게는 거절하고 싶지 않아" 같은 식의 이야기를 지어낸다면 이는 상처가 나타나서 당신이 경계를 세우지 말아야 한다고 말하는 것이다. 다른 사람에게 거절하기를 힘겨워하는 사람들은 대부분 상대방의 기분을 상하게 하고 싶지 않거나 싸우고 싶지 않거나 아니면 남의 비위를 맞추고 갈등을 회피하는 사람들이다. 경계를 설정하는 법을 배우면서 가장 힘들어하는 사람들은 애초에 경계를 회피하는 사람들이다. 어떤 일을 하고 싶지 않고, 무엇이 마음에 들지 않고, 뭔가가 필요하지 않다면 거절해야 한다는 규칙만은 꼭 기억하자. 식별 능력을 활용해 당신이 어떻게 경계를 설정하고 싶은지 파악해 보자.

우리에게 의미 있는 관계에서 경계를 설정하기는 더욱 어렵다. 이런 관계에 더 많이 투자했고 잃을 것도 더 많기 때문이다. 경계를 유지하기 위해 자기 자신과 관계를 믿도록 하자. 발전시킬 가치가 있는 관계라면 건전한 경계를 주고받게 되어 있다. 당신의 경계를 존중하지 않는 사람은 대체로 바람직한 경계 체계를 지니고 있지 않을뿐더러 자기애 성향을 가지고 있을 가능성이 높다.

업무 환경에서는 좀 더 바람직한 경계를 설정하는 경우가 많다. 이런 환경에는 명확한 규칙이 있고 우리가 해야 할 일이 무엇이고 다른 사람이 할 일이 무엇인지 확실히 알기 때문이다. 직장에서는 대부분의 사람들이 바람직한 경계 감각을 발휘하지만 집에 오면 이런 감각이 전부 사라지는 듯하다. 내가 질문했을 때 대부분의 사람들이 "네, 직장에서는 경계를 설정할 수 있지만 집에서는 그렇지 않아요"라고 말하는 것을 보면 자신의 경계 설정 기술을 인식은 하고 있다. 하지만 친밀한 관계에서는 통제함으로써 강압적이라거나 치사하게 보이고 싶어 하지 않는다.

하지만 기능적 경계 설정은 그런 것이 아니다. 경계 위반은 우리의 경계가 존중받지 않을 때 발생한다. 우리도 자기가 느끼는 감정이나 말하려는 바를 뒷전으로 미뤄놓으면서 자신의 경계를 위반하거나 거스를 수 있다.

다음은 내부 경계를 잃은 한 남편의 사례다.

## 감정적 외도를 저지른 유부남 버나드

성공한 47세 유부남이자 아빠인 버나드는 여성들과 감정적 외도를 하고 있었다. 그는 자기가 왜 이런 짓을 하는지 몰랐고 멈추고 싶었다. 버나드 안에는 흥분과 모험을 사랑하는 부분이 있었지만 나중에는 수치심의 소용돌이에 빠져 외도를 후회하고 가족들과 있을 때 죄책감을 느끼곤 했다. 아내는 버나드의 외도를 알지 못했다.

버나드는 타임라인에 나타난 주제와 패턴들을 살펴보면서 어린 시절에 버림받았던 영역을 낱낱이 보기 시작했다. 버나드의 아빠는 버나드가 8세 때 엄마를 떠났고, 이 일을 겪으면서 버나드의 감정에 커다란 블랙홀이 생겼다. 그때 이후로 버나드는 거의 평생을 공허한 마음으로 살았고, 그런 자신의 감정이 바닥났다고 느꼈다. 그럼에도 그는 충실하게 살아가려고 최선을 다했다. 결혼을 하고 가정을 꾸렸지만 내면은 여전히 공허했다.

버나드는 힐 프로세스를 진행하면서 8세의 상처받은 소년 자아가 부모의 수용과 사랑, 양육, 온전함을 바랐고, 성인이 된 이후로 무의식 속에서 그것을 얻으려고 애쓰고 있었다는 사실을 깨달았다. 그는 자기가 계속해서 외도를 하는 주된 이유가 수용과 사랑을 느끼고 감정적 블랙홀을 메우려는 데 있다는 사실을 알아가기 시작했다. 버나드는 아내를 사랑했지만 두 사람은 감정적으로 가깝지 않았다.

버나드는 결혼 후에 아내에게서 충족되는 감정을 느끼고 마냥 행복했다. 아내는 버나드가 평생 찾아 헤맸던 느낌을 줬다. 하지만 아이들이 태어난 이후로 아내는 감정적인 관심을 전부 아이들에게 쏟아부었고 버나드에게 줄 관심은 남아 있지 않았다. 버나드는 아내가 자기를 사랑한다는 사실을 알았지만 어릴 때와 똑같이 밀려났다고 느꼈다. 바로 그때 그의 상처받은 어린 소년 자아가 다시 슬프고 외롭고 고립된 기분을 느끼기 시작했다.

버나드는 다른 여성들에게 관심을 갈구하기 시작했다. 처음에는 서로에 대한 관심으로 순수하게 시작됐지만 곧 추파를 던졌다. 그러고는 휴대전화로 성적인 대화와 사진을 주고받는 섹스팅sexting으로 발전했다. 버나드는 자기가 이런 토끼굴로 빠져들고 있다는 사실을 의식하지 못했고, 그때마다 빠져나오기가 힘들었다.

처음 상담을 시작했을 때 버나드는 자기는 섹스팅을 할 뿐 섹스는 하지 않는다고 말했다. 우리는 버나드가 어떤 식으로 자기 행동을 합리화하고 축소하는지 이야기했다. 나는 버나드에게 섹스팅을 하는 동안에 아내가 옆에 앉아 있다면 자기가 무슨 일을 하고 있는지 아내에게 보여줄 것인지 물었다. 그는 "물론 아닙니다"라고 말했다. 나는 자기가 하는 행동을 아내가 보거나 알기를 바라지 않는다면 섹스를 하지 않더라도 불륜을 저지르고 있는 것이라고 설명했다. 버나드는 단지 길 잃은 내면아이의 감정적 욕구를 충족시키기 위해 자기가 소중히 여기는 가족에 심각한 해를 끼치는 짓을 하고 있었다.

버나드는 자기가 다른 사람에게 사랑과 관심을 받고 자기 행동을 합리화하면서 자기애를 조금도 키우지 않는 정교한 비밀 방식을 어떻게 만들어오고 있었는지 알아차리기 시작했다. 그는 이런 외부의 사랑에 의존했고 항상 새로운 공급원이 필요했다. 그는 버림받았다고 느끼는 어린 소년의 감정적 추리emotional reasoning와 부정을 사용했고 그 뒷수습은 성인 자아가 해야 했다.

버나드는 편지 쓰기 연습을 활용해서 8세의 상처받은 어린 소년에게 발언권을 줬다. 그는 여러 차례에 걸쳐 편지를 주고받으면서 그 오랜 세월 동안 자기에게 감정적으로 무엇이 필요했는지 확실하게 보기 시작했다. 그는 처음에 받은 상처 때문에 자기가 외부에서 오는 사랑과 관심에 의존하게 됐다는 사실을 알게 됐다. 또한 감정적 욕구를 충족하고자 아내 몰래 어떤 식으로 비밀스러운 생활을 꾸려왔는지도 알게 됐다. 나아가 아내가 자기가 아닌 아이들에게 사랑을 주고 있다는 이유로 아내에게 앙갚음하려는 마음이 있었다는 점도 느꼈다. (이는 8세 자아의 감정적 대응이다.) 버나드는 핵심 상처를 치유하는 대신에 매번 어린 소년의 감정적 욕구에 굴복함으로써 스스로 상처에 갇혀 있었음을 깨달았다.

또한 상처받은 어린 소년이 자기 앞에 나서서 어떤 식으로 결혼 생활을 망칠 수 있는 선택을 하고 있는지 알게 됐다. 이런 깨달음에 충격받은 버나드는 해묵은 상처를 치유하고 싶었다. 자기가 어린 자아에게 얼마나 많은 권한을 넘겼는지, 이 어린 자아가 어린이의 감정적 추리를 어떻게 사용하고 있는지 봤다. 일단 자기가 저지르고 있는 불륜의 전모를 깨달은 버나드는 더 이상 이를 합리화하거나 축소하려고 하지 않고 있는 그대로 인정했다. 자기가 해도 되는 행동에 대해 내부 경계를 설정하고 아내 몰래 다른 여성과 이야기를 하는 등 도움이 되지 않는 행동을 배제하는 명확한 경계를 세우기 시작했다. 마지막으로 여성들을 만나는 데 사용했던 앱들을 지우고 문자와 섹스팅을 주고받던 관계를 청산하기로 결심했다.

힐 프로세스를 실시하면서 버나드는 상처받은 어린 자아가 언제 어떻게 촉발되는지 볼 수 있었고, 촉발 요인에 대처하는 계획을 세웠다. 상처받은 자아가 촉발될 때면 하던 일을 멈추고 그 감정을 인정한 다음에 자기 자신에게 애정이 담긴 상냥한 말을 건넨다. '나는 매일 가족과 친구들의 사랑을 받고 있어' '나를 사랑받을 자격이 있어'와 같이 자신에 대한 사랑을 확언하는 메시지로 스스로를 키워나가고 있었다.

이제 버나드는 자신의 감정적 욕구를 이해했다. 자기가 저지른 감정적 외도를 아내에게 털어놓지 않기로 결정했지만 오랫동안 느껴온 외로움과 고립감을 아내에게 말로 표현하기 시작했다. 아내는 버나드가 그렇게 느끼는지 몰랐다. 버나드를 사랑했고 그가 괴로워하지 않기를 바랐던 아내는 마음이 아팠다. 자기가 아이들에게 얼마나 많은 관심을 기울이고 있으며 남편이 어떻게 느끼고 있었는지 모르고 있었다.

버나드는 아내가 아이들과 버나드, 함께하는 생활을 위해 해준 모든 것에 감사한다고 분명하게 표현했다. 아내가 버나드의 외로움이 아내 탓이라거나 자녀들을 사랑하는 아내의 마음이 잘못이라고 느끼지 않기를 바랐다. 두 사람은 의사소통에 애썼고, 자신의 감정을 들여다보고 표현하는 법을 배운 버나드는 이러한 실천을 좀 더 수월하게 할 수 있었다. 자기에게 필요한 사랑을 스스로에게 주는 법을 배웠고, 그래서 아내나 다른 사람들에게 감정적으로 의존하지 않게 됐다. 감정적 폭발이 결혼 생활을 망치기 전에 이런 문제들을 해결했다는 점에서 버나드는 운이 좋은 사람이었다.

참고로 오랫동안 연구하면서 본 결과, 불륜 사실을 배우자에게 털어놓아야 할지에 대한 치료사들의 견해는 하나로 모아지지 않았다. 만약 털어놓지 않는다면 은밀한 수치심이 커지고 다시 불륜을 저지를 가능성이 있다는 의문이 들 수 있다. 이는 타당한 질문이다.

나는 환자의 방침을 따른다. 버나드는 아내에게 불륜 사실을 밝히지 않기로 선택했다. 나는 버나드의 자아 발견과 치유가 얼마나 깊은지 봤고, 이는 그의 감정 상태를 근본적으로 바꾸고 있었다. 버나드는 내

면에서부터 치유되고 있었다. 그의 기능적 성인 자아는 자기가 한 행
동의 고통과 수치심은 물론 이런 감정이 아내와의 관계에 어떻게 영향
을 미쳤는지도 볼 수 있었다. 책임지는 성인 자아는 이런 감정에 함몰
되는 대신 이를 활용해 자기 자신과 아내를 대상으로 좀 더 바람직한
경계를 확립할 수 있었다. 버나드는 이런 수치심이 곪아서 독이 되도
록 방치하는 대신에 치유하고 바꿔나갔다. 그는 자신의 회복 탄력성을
찾고 활용해서 가장 바랐던 것을 자기 자신에게 선사함으로써 자기 파
괴적 행동의 악순환을 바꿨다. 그의 내면에는 항상 힘이 있었다. 힐 프
로세스는 그저 그 힘을 표면으로 끌어올렸을 뿐이다.

버나드는 다시는 악순환에 빠지지 않도록 온 힘을 다해 어린 자아를
치유하기로 다짐했다. 그는 아내에게 자신의 감정과 얼마나 아내를 사
랑하는지 말했다. 이제 그는 자신의 필요를 표현하고 결혼 생활에 충
실하기로 한 다짐을 존중한다. 그는 성인 자아로 통합해 진정한 삶을
살아가기로 선택했다.

## 책임지는
## 경계 설정하기

5장에서 실시했던 모든 작업(타임라인 작성, 촉발 요인 파악, 치유 편
지 쓰기)의 결과로 당신의 상처받은 부분은 책임지는 성인 자아와
결합해 왔다. 이제 성인 자아는 힘과 보호, 목적, 발동력을 느낄 수

있도록 경계의 목소리를 찾는 법을 배우고 있다. 이제 당신의 상처받은 부분은 촉발되고 취약하다고 느낄 때마다 당신이 나서서 말할 것이라는 사실을 알고 당신을 믿어야 한다. 이를 위해 우리는 책임지는 경계를 설정하여 신뢰감을 쌓아야 한다. 이 작업에서는 특히 거절해야 할 때 무심코 승낙하지 않을 수 있도록 거절에 대한 경계를 세우는 게 중요하다.

## 거절하고 싶을 때 승낙하기

친구가 당신에게 하고 싶지 않은 일을 부탁했던 상황을 떠올려보자. 당신은 친구를 실망시키고 싶지 않아서 승낙했지만 마음속으로는 "싫어, 그렇게 하고 싶지 않아!"라고 소리를 지르고 있었다. 친구의 부탁을 승낙한 순간 당신은 자신의 경계를 침범했다. 마음속으로 생각하고 느끼는 바, 진정한 자아가 정말로 원하는 것을 거슬렀다.

우리가 자기 자신을 무시하고 부정할 때, 마음속으로 생각하는 바와 겉으로 하는 말이나 행동이 일치하지 않을 때 우리는 갈등을 일으킨다. 우리 자신의 경계를 위반하고 무시한다. 당신이 자기 자신의 뜻을 거스르고 거절하고 싶지만 승낙했을 때 어색한 상황을 잠시 회피할 수 있고, 거절로 친구를 실망시키는 일도 없으며, 실망한 기색이 도는 친구 얼굴을 보지 않아도 된다는 안도감, 이로써 당신이 나쁜 친구가 되지 않았다는 안도감과 성취감에 계속해서 거절에 어려움을 겪는다.

잠깐은 안도감을 느꼈지만 거절하고 싶은 본심을 존중하지 않고 승낙하는 순간 자기 자신과 친구, 그 활동이나 사건 전체를 향한 원망의 순환이 시작되고, 앞으로는 친구를 만나는 자체를 두려워하기 시작할 수도 있다. 어떻게든 친구를 만났더라도 심하게 자책하거나 화가 나기 시작했을 것이고 나중에는 시간을 내고 돈을 썼다는 데 자책할 것이다. 이는 당신이 자기 자신을 존중하지 않고 대신 쉬운 길을 택했기 때문에 생긴 악순환이다.

당신은 그냥 거절했으면 피할 수 있었던 원망으로 선택에 대한 대가를 치렀다. 당신은 거절하고 넘어갈 수 있었다. 물론 거절했더라면 친구가 실망했겠지만 그 일로 당신이 원망하는 마음을 품는 일은 없었을 것이다. 원망은 화해하기 어려운 육중한 감정의 짐이다. 당신은 거절 한 마디로 이 순환 전체를 피할 수 있었다. 물론 말은 쉬워도 행동은 어렵다.

경계를 처음에 세우든 마지막에 세우든 간에 대가는 치르게 되어 있다. 애초에 경계 진술을 내세워서 친구를 실망시키는 대가를 치르거나 친구의 부탁을 승낙한 다음에 후회와 원망으로 대가를 치르거나 둘 중 하나다.

만약 당신이 어떤 일을 하고 싶지 않지만 친절이나 연민으로 승낙한다면 어떻게 될까? 이런 일이 일어났을 때 나는 내가 경계 체계를 거스르게 될 것임을 의식적으로 인정한다. 마음속으로 '이 일을 하고 싶지 않다는 건 알고 있지만 나는 그녀를 사랑하고 그녀를 돕고 싶고 그녀가 정말로 내가 같이 가주기를 바란다는 걸 알고 있어'와 같이 생각한다. 엄밀히 말해서 이는 내부 경계 협약에 위배되지만 친구를 돕기 위해서 의식적으로 경계를 위반하는 것이다. 물론 항상 그렇게 할 수는 없다. 만약 그렇게 한다면 금세 경계가 없는 상황으로 되돌아갈 테고 원망 순환이 다시 시작될 것이기 때문이다.

## 거절 근육은 어떻게 약해져 가는가?

당신에게는 언제나 거절할 수 있는 능력이 있었다. 당신이 아기였을 때 뭔가가 마음에 들지 않으면 밀어내거나 뱉거나 울기 시작하는 등 소리가 들리는 범위 내에 있는 사람들에게 당신이 행복하지 않다는 행동을 했다. 아기였을 때 당신은 완벽하게 온전한 육체적 경계를 지니고 있었다. 젖먹이었을 때 너무나 자연스러웠던 일이 지금 당신에게는 어렵게 느껴질 수 있다. 운이 좋은 몇몇 사람들은 건전한 정신적, 감정적, 육체적, 성적 경계를 배웠지만 우리 대부분은 그렇지 않았다.

그렇다면 우리의 거절 근육에 그동안 어떤 일이 일어났을까? 자라면서 우리는 거절 근육을 무시하는 법을 배운 대신 자기 자신을 의심하고 남들을 우선시하며 그들에게 만만해지기를 자처했다. 우리는 다양한 상호 작용과 방법, 수단, 상처받은 충동에 집중하느라 직감에 따른 자연스러운 반응을 무시하는 법을 배웠다. 예를 들어 엄마나 아빠에게 배가 아프다고 말했을 때 부모님이 "넌 괜찮아. 나가서 놀자"라고 말했다고 하자. 그 순간에 몸이 좋지 않다는 외부 경계 진술이 무효가 됐다. 당신은 배가 아프다고 느낀 자기 자신을 의심하고 스스로를 완전히 신뢰하지 못하고, 실제로 자기가 감정을 느낀 내부 경계에 의문을 품는 법을 배우게 된다. 직감에 따른 반응을 무시한 그 순간, 당신은 스스로를 믿을 수 없다고 말하는 법을 배운다. 이런 무효화가 반복해서 일어나면 내부 경계를 무시하는 패턴이 시작된다. 좋은 뜻으로 한 말이지만 부모님은 아이가 평생 동안 자기 회의에 빠질 가능성을 제공한 셈이다. 그런 패턴이 각인될 때 무효화와 자기 회의라는 상처가 시작된다.

이런 무효화는 아이에게 스스로 보호할 수 있는 목소리가 없다는 생각을 강화한다. 아이가 무엇을 하든 간에 반드시 학대나 부정적인 상황이 일어날 것이라고 생각하도록 이끈다. 이런 학습된 무기력은 성인기까지 이어져 성인 관계에서 받아들여지는 학대 패턴을 만들 수 있다. 이는 자기 자신을 피해자라고 보는 계기를 만든다. 경계가 없다고 해서 반드시 그 사람이 관계에서 피해자라고 볼 수는 없지만 그런 사람들이 자기 자신을 옹호하지 않을 가능성이 더 크기 때문이다.

당신 내면의 목소리에 반박할 때 당신은 다른 사람들이 자신보다 더 중요하며 그들이 당신을 어떻게 생각하는지가 당신이 자기 자신을 어떻게 생각하는지보다 더 중요하다고 생각한다. 이런 생각을 할 때 당신은 자신의 내부 경계를 위반하며 감정을 부정하고 무시하게 된다. 스스로 자존감과 자기 가치를 깎아 먹는다. 이런 행동을 오랜 시간에 걸쳐서 반복하다 보면 자아감은 소멸하고 진정한 자아는 자기에게 목소리가 아예 없다고 느낀다.

만약 당신이 어린 시절에 자기 자신을 무시하거나 의심했다면 성인이 될 무렵이면 당신의 진정한 자아는 완전히 무효화됐다고 느낄 것이다. 나는 자아가 완전히 무효화되고 다른 사람을 보면서 그 사람이 무엇을 좋아하고 필요로 하고 바라는지 살피는 데 익숙해진 나머지 자기가 무엇을 좋아하고 좋아하지 않는지 잊었거나 모르는 사람들을 만났다. 이는 극단적인 예시지만 요점은, 거절로 당신 내면의 목소리를 존중하는 대신 자신의 뜻에 반하는 승낙들을 할수록 자아감도 더 많이 잃게 된다는 것이다. 건전한 경계란 진정한 자아가 온전하다고 느끼기 위해 표현하는 바를 존중하는 것이다.

그렇지만 전에 없었던 경계를 갑자기 설정하면 예상치 못한 결과가 나타날 수 있다. 당신이 용감하게 경계를 선언했는데도 그 경계가 무시, 거부, 조롱당할 수 있기 때문이다. 이 경우 경계를 강화할 방법을 찾아야 한다. 마치 보물이 가득 채워진 성을 지키는 마음으로 경계를 고수해야 한다. 경계를 세우고 지키기로 기꺼이 전력을 다해야 한다. 간단한 예를 들어 점심 약속을 한 다음에 계속해서 취소하는 친구가 있다고 하자. 어느 시점이 되면 당신은 경계를 세우고 이 사람과 점심 약속을 잡지 않아야 한다.

　나는 오랜 친구를 상대로 경계를 설정해야 했다. 그 관계에서 모든 일을 내가 다 하고 있다고 느꼈기 때문이다. 먼저 연락하는 사람은 언제나 나였고, 균형을 이루고 상호적인 관계라는 느낌이 들지 않았다. 나는 친구에게 항상 내가 먼저 연락하고 친구는 연락하지 않아서 존중받지 못한다는 느낌이 든다고 말했다. 내 친구는 그 말에 동의했고 다른 사람들도 비슷한 말을 한다고 말했다. 그는 "나는 원래 그런 사람인 것 같아"라고 말했다. 이는 승인과 실망을 동시에 안겨주는 반응이었다. 내가 경계를 설정하는 말을 했을 때, 친구는 자기는 원래 그런 사람이며 바뀌지 않을 것이라고 말했다. 나는 그 말을 경청했고, 그때가 관계의 전환점이었다. 지금도 나는 그 친구와 연락하고 친구로서 사랑하지만 관계는 바뀌었다.

　분명하게 밝히자면 경계 설정은 으름장을 놓거나 최후통첩을 보내는 것이 아니다. 이는 상대방이 계속해서 당신을 무시한 결과를 분명하게 전달하는 행위다. 결과에서 손을 뗐다는 점에서 경계는 통제가 아니다. 당신은 진술을 하고 상대방이 어떻게 반응할지 기다린다. 그런 다음에 식별 능력을 발휘해서 앞으로 관계가 나아갈 향방을 결정한다. 친구에게 내 느낌을 말했을 때 나는 친구를 조종하려고 경계를 언급한 것이 아니라 내 느낌에 대해 솔직한 대화를 나눴을 뿐이다. 그의 대답은 앞으로 우리 관계가 어떻게 바뀌어야 할지 식별하기 위해 내가 알아야 할 것을 알려줬다.

# 거품 경계
# 누그러뜨리기

4장에서 살펴봤던 거품 경계는 다른 사람들이 가까이 있되, 너무 가깝지는 않기를 바라는 사람들이 설정하는 경계를 말한다. 거품 경계를 세우는 사람들은 경계와 애착, 책무 문제로 관계에서 밀고 당기는 양상을 보이는 경우가 많다. 이런 사람들은 감정을 조절하는 법을 배운 적이 없기 때문이다. 그들은 감정 표현이 없는 가정에서 자랐고 낮은 자존감, 변화에 대한 두려움, 거부에 대한 두려움, 완벽주의 같은 충동적 반응 도구를 갖고 있다. 이런 반응은 '나는 부족한 사람이야' 등의 열등감이 드러나는 말을 하게 되는 촉매제가 된다.✚

　이러한 감정적 상처 유형과 경계 지식 및 기술의 부족은 어떤 사람이 누군가를 가까이 끌어당겨서 과하게 속마음을 털어놓는 관계나 거부를 두려워하면서 상대방을 밀어낼 때 잘 나타난다. 이렇게 급변하는 상호 작용은 당사자 모두에게 지치고 혼란스러운 일이다. 거품 경계를 설정하는 사람들은 부모에게 원했듯이 다른 사람과 깊은 관계를 맺고 싶어 하지만 정작 상대방이 가까이 다가오면 그런 감정이나 관계를 어떻게 해야 할지 몰라서 밀어낸다. 그들

---

✚ 열등감을 느끼는 사람이라고 해서 꼭 감정 표현이 없는 부모 밑에서 자란 것은 아니지만 이런 상황은 이런 상처 패턴을 유발하는 기원이다.

에게는 대체로 어린 시절 가정에서 확립되는 감정적 조율의 토대가 없다.

거품 경계를 세우는 사람들은 겉으로 보기에 기능적 성인처럼 보인다. 그들은 바람직한 관계를 맺고 친구를 사귀며 좋은 직업을 가지고 있지만 속으로는 외롭고 고립되고 두렵다고 느낀다. 그들은 '나는 행복해야 해. 나는 인생에서 있어야 할 것을 다 가졌지만 나를 사랑하는 사람들에게 둘러싸여 있을 때도 모두와 단절될 듯한 느낌이 들어. 다른 사람들과 더 가까워지고 싶지만 어떻게 해야 할지 모르겠어'와 같이 생각한다. 그들의 내부 및 외부 경계 체계는 모두 제대로 돌아가지 않는다. 어느 순간에는 자기 자신을 안다고 생각하다가도 돌아서면 당혹스럽다.

이렇게 과도하게 발달하고 지나치게 일반화된 보호 체계 때문에 그들은 다른 사람들과 교감을 느끼기 어렵고, 다른 사람에게 취약한 감정을 털어놓기가 힘들다. 다른 사람들과 감정적으로 친밀한 척 흉내는 내지만, 거품 속에서 숨을 죽이며 공격 기미가 있는지 기다리고 있는 터라 깊은 관계를 맺지 못한다. 감정적으로 마음을 닫는 것은 바람직하지 않음을 알지만 깊이 있는 관계를 맺는 기술을 배우지 못한 내면아이는 어린 시절의 상처를 되풀이한다.

사례

## 제시카와 이중 보호막

43세 독신 여성인 제시카는 이와 같은 거품 경계를 누그러뜨리고 치유에 힘쓰면서 긍정적인 말을 하고 경계를 세웠다. 하지만 이 모든 노력을 기울이는 데도 여전히 제시카는 사람들에게 철벽을 쳤고 관계는 변하지 않았다. 치료를 계속해 나가면서 자기가 외부를 차단하는 보호용 거품 경계를 치고 있을 뿐만 아니라 예비로 마음속 갑옷까지 갖추고 있다는 사실을 깨닫기 시작했다. 제시카는 정서적으로 학대하는 관계에서 막 벗어난 참이었고 자기감정의 핵심을 보호하려고 여러 겹으로 내면을 단단히 방어하고 있었다. 학대 관계에서 벗어났는데도 상처받은 부분은 이 마음속 갑옷을 고수했다. 제시카는 자기 자신에게 취약한 감정을 인정할 수 있고, 새로운 상대와 안전하고 친밀한 관계를 맺어도 좋다고 생각했지만 한계가 있었다.

제시카는 상처를 치유하고자 노력하고 있었지만 이 마음속 갑옷을 발견하기 전까지는 친밀한 관계가 깊어지는 것을 방해하는 요인이 무엇인지 깨닫지 못했다. 깊이 상처받은 그녀의 내면은 경계심이 극도로 강해서 항상 다음에 닥칠 감정적 위협에 대비하고 있었으므로 이 갑옷을 고수했다. 더욱 튼튼하고 기능적인 내부 및 외부 경계를 세워나가면서 제시카는 자기가 마음속으로 어떻게 느끼고 있는지 알 수 있었다. 그녀는 저항을 인식하고 이를 평가해 그런 느낌이 상처에서 비롯됐는지 아니면 비합리적인 두려움인지 판단하는 법을 배웠다. 일단 이렇게 할 수 있게 되면서 제시카는 진실한 마음을 말하고, 경계를 설정하며, 새로운 상대와 좀 더 친밀한 관계를 맺을 수 있게 됐다.

제시카의 경우처럼 이중 보호막을 가진 사람이 치유하고 진정한 삶을 포용하려면 먼저 상처를 이해해야 한다. 그 상처가 어떤 모습이고 어떤 소리를 내고 어떤 느낌인지 알아야 한다. 지금까지 배웠듯이 출신 가정에서 당신이 맡았던 역할을 이해하고 부모님이 지운 감정의 짐과 진정한 당신이 어떻게 다른지 식별하는 것은 치유에서 중요한 부분이다. 그 차이를 식별하고 그 미로에서 빠져나오는 방법을 파악하는 것이 바로 거품 경계를 세우는 사람이 해야 할 작업이다. 힐 프로세스 전반에 걸쳐 실시하는 연습들은 당신의 상처와 경계 결핍이 어디에 있는지 명확하게 파악하고 치유의 길로 나아가는 청사진을 설계할 수 있도록 도와준다.

사람들과 가깝게 지내기를 바라지만 그러면서 거리를 두며 거품 경계를 세우는 사람은 자기 자신을 보호하고 있다고 생각할 수 있다. 성인의 관계에서 이런 보호는 회피, 고립, 거부감, 불안, 외로움, 피해 의식, 혼란, 완벽주의, 열등감, 밀어내기 같은 형태로 나타난다.

다음은 거품 경계가 인간관계에 미치는 영향과 이러한 환경에서 더 깊은 관계를 만들 수 있는 방법을 파악도록 도와주는 연습이다.

## 연습: 거품 경계에 창문을 내기

이 연습은 당신의 보호막을 평가하고 어떻게 당신이 자기 자신을 거품 속에 안전하게 보호하고 남들을 들어오지 못하도록 막는지 살펴보도록 도와준다. 거품에 창문을 내면 다른 사람들과 좀 더 깊은 관계를 쌓기 시작할 수 있다.

1장에서 실시했던 연습: 충동적 반응 도구 살펴보기에서 작성한 대답을 다시 살펴보자. 이런 충동적 반응 도구들은 당신이 어떤 영역에서 좀 더 바람직한 내부 및 외부 경계 감각이 필요한지 보여준다. 이 연습은 자기가 하고 있는 일을 그 당시에 알아차릴 수 있도록 도와서 자기 자신에 대한 새로운 관점을 얻을 수 있도록 이끈다.

공책을 꺼내서 빈 면의 한가운데에 거품 경계를 나타내는 커다란 원을 그리자. 거품 내부는 당신이 어떻게 느끼고 어떤 생각을 하는지를 의미하고, 거품 외부는 다른 사람들과 나누는 상호 작용, 당신이 하는 말과 행동하는 방식을 의미한다. 거품에는 외부 세계로 열리는 창문이 있다. 그 위쪽으로는 사람들과 연결되는 창문이, 그 아래로는 사람들을 차단하고 멀리하려는 창문이 있다. 당신은 창문들을 통해서 다른 사람들과 관계를 맺을 수 있지만 동시에 그들을 차단할 수도 있다. 이 연습을 하면서 당신은 언제 어디에서 왜 다른 사람들과 관계를 맺고자 하며 언제 차단하는지 알게 될 것이다.

일단 거품 안에 창문을 닫고 당신을 고립되게 만드는 생각들을 적자. 이는 거품 경계를 세우는 이유이자 거품 경계가 달성하는 목적이다. 예를 들어 두려움, 무서움, 상처, 외로움, 혼란 같은 감정이 이에 해당한다. '나는 부족해, 이것은 가치가 없어, 나는 어떤 사람도 만나지 못할 거야, 난 항상 거절당해'처럼 피해자 서사를 강화하는 생각과 행동을 적을 수도 있다.

어쩌면 당신은 배우자 찾기를 포기하기로 작정하거나, 누군가와 깊은 관계를 맺는다는 것은 너무 위험한 일이라고 믿거나, 다른 사람들이 당신에게 아무것도 털어놓지 않아서 그들에게 취약한 감정을 이야기하는 데 지쳤을 수도 있다. 혹은 다른 사람들을 탓하거나 자기가 피해자라고 느끼거나, 거절에 지쳤을 수도 있다. 자기 자신에게 계속 반복해서 말하는 감정을 나타내는 단어나 표현을 써도 좋다.✛

거품 외부에 적을 내용은 당신을 확장하고 연결시켜 주는 것이거나 축소하고 고립시키는 모든 것이다. 거품 외부의 위쪽 창문이 열려 다른 사람들과 연결됐을 때 당신이 어떻게 상호 작용하는지 적어보자. 당신은 어떻게 상호 작용하는가? 어떤 말을 하는가? 이는 당신이 안전하다고 느끼고 거품 밖으로 손을 뻗을 정도로 사람들을 신뢰할 때 하는 행동과 말이다. 당신이 다른 사람들을 신뢰하고 관계를 맺으려면 어떤 특성이 필요한지 적어보자. 예를 들어 '친한 친구들과 함께 있을 때는 나다울 수 있다, 나는 이런 유형의 사람을 신뢰한다, 이 사람의 집에 갈 때나 이런 종류의 모임에 갈 때

---

✛ 감정을 나타내는 단어는 부록 A의 느낌 차트를 참조하자.

안전하다고 느낀다'와 같이 쓰면 된다. 이는 다른 사람들을 당신의 삶에 들일 정도로 당신을 확장하고 열어주는 특성이다.

다음으로 거품 외부의 아래쪽에 창문이 닫혔을 때 당신이 어떻게 상호 작용하는지 적어보자. 이는 사람들과 거리를 둘 때 하는 행동과 말이다. 당신은 다른 사람들과 이야기해야 하는 상황을 피하는가? 사람들에게 혼란스러운 메시지를 전하는가? "할 수 있을지 모르겠어요, 확인해 볼게요"라거나 "어쩌면" 같은 말로 애매하게 대답하는가? 어떤 일을 하겠다고 해놓고 막판에 취소하는가? 당신의 상처와 거품 경계는 관계에 어떤 식으로 나타나는가? 너무 부담스럽거나 무서워서 피하는 사람과 장소, 상황을 적어도 된다. 이런 말이나 행동은 당신을 축소시키고 제한하며 다른 사람들은 멀리 떨어져 있으면서 당신을 고립시켜야 한다고 강조한다.

일단 당신이 거품 안팎에서 어떻게 행동하고 생각하는지 파악했다면 다음 질문에 답하자. 해당 질문에 대한 대답을 공책에 적어보자.

- 나 자신을 안전하게 지키려면 여전히 다른 사람들에게 이런 말을 해야 하나?
- 내 거품 경계의 용도는 무엇일까? 그저 습관적으로 거품 경계를 치고 있지는 않을까?
- 다른 사람들과 관계에서 나는 정말로 안전하지 않을까, 아니면 지나치게 일반화해서 다음 단계를 확신하지 못하는 것일까?
- 두렵고 다시는 상처받고 싶지 않은 마음에 사람들을 거품 밖에 두는 걸까?

- 나는 사람들을 기꺼이 내 삶에 받아들일 준비가 됐을까, 아니면 계속 사람들을 밀어내고 싶은 것일까?

- 아직도 나는 나 자신에게 이런 심술궂은 말들을 해야 할까? 이것이 내게 무슨 도움이 될까?

- 나 자신에게 말하는 부정적인 메시지를 치유하려면 무엇을 해야 할까?

- 건전한 경계를 설정하고 거품 경계에 창문을 더 많이 내면 어떤 일이 일어날까?

- 이런 부정적인 메시지들은 내 상처받은 나이와 어떤 관련이 있을까? 상처받은 나이가 새롭게 나타나는 것일까?

- 나는 나 자신이나 다른 사람에게 혼란스러운 메시지를 전달하는가?

- 내가 다른 사람들에게 하는 말 중에 거품 경계 속에 머무르고 싶다는 인상을 주는 말은 무엇인가?

- 거품 경계 창문을 열고 내가 신뢰하는 사람들과 상황을 볼 때 어떤 기분이 드는가?

- 거품 경계 창문을 닫고 내가 신뢰하지 않는 사람들과 상황을 볼 때 어떤 기분이 드는가?

- 나는 왜 창문을 닫고 사람들을 안으로 들이지 않는가?

- 어떻게 하면 더 안전하다고 느끼도록 다른 사람들을 상대로 좀 더 명확하게 경계를 설정할 수 있을까?

- 어떻게 하면 고립을 고수하는 대신에 안전하다고 느낄 수 있는 내부 경계를 좀 더 잘 설정할 수 있을까?

- 내부 경계를 확실히 세운 다음에 다른 사람들에게 마음을 열기 위해 내가 할 수 있는 단계별 방식에는 무엇이 있을까?

사실은 친밀함을 느끼고 싶지만 다른 사람들을 밀어내는 이유와 방식을 이해하면 당신이 거품 경계를 어떻게 하고 싶은지 파악하는 데 도움이 된다. 당신은 자기 자신 및 삶과 어떻게 상호 작용할지 선택할 수 있다. 보호 수단으로 다른 사람들을 계속해서 밀어낼 필요는 없다. 거품을 터트려서 보호 수단을 완전히 없애라는 뜻이 아니다. 건전하고 기능적인 경계를 세우는 법을 배우면 주먹구구식으로 만든 거품 경계를 대체하고 정말로 온전하다고 느끼는 데 도움이 될 수 있다.

## 단계별로
## 경계 세우기

적절한 경계를 세우려면 현재 경계 상태와 앞으로 개발해야 할 경계를 파악해야 한다. 예를 들어 감정적 위험이 따를 수 있다는 사실을 인지한 상태에서 당신 내면을 살짝 보여줌으로써 누군가를 신뢰해 볼 수 있다. 시간이 흐르면서 그들이 당신의 신뢰와 개인 정보를 감정적으로 지킬 수 있는지 알게 될 것이다. 그들은 다양한 경험을 거치면서 가치를 증명하거나 그렇지 않을 것이고, 당신은 그 지점에서 시작할 수 있다. 예를 들어 친구와 번갈아가면서 점심 값을 내기로 했다가 친구가 실직을 해서, 혹은 실직하지 않았는데도 친구가 돈을 내지 않아 무시하지 못할 정도로 액수가 커졌다면 어떤 경계를 설정해야 할지 고려할 수 있다. 혹은 주말여행을 계획했다가 친구가 늦는 바람에 비행기를 놓쳤다고 하자. 당신은 슬프고 기분이 상했을 것이고 친구에게 어떤 식으로 그런 느낌을 말해야 할지 결정해야 한다. 이는 적절한 신뢰 근육과 사건이 벌어지는 동안 감정적 균형을 유지하는 능력을 개발하는 데 중요한 연습이다.

당신이 실제 결과와 별개로 친밀감, 교감, 삶이 풍부해지는 경험에 마음을 연다고 느낀다면 이는 올바른 방향으로 나아가고 있다는 징후다. 결과는 제각각일 수 있다. 적절히 마음을 여는 과정과 연습이 관건이다. 자기 자신과 각 만남에서 느껴지는 직감적인 반응을 신뢰한다면 경계 근육을 키우는 데 도움이 될 것이다. 어떤 상황이 바람직하거나 그렇지 않은지, 어떤 경계를 설정해야 할지 알게 될 것이다. 당신의 경계는 항상 당신과 함께한다. 당신은 해당 상호 작용에 올바른 경계 도구가 무엇인지 배우고 있다.

경계에 대해 배우면서 경계의 튼튼하고 기능적인 영역과 다소 강화가 필요한 영역을 검토하자. 튼튼한 내부 및 외부 경계 체계를 활용해 다른 사람들과 어떻게 상호 작용하고 싶은지 목표를 설정하자. 지금 당신이 있는 현재 위치부터 목표까지 단계별로 나아가자.

다음으로 당신의 관계들을 목록으로 작성한 다음 신뢰할 수 있고 좀 더 깊은 관계로 나아가고 싶지만 두려워했던 사람을 한 명 뽑자. 이 사람과 공유해도 괜찮을 법한 당신에 관한 사실을 생각해 보자. 이런 대화를 준비할 때 그 사람에게 하고 싶은 말을 상징적인 편지로 쓰는 방법을 사용할 수 있다. 실제로 그 편지를 보내지는 않겠지만 이 연습으로 좀 더 깊은 관계를 맺을 준비를 할 수 있다. 너무 많은 정보를 털어놓고 성급하게 깊은 관계로 들어가고 싶지는 않을 테니 편안하게 공유할 수 있는 정보를 평가하는 작업이 중요하다. 너무 많은 정보를 털어놓고 나면 나중에 그 관계가 불편하다고 느껴질 수 있다. 이 연습은 공개해도 괜찮은 정보와 공유할 준비가 되지 않은 정보의 내부 경계를 정하도록 도와줄 것이다.

당신이 통제하는 자기 자신에 관한 정보의 수준은 가장 기본적인 '공개 정보'와 외부 검색을 통한 '개인 정보' 그리고 사적인 '비공개 정보' 세 가지로 나눌 수 있다.

1) **공개 정보**: 이름, 사는 동네, 나이, 직업처럼 쉽게 파악 가능한 정보가 여기에 속한다.
2) **개인 정보**: 믿을 수 있는 가족, 친구, 동료들에게 이미 얘기한 개인 세부 사항이 여기에 속한다. 주소, 전화번호, 생일, 좋아하는 밴드, 좋아하는 색깔, 즐기는 활동 등 당신 자신에 관한 구체적인 정보를 말한다.
3) **비공개 정보**: 건강 상태, 연애 상태, 두려움, 환상 등 가까운 가족과 친구들에게만 알려주고 싶은 세부 정보가 여기에 속한다. 이는 당신 주변의 몇몇 사람들만 아는 정보다.

공책에 가족과 친구, 동료 목록을 작성하고 자신을 과도하게 노출시키지 않고 각 사람에게 안전하게 공유할 수 있다고 느끼는 의

사소통 수준을 정해 보자. 각 사람의 이름 옆에 현재의 의사소통 수준을 적은 다음 이 관계가 그대로 괜찮은지 아니면 좀 더 깊은 소통 수준으로 나아가고 싶은지 정해보자. 인간관계에 열린 마음으로 대하는 사람들은 대부분 주로 개인 정보 수준으로 의사소통하면서 가끔씩만 비공개 정보를 공유한다.

거품 경계의 창문을 열고 다른 사람과 좀 더 친하게 지내고 싶다면 애정과 존중으로 이 정보를 받을 사람을 선택하자. 그리고 그냥 "당신에게 하고 싶은 말이 있었어"라거나 "하기 어려운 말이 있는데 너한테 털어놓고 싶어"라고 말하면 된다. 상대방 역시 당신과 관계를 좀 더 돈독하게 다지고 싶을 가능성이 크다. 이런 접근법으로 상대방에게 털어놓아도 되는 정보와 그렇지 않을 정보를 나누는 내부 경계를 확립하고 그들이 당신을 좀 더 깊이 알 수 있도록 이끌 수 있다.

당신은 자기 자신에 대한 책임을 질 뿐이고 다른 사람을 통제하거나 바꿀 수는 없으므로 당신이 하고 싶은 말을 털어놓았을 때 어떻게 대응할지는 그들의 선택임을 기억하자. 이 과정에서 중요한 것은 섣불리 다른 사람에게 철벽 치는 습관을 깰 수 있는 권한을 자기 자신에게 부여하는 것이다. 누군가와의 관계에서 자기 자신의 감정적 자유를 타인이 아닌 나에게 제공할 수 있도록 말이다. 대화의 결과가 어떻게 되든 간에 경계를 세우고 자기 마음을 털어놓아서 생각을 표현하는 기능적 방법을 활용한 스스로를 대견하게 여기도록 하자. 당신은 마음을 여는 법을 배우고 있다. 자기 자신과 다른 사람에게 감정을 표현하는 법을 배우고 있다.

# 말뚝 울타리
## 경계

건전한 경계 논의를 '말뚝 울타리' 비유를 통해 좀 더 깊이 있게 나눠보자. 말뚝 울타리는 사유지를 구분하는 물리적 경계를 만들고, 울타리를 기준으로 각 사유지가 어떻게 나뉘는지 모두가 분명하게 볼 수 있는 구분된 지점이다. 이 비유를 당신과 다른 사람을 나누는 경계에도 적용할 수 있다. 당신과 다른 사람 사이에 말뚝 울타리가 있다고 상상해 보자. 두 사람은 울타리 너머와 말뚝 사이로 서로를 볼 수 있다. 상대방이 곤경에 처하면 울타리를 넘어가서 도와줄 수도 있다. 울타리는 윤곽을 만들고 상대방의 공간과 당신의 공간을 확실하게 표시한다.

이런 형상화가 사람들 사이에 칸막이를 만들고 건전한 경계의 필요성을 일깨운다는 점에서 말뚝 울타리 비유는 간단하다. 관계의 경계를 의미하는 말뚝 울타리를 상상하는 법을 배우는 것은 책임지는 성인 자아가 상처받은 자아를 돌보기 위해 할 수 있는 가장 성숙하고 책임 있는 행동에 속한다. 이 경계 설정은 상처받은 부분이 안전하다고 느낄 수 있도록 돕는다.

말뚝 울타리 비유는 당신이 거절하고 싶을 때 거절함으로써 경계를 세울 수 있다는 사실을 기억하는 방법이다. 또한 당신이 자기 길을 가듯이 상대방도 그들의 길을 가고 있다는 사실을 떠올리도록 돕는다. 다른 사람의 여정을 존중하면 우리가 울타리로 나뉘는 우리 땅에 머물러야 한다는 사실을 기억할 수 있다. 또한 해결하거나 구조하거나 돌보고나 통제하고 싶어 하는 우리 안의 공의존 성향 자아에게 다른 사람의 삶을 좌지우지하거나 요청받지도 않은 제안을 제공하는 것은 우리가 할 일이 아님을 상기시키도록 돕는다.


## 연습: 경계 상태 알아보기

이 연습을 할 때는 방해받지 않을 만한 곳에 조용히 앉자. 공책을 곁에 둔다. 당신이 아는 사람과 함께 서 있는 모습을 그려보자. 이 사람은 당신이 힘든 시간을 함께 보냈거나 원망스러운 마음을 느끼는 사람일 수 있다. 이제 마음의 눈으로 두 사람 사이를 가로지르는 말뚝 울타리를 보자. 그 울타리를 볼 때 어떤 느낌이 드는지에 주목하자. 몇 분 동안 감정이 생겨나도록 한 다음에 다음 질문에 대한 대답을 적자.

- 말뚝 울타리가 있다고 생각하니 당신과 상대방의 관계가 평소와 다르게 느껴지는가?
- 울타리가 있으니 더 안전하다고 느껴지는가?
- 그 사람과 함께 있을 때 더 안전하게 느껴지는가?
- 그 사람과 떨어져 있다고 느껴지는가?
- 울타리가 있으니 진실을 말하고 경계를 설정하기가 더 쉽게 느껴지는가?

- 말뚝 울타리를 쳐놓은 상태에서 당신이 상대방에게 하고 싶은 경계 진술은 무엇인가?
- 상대방과 더 가까이 있을 수 있도록 울타리를 허물고 싶다는 기분이 드는가?
- 울타리를 더 크고 단단하게 세우고 싶은가?
- 두 사람 사이에 울타리가 있을 때 좀 더 균형 잡힌 자아감을 느끼는가?

이 말뚝 울타리 경계에 대한 당신의 반응은 이 사람과 당신 사이의 경계 상태 및 그 경계를 조정해야 할지 여부를 좀 더 자세하게 알려준다. 말뚝 울타리를 상상했을 때 더 안전하다고 느껴진다면 경계를 설정하는 법을 배울 때 이를 기억하는 것이 좋다. 울타리를 더 높게 혹은 더 튼튼하게 만들고 싶다면 감정적으로 어떤 일이 일어나고 있는지 잘 생각해 보자. 좀 더 건전한 경계 진술을 하는 대신에 더 큰 벽이 필요하다고 느끼는 반응은 무엇일까? 우리가 이야기하는 도중에도 상대방이 계속해서 말을 하거나 우리가 하는 말을 귀 기울여 듣지 않을 때 우리는 더 큰 벽을 쌓아야겠다고 느끼곤 한다. 핵심은 벽이 아니라 관계 내의 존중 결여다.

만약 말뚝 울타리를 칠 때 당신의 상처받은 부분이 기뻐한다면 그 부분은 안전하다고 느끼고 있고 말뚝 울타리를 목적을 달성하고 있다. 상대방과 더 가까워질 수 있도록 울타리를 허물고 싶다면 이것이 건전한 관계 내에 있는 건전한 관계인지 아니면 말뚝 울타리가 너무 차갑고 냉정하게 느껴지는지 잘 생각해 보자. 당신은 말뚝 울타리가 당신과 이 사람을 떼어놓거나 그 사람을 사랑하고 돌보지 못하도록 방해한다고 느끼는가? 이런 반응은 정상이다. 울타리가 있어도 당신은 그 너머로 상대방에게 손을 뻗어 그 사람에게 도움을 줄 수 있으므로 경계가 상대방을 사랑하거나 돌보지 못하게 막지는 않는다는 사실을 기억하자.

만약 당신이 말뚝 울타리로 나뉜 당신 영역에 있을 때 감정적으로 더 안전하다고 느낀다면 그 사실이 이 사람과의 관계에 대해 무엇을 알려주는지 생각해 보자. 이런 반응은 당신이 그 사람을 상대로 좀 더 바람직한 경계를 평가하고 세워야 한다는 뜻이다. 만약 이전에 당신이 그 사람을 상대로 바람직한 경계를 세우지 못했지만 말뚝 울타리를 세우자 감정적으로 더 안전하다는 느낌이 들었다면, 아마도 당신을 그 사람을 상대할 때 자기 자신을 좀 더 옹호하거나 거절하거나 전반적으로 당신의 마음을 분명하게 나타낼 필요가 있을 것이다. 현재 경계 상태를 확립하는 데 도움이 되도록 인생의 다른 사람들을 대상으로 이 연습을 반복해서 시행하자.

## 식별 연습

조용하고 고요하게 있는 법, 자신의 감정을 경청하는 법을 배우는 것은 경계 설정의 핵심 부분이다. 이는 특정한 사람이나 상황에 대해 당신이 정말로 어떻게 느끼는지 식별하는 과정이다. 당신이 어떤 일을 하도록 자기 자신을 설득하려는지 아니면 자기 선택을 정당화하거나 합리화하고 있는지 결정하는 것이다.

자기 자신에게 귀를 기울이고 믿는 시간이 길어질수록 무엇이 자기 자신에게서 비롯되고 무엇이 외부에서 비롯되는지 더 잘 식별할 수 있다. 만약 당신이 어떤 선택을 정당화하고 있거나 자기 자신에게 어떤 일을 '해야 한다'라고 말하고 있다면 다른 사람을 위해서 그 일을 하고 있을 가능성이 높다.

식별 기술은 현재 당신의 삶에 적합한 것과 더는 관심이 없어진 것을 구별하는 방법이다. 일상 속에서 식별을 연습하면 어떤 순간에도 자기가 어떤 사람인지 명확히 밝히는 데 도움이 되고 진정한 자아와 활발한 교감을 유지하게 된다.

## 셀프 코칭 실천하기

앞에서 책임지는 성인 자아는 나서서 적절한 경계를 설정하는 부분이자 상처받은 부분을 치유하도록 도울 부분이라는 사실을 배웠다. 상처받은 부분을 치유하고 통합할 수 있는 유일한 방법은 성인 자아가 경계를 설정하는 것이므로 당신은 이 과정을 통해 자기 자신을 뒷받침하는 코치가 되어야 한다. 이제 상처를 품고 있는 어린 자아와 관계를 확립할 수 있도록 뒷받침하는 격려와 안심, 애정을 담은 말을 자기 자신에게 들려줄 때다. 이를 위한 셀프 코칭용 확언을 살펴보고 익힌 뒤 자기 선택을 존중하고 인정하기 시작하자.

다음은 자존감을 키우기 위해 자기 자신을 뒷받침하는 셀프 코칭용 확언이다.

- 힘든 일이지만 할 수 있다.
- 나는 매일 더 강해진다고 느끼며, 그럴 가치가 있다고 생각한다.
- 나는 최선을 다하고 있고 내가 기울이는 노력이 자랑스럽다.
- 매일 나는 내 세상이 안전하게 느껴지도록 경계를 설정하는 법을 배우고 있다.
- 나는 내가 어떤 사람이고 어떤 사람이 아닌지 배우고 있다.
- 내게는 나의 감정을 느낄 권리가 있다.
- 나는 사랑과 존중을 받을 자격이 있다.
- 나는 내 느낌을 믿고 다른 사람들에게 내 의견을 분명하게 표현한다.

이 확언들은 당신이 자기 자신을 안심시킴으로써 지금 하고 있는 모든 일이 당신의 성장으로 이어질 수 있다고 단언하는 몇 가지 사례일 뿐이다. 이 시점에서 자신을 뒷받침할 셀프 코칭 확언을 직접 써보는 것도 바람직하다. 이런 말을 하는 데 익숙하지 않다면 어려울 수도 있겠지만 자기 내면의 친절하고 사랑이 넘치는 존재는 힐 프로세스가 만들 수 있는 완만한 변화를 촉진하도록 도울 것이다. 힐 프로세스를 통해 자기 자신을 이끌어나가면서 당신은 무엇이 자기 자신에게 맞고 무엇이 더는 맞지 않는지 훨씬 더 명확히 알게 될 것이다. 이때가 바로 당신이 상처받은 부분의 목소리나 느낌이 감정적으로 성숙한 성인 자아의 목소리나 느낌과 다르다는 사실을 식별하기 시작할 때다.

그 밖에도 당신은 떠맡은 감정 carried feelings 을 식별하는 법을 배워야 한다. 떠맡은 감정이란 어린 시절 부모나 보호자가 보여줬던 감정을 당신이 짊어져서 도구 상자에 넣은 것을 말한다. 예를 들어 특히 혼란스럽거나 학대하는 가정에서 자란 어린아이들은 수치심이나 두려움 같은 감정을 떠맡는다. 이런 감정들은 성인이 된 이후로도 남아 있으며, 그 감정이 자기 자신의 감정인지 아닌지 구별하기가 어려울 수 있다. 대부분의 경우 이런 느낌들은 당신이 자아감에 흡수시킬 정도로 당신에게 투사되고, 당신은 자기 자신이 원래 그런 감정을 느낀다고 생각하기 시작한다.

나의 내담자 중 한명인 마크는 27세 때 나를 찾아왔다. 마크가 어렸을 때 엄마는 항상 무척 불안해했고 마크는 엄마에게 걱정과 공포, 뇌우에 대한 불안, 타인에 대한 불신을 배우며 그녀의 두려움을 떠맡게 됐다. 내가 마크에게 이렇게 긴장되고 불안한 삶의 방식이 성인으로서 그가 생각하고 반응하고 싶은 방식인지 묻자 그는 "절대 아니에요!"라고 대답했다. 마크는 기능적인 성인이라면 하지 않을 법한 방식으로 일일이 불안해하며 과민한 반응을 나타냈다. 그는 엄마에게 배운 떠맡은 감정들을 알아차리고자 애썼다. 자신의 감정과 엄마의 감정이 어떻게 다른지 식별하는 법을 배웠다. 나는 예전 같았으면 마크가 무척이나 초조해했을 법한 상황에 직면했을 때 사용할 수 있는 새로운 내면의 경계 프로토콜, 즉 새로운 기능적 대응 도구를 개발하도록 도왔다.

피아 멜로디는 저서 『공의존에 직면하기』[+]에서 떠맡은 감정과 자기 자신의 건전한 감정을 구별하는 방법을 설명하면서 떠맡은 감정은 감당하기 힘든 반면에 자기 자신의 감정은 강렬할지라도 감당하기 힘들지는 않다고 말한다. 떠맡은 감정은 과장된 경우가 많기 때문이다.

건전한 내부 경계를 설정하고자 노력할 때 당신은 어떤 것에 대해 자신이 어떻게 느끼는지 감을 잡게 되고, 그다음에는 어떻게 반응해야 할지 식별할 수 있다. 다시 말해 다른 사람이 반응하는 대로 반응하는 대신에 자기가 어떻게 반응하고 싶은지 선택할 수 있다. 예를 들어 마크는 뇌우를 두려워하는 감정을 떠맡았지만 이는 엄마의 두려움이지 자신의 두려움이 아니었다. 뇌우를 대하는 마크의 과민 반응은 기능적인 성인이 자연 현상을 대하는 반응이라고 하기에는 과했다. 그런 두려움이 엄마가 느꼈던 두려움이지 자기가 느끼는 감정이 아니라는 사실을 알고 난 이후로 그는 다르게 반응할 수 있었다.

식별력을 키우는 연습을 하면 기능적인 성인으로서 생각하고 느끼며 선택하는 바를 분명하게 알게 되고 건전한 관계를 갖게 된다. 만약 자신의 감정이 흐려지거나 혼란스럽거나 부담스럽게 느껴진

---

[+] Pia Mellody, *Facing Codependence*, HarperCollins, New York, 2003.

다면, 상황을 보면서 당신의 상처가 촉발되고 있다면 그 사람과의 경계 상태가 어떤지, 무엇이 당신의 감정이고 무엇이 그 사람의 감정인지 곰곰이 생각해 보자.

건전한 경계 설정은 치유로 가는 길에서 당신이 할 수 있는 가장 중요한 작업 중 하나다. 당신은 다른 사람들을 상대로 안전하고 건전한 경계를 세우는 법과 경계 부재 및 밀착, 거품 경계 사용 혹은 극단적 경계 설정 같은 패턴을 멈추는 법을 배울 수 있다. 자신의 경계 체계 상태와 건전한 패턴을 향해 나아가는 법을 이해하기 위해 이 장에서 제시한 연습을 필요하다고 느낄 때마다 실시하도록 하자. 당신은 지금 치유를 통해 진정한 삶을 포용하는 길로 나아가고 있다.

# 7장
# 책임지는 성인 자아가 나설 때

Healing Your Lost Inner Child

내면아이와 내면의 존재를 이어줄 때
우리 모두의 내면에 있는 영웅을 끌어낸다.

—킴 하 캠벨KIM HA CAMPBELL

지금까지 당신은 치유 과정에서 많은 진전을 이뤘다. 그동안 건전한 경계 설정을 연습하고 실천했다. 이제는 당신의 책임지는 성인 자아가 인생을 책임지면서 진정한 자아를 완전히 포용할 준비가 되었다. 물론 아직은 해야 할 일이 남았고, 이번 장에서 치유 과정의 마지막 단계들을 논의할 것이다.

이제 어린 시절 상처와 성인이 된 이후로 반응을 나타내는 촉발 요인은 잘 알게 됐으니 어떻게 하면 상처받은 자아와 책임지는 성인 자아를 구분할 수 있는지 알아볼 차례. 이 둘의 차이는 내면의 느낌과 상황에 반응하는 방식이다.

상처받은 자아는 다음과 같은 방식으로 선택하고 느끼고 표현한다.

- 겁을 먹는다.
- 피해 의식을 느낀다.
- 남을 탓한다.

- 원망한다.

- 확신이 없다.

- 반발한다.

- 알지 못한다.

- 경계한다.

- 혼란스러워한다.

- 당황한다.

- 회피하고 숨고 싶어 한다.


책임지는 성인 자아는 다음과 같은 방식으로 선택하고 느끼고 표현한다.

- 자신의 정신이 굳건하다고 느낀다.

- 자기 인생의 선택을 인정한다.

- 자기 자신과 다른 사람들에게 친절하게 대한다.

- 전부 다 알지 못할 때도 자신감을 갖는다.

- 진정성을 나타낸다.

- 자기 자신이 어떤 사람이고 어떤 사람이 아닌지를 안다.

- 자제를 실천한다.

- 자기 자신에게 솔직하다.

- 자기 자신과 다른 사람들을 받아들인다.

- 자기가 객관적인 때와 진실을 왜곡하고 있을 때를 안다.

책임지는 성인 자아는 넘치는 애정으로 나를 보호해 주고 친절한 내면의 형이나 언니 같다. 이는 가장 바람직한 자신의 모습, 올바른 일을 하고 꼭 나타날 것이라고 믿을 수 있는 부분이다. 그럼에도 책임지는 성인 자아가 한결같이 내부 및 외부 경계를 확고하게 설정할 수 있을 때까지는 충동적 반응 도구들이 아무리 해를 끼치고 역기능을 한다고 해도 상처받은 부분은 이를 쉽게 내려놓지 않을 것이다. 상처받은 부분은 상처가 촉발될 때마다 책임지는 성인 자아가 언제 어디에서 어떻게 왜 그 상황을 해결하는지 지켜보고 있기 때문이다. 그래서 책임지는 성인 자아의 선택과 대응의 차원을 넘어 그 기능을 촉진할 수 있도록 더 다양한 방법이 필요하다.

다음은 책임지는 성인 자아가 나타나도록 촉진할 수 있는 다양한 방법이다.

- 촉발 요인에 한결같이 건실하고 기능적인 대응을 유지한다.
- 당신이 선택을 할지 말지에 대해 확실한 책임감을 가진다.
- 진정한 자아와 이어지는 명확하고 열린 경로를 유지한다.
- 매일 자기 자신에게 친절하고 애정과 존중이 넘치는 확언을 한다.
- 옳다고 느끼는 것과 그르다고 느끼는 것을 식별한다.
- 경계 위반에 대처하는 명확하고 확고한 방식을 갖춘다.
- 자기 자신을 이루는 모든 부분을 언제 어디에서 어떻게 기능적인 방법으로 보살펴야 하는지 안다.

- 어떻게 자기 자신을 위해 나서고 싶은지 안다.

책임지는 성인 자아는 당신이 어릴 때부터 성인이 되어서까지 개발한 기능적 대응 도구들을 활용한다. 과거에 책임지는 성인 자아는 어떤 식으로 당신을 위해 나섰는가? 지금은 어떻게 나서는가?

다음은 당신이 지금까지 활용했을 법한 기능적 대응 도구 목록이다.

- 다른 사람들을 위해 나서기
- 필요한 것을 요구하기
- 자기 자신을 사랑하기
- 다른 사람들을 사랑하기
- 자기 자신과 다른 사람들에게 적극적으로 감사를 실천하기
- 자신의 필요에 귀를 기울이기
- 다른 사람들이 하는 말을 경청하는 데 그치지 않고 그 이면의 의미까지 헤아리기
- 다른 사람들이 진심을 말할 때 이해가 되지 않더라도 존중하기
- 다른 사람들의 감정이 이해되지 않을 때도 존중하기
- 신뢰하는 사람들에게 취약한 감정을 털어놓기
- 공유하기
- 친절하게 대하기

- 보답을 기대하지 않고 다른 사람들에게 도움을 제공하기

- 감사하는 마음을 실천하기

- 겸손하되 자기 자신을 자랑스러워하기

- 다른 사람에게 사심 없이 자부심 갖기

- 두려울 때 용기 내기

- 필요할 때 관계에서 애정을 담아 공평하게 대하기

- 자기 자신에게 관계에서 취약함을 드러내도 된다고 허락하기

- 수치심을 떨쳐내는 법을 배우기

- 겸손한 마음으로 다른 사람들에게 배우기

- 자기 자신을 신뢰하기

스스로 책임짐으로써 당신은 자기 인생의 선택을 인정하게 된다. 더는 충동적 반응 도구를 사용하지 않고 기능적인 도구들을 만든다. 잠시 시간을 내서 다른 사람들이 책임지는 성인 자아를 내세워 동정심을 보여주는 모습을 본 사례를 공책에 적어보자. 예를 들어 친구가 나서서 다른 친구를 도왔을 때나 어떤 사람이 어려움에 처한 사람에게 친절을 베풀었던 사례가 있는가? 동정심은 이타심과 겸손, 너그러움에서 비롯되므로 우리 안에 있는 가장 기능적인 자아를 전면에 내세우는 좋은 예라고 할 수 있다. 이럴 때 우리는 아무런 보답도 바라지 않고 상대방이 잘 되기만을 바란다.

이제 누군가가 자신의 약한 모습과 실수를 인정했던 모습을 적어보자. 당신이 구현하고 싶은 기능적인 성인의 측면과 자질을 적

어도 좋다. 예를 들어 일이 너무 많아서 도움을 요청하는 경우나 슬플 때 친구에게 취약한 감정을 털어놓고 싶은 경우를 말한다. 기능적인 성인이란 항상 강한 모습을 보이고 남들이 약점으로 인식하는 모습을 절대 보여주지 않는 존재가 아니다. 이는 우리를 이루는 모든 부분에게 진실하고 온전함과 통합으로 나아가고자 애쓰는 모습을 뜻한다. 지금 당장 완전히 보여줄 수는 없더라도 달성하려는 의도를 가진 자질들이다. 당신이 책임지는 성인 자아의 자질을 적은 공책을 보관했다가 몇 년 뒤에 스스로 제시했던 의도가 실현됐는지 돌아보도록 하자.

## 거절하는 법 배우기

6장에서 우리는 누군가의 제안이나 부탁을 거절하고 싶을 때 어쩔 수 없이 승낙하는 문제를 논의했다. 어떤 사람들은 실망시키고 싶지 않은 마음에 거절하기를 대단히 어려워하거나 호감과 사랑을 바라는 마음이 너무 커서 모든 일을 승낙한다. 이런 경계의 부재는 상처받은 부분이 두려운 마음에 요란을 떨기 때문에 생기기도 한다. 책임지는 성인이라도 소외받고 싶지 않다는 두려움에 굴복할 수 있다. 사실 우리는 모두 호감과 사랑을 원한다. 이는 인간 본성의 핵심이다. 하지만 말하기 어려운 거절을 입에 담더라도 우리는 여전히 호감과 사랑을 얻을 수 있다. 실제로 이러한 변화를 통해 친구들과 가족이 전보다 더 자신을 존중하기 시작해서 놀라는 사람들이 많다. 자기 자신과 자기가 믿는 것들을 옹호하면서 자기에게 무엇이 필요한지 표현할 줄 아는 사람이 제대로 존중받을 수 있다. 그런 취약성을 드러내려면 용기가 필요하기 때문이다.

경계를 설정하려고 노력하는 과정에서 상처받은 자아가 언제 어떻게 경계 부재나 극단적 경계라는 익숙한 행위로 되돌아가려고 하는지에 주목하자. 이런 시도는 대체로 불안하고 두렵다고 느끼는 당신의 부분에서 비롯된다. 그러니 확신을 부여하는 말을 용감하게 사용하도록 자기 자신을 부드럽게 이끌면서 사소한 거절로 시작해 보자. 사소한 거절이란 당신이 멕시코 음식을 먹고 싶을 때 이탈리아 음식을 먹고 싶은지 묻는 사람에게 "그렇지 않다"라고 말하는 정도를 말한다. 그냥 거절하면서 당신의 선호를 말하자. 생사가 달린 상황은 아니지만 시작하는 데 도움이 될 것이다. 경계 설정이란 사용하지 않았던 근육을 사용하는 것과 같다. 사소한 거절로 시작해서 힘을 키워 나가자.

경계를 설정하기 시작할 때는 다음과 같은 오해를 하기 쉽다.

- 내가 어떻게 느끼는지 이야기하면 사람들이 나를 좋아하지 않을 거야.
- 내가 감정을 겉으로 드러내면 누군가에게 상처를 받을 거야.
- 남들이 나를 화가 났거나 인색한 사람이라고 보지 않았으면 좋겠어.

- 내가 일단 경계를 그으면 평생 그 선을 지키며 살아가야 할 거야.
- 나는 이기적인 사람이 아니고, 경계는 내가 타고난 배려심을 방해할 거야.

자기 자신을 옹호한다는 것이 처음에는 자연스럽게 느껴지지 않을 수도 있고 심지어 강요당한다고 느낄 수도 있다. 이는 정상적인 반응으로 이 근육을 단련하는 데 익숙해지려면 다소 시간이 걸릴 것이다.

## 거절 근육 다시 키우기

지금까지 잊고 있었던 거절 근육을 다시 키워보자. 거절하고 싶은 마음을 존중하는 대신에 승낙하고 말았던 상황을 떠올려보자. 일단 판단을 미루고 그런 선택을 한 이유를 곰곰이 생각해 보자. 당신은 무엇을 회피했는가? 혹은 무엇이 두려웠는가? 아마도 거절 근육을 사용하는 대신에 승낙하고 말았던 꽤나 그럴법한 이유를 떠올릴 것이다. 심지어 승낙이 올바른 선택이었다고 확신할 수도 있을 것이다. 당신이 한 선택이 정말로 올바르고 논리적인 선택이었고 이러저러한 이유로 친구를 위해서 그렇게 했다면 왜 거절 대신 승낙한 것에 조금이나마 원망하는 마음을 품고 있는가?

우리 안에서 분석적인 사고를 하는 자아는 우리 의도를 잘 알고 거절하고 싶을 때 승낙하는 선택을 하도록 설득한다. 우리 마음은 감정적인 자아, 진정한 자아를 가지고 논다. 이는 우리가 평생 우리의 진정한 자아와 경계를 무시하도록 마음을 훈련했기 때문이다. 앞에서 방금 언급했던 온갖 이유로 우리는 승낙해야 한다고 믿도록 사회화됐다. 거절하는 대신에 승낙했던 상황을 다시 떠올려보자. 여전히 그 승낙이 당신의 진정한 자아를 존중하기 위해서 내린 최선의 선택이었다고 생각하는가? 여전히 그렇다고 생각할 수도 있고 그래도 괜찮다. 핵심은 다음번에 당신의 직감이 어떻게 대답할지 잘 생각해 보는 것이다.

어떤 일을 해달라는 부탁을 받았고 거절하고 싶지만 어떻게 될지 몰라서 대화를 하기가 두렵다고 해보자. 나는 사람들이 마치 체스 시합을 하듯이 대화를 계획하면서 무엇을 말할지 전략을 세우고 상대방이 어떤 말을 할지 예상하는 것을 많이 들었다. 특히 통제나 신뢰 문제를 겪는 똑똑한 사람들에게 이런 일이 자주 발생한다. 그들은 상대방이 대체로 어떻게 반응하는지 알고 있으므로 대화가 자기에게 유리하도록 조종할 계획을 세운다. 그들은 자기가 원하는 결과가 나오도록 대화를 이끌어나가고 불편하거나 예상할 수 없는 주제를 피하려고 한다.

사실 이런 치밀한 전략은 상처받은 자아의 두려움에서 비롯된다. 상처받은 자아는 이것이 경계를 설정하거나 대화를 나누는 방법이라고 생각하기 때문이다. 실은 그렇지 않다. 이는 남을 조종하는 방식이고 상대방도 분명 느낄 것이다. 이 과정에서 은근슬쩍 조종하는 대신에 성인 자아가 나서서 명확하고 확실하게 의사를 밝

힐 수 있을 때 대화가 어떻게 될지 볼 기회를 놓치게 된다. 많은 사
람들이 이렇게 전략을 세우는 대화를 하면서 진전을 나타내고 경
계를 설정하고 있다고 생각하지만 실은 체스 시합 같은 관계에 익
숙해지면서 마음을 닫고 관계에 실패하고 있을 뿐이다.

## 진심 말하기의 중요성

많은 사람들이 이제 막 거절 경계를 설정하게 되었지만 여전히 좋
은 사람이 되고 싶어 하며 자기가 느끼는 대로 말하면 못됐다는 인
식이 생길까 봐 두려워한다. 처음 경계를 설정할 때는 의심과 죄책
감이 들고 자기 자신이 배려심이 없거나 화난 사람처럼 여겨지는
것처럼 이 역시 정상이다. 우리는 모두 호감과 사랑을 바라지만 모
든 사람이 우리가 하는 말을 마음에 들어 하지는 않을 것이고 그것
또한 정상이다. 그저 친절과 동정심을 담아서 자기 자신을 옹호하
고 진심을 말하면 된다. 자기 말을 들어달라고 소리를 지르거나 발
을 구를 필요는 없다. 그저 분명하고 단호하게 말을 전달하면 된다.
　사람들은 그들의 진실을 듣게 될 상대방이 그 진실을 받아들이
고, 이해할 수 있는 능력이 충분하지 않다고 생각한다. 그래서 만약
우리가 진짜로 어떻게 느끼는지 이야기하면 상대방은 무너지거나
망가지거나 흥분하거나 화를 낼 것이라고 믿는다. 실제로는 그렇

지 않다. 대부분의 사람들은 저마다 회복 탄력성을 갖추고 있고 불쾌한 소식이나 정보를 잘 다룰 수 있기 때문이다. 진심을 말하지 않는다면 당신은 상대방이 그 진실에 대처할 수 있다고 생각하지 않으므로 상대방의 지능과 이해력을 존중하는 대신에 그들을 위해서 결정을 내린다는 뜻을 암시한다. 당신은 관계를 확장하고 교감을 심화할 수 있는 경험을 배제하고 자기 자신과 상대방을 속이는 셈이다. 당신은 진심을 숨기면서 관계 심화를 거부한다. 또한 당신은 그런 현실을 견디기가 어렵기 때문에 진심을 말하고 싶지 않다는 뜻을 내비칠 수도 있다.

진심을 이야기하지 않는 그 이면에서 당신은 자기 자신을 신뢰하지도 존중하지도 않으므로 남들도 당신을 신뢰하고 존중해서는 안 된다고 말하고 있다. 나는 수십 년 동안 치유의 여정을 걸으면서 남들에게 호감을 얻는 것보다 먼저 나 자신을 존중하고 남들에게 존중받는 데 훨씬 더 큰 관심을 느끼게 됐다. 진심을 이야기할 때 우리는 자기 자신을 사랑하고 존중할 수 있게 된다. 우리는 치유 작업을 하면서 자아상을 형성할 때 이전보다 다른 사람들의 의견에 의존하지 않게 된다.

## 연습: 해묵은 경계 패턴 들여다보기

이번 연습에서는 자기 자신을 존중했던 삶의 선택과 그렇지 않았던 선택을 적어볼 것이다. 당신이 경계를 존중하면서 자기 자신에게 진실했는지 아니면 경계를 거스르면서 다른 사람들을 만족시키는 선택을 했는지 살펴볼 것이다.

공책을 꺼내서 빈 면의 한가운데에 수직으로 줄을 긋는다. 왼쪽 맨 위에 '나를 위한 선택'이라고 쓰고 오른쪽 맨 위에 '그들을 위한 선택'이라고 쓴다. 이제 어떤 상황이나 초대를 승낙했거나 거절했던 때를 떠올린다. 그 결과와 그때 느낀 기분, 누구를 위해서 승낙이나 거절을 선택했는지 떠올려보자. 해당되는 칸에 그 상황에 대한 설명을 짧게 적어보자. 예를 들어 당신이 정말로 가고 싶었던 학교에 갔고, 그 결정에 만족했던 경우를 나를 위한 선택에 쓰고 부모님이 바랐던 사람과 사귀거나 결혼했던 경우를 그들을 위한 선택에 썼다고 가정하자. 중요한 일이든 사소한 일이든 간에 최대한 많은 예를 적고 패턴이 나타나기 시작하는지 살펴보자.

이제 나를 위한 선택 칸에 적은 사례를 살펴보자. 그 당시에 당신 인생에서 어떤 일이 있었는가? 왜 당신은 자기 자신과 경계를 존중할 수 있었는가? 이때가 자기 자신에게 만족하고 강하고 균형 잡혔다고 느낀 시기였는가? 진심을 말하던 그때에 당신은 자부심과 존중을 드러낼 수 있었다. 나를 위한 선택 칸에 적은 모든 선택들은 기능적인 성인 자아가 내린 결정이었다.

마지막으로 그들을 위한 선택 칸을 살펴보자. 왜 당신은 다른 사람들을 위해서 자신의 경계를 훼손했다고 생각하는가? 왜 당신이 원하는 일 대신에 그들이 원하는 일을 하는 것이 당신에게 더 중요했다고 생각하는가? 이런 선택을 살펴보면서 자기 자신에게 동정심을 갖도록 하자. 우리는 매일 자기 자신과 세계를 보는 관점을 바탕으로 자신에게 가장 바람직한 선택을 한다. 그 시절의 당신은 다른 사람들의 행복이 자기 자신의 행복보다 더 중요했으므로 다른 사람들을 만족시키는 선택을 했다. 당신의 감정적 상처가 그들을 위한 선택 칸에 적은 선택을 하도록 만들었다. 나를 위한 선택보다 그들을 위한 선택 칸에 적은 사례가 더 많다면 과거에 자기 자신과 자신의 필요를 충족시키는 대신에 다른 사람들을 만족시키고자 자기 자신을 굽혔다는 뜻이다. 앞에서는 대결을 피했지만 나중에 감정적으로 대가를 치렀다는 뜻이다.

과거의 행동들이 미래 선택에 어떻게 영향을 미칠지 패턴을 볼 수 있다는 점에서 삶의 선택을 살펴보는 일은 흥미롭다. 상처를 치유하고자 애쓰지 않는 한 이런 패턴은 계속 이어진다. 사고 실험을 한다고 생각하면서 그들을 위한 선택 칸을 보고 당신이 다른 선택을 했더라면 결과가 어땠을지 상상해 보자. 당신이 자신의 경계 체계를 존중하고 당신 자신과 당신이 바라는 바를 옹호했더라면 무엇이 달라졌을지 상상해 보자. 당신의 삶은 지금과 달라졌을까? 이는 인생에서 선택이 발휘하는 힘을 볼 수 있는 한 방법이다.

매일 모든 면에서 당신은 인생을 만들어나가는 창조자다. 당신이 진정한 자아를 존중하고 진실을 말할 때 치유로 성장할 수 있는 최상의 기회를 만들 수 있다.

## 끊임없이 중독된 젊은이, 챈들러

챈들러는 좋은 남편이자 아빠, 부양자가 되려고 애쓰면서 중독 문제로 씨름하던 40세 남성이다. 그는 한동안 괜찮다가도 특정한 사건이 촉발되면 마약 판매자 집으로 차를 몰고 가서 마약을 사곤 했다. 그는 자기 인생과 가족, 일을 깊이 사랑하건만 왜 자꾸 마약을 하고 싶은지 모르겠다고 말했다. 챈들러는 여러 차례 재활 치료 시설을 들락날락했고 21세 때는 마약 거래 혐의로 교도소에 간 적도 있었다. 그는 중독과 중독 과정을 이해했지만 약물을 끊고 회복하려고 노력하는 과정에서 한 번도 중독과 관련된 감정적 부분을 들여다보지 않았다. 그는 망가진 경계 체계를 갖고 있어서 자기 자신과 아내, 가족들에게 상처를 주고 있다는 사실을 인식했지만 자기 행동을 정당화하면서 중독에 빠지곤 했다.

우리가 막 치료를 시작했을 무렵 나는 챈들러에게 통제할 수 없고 충동적이며 도피해서 마약을 하고 싶을 때 몇 살처럼 느껴지는지 물었다. 챈들러는 그런 행동에서 몇 살을 떠올렸을까? 그는 망설임 없이 21세의 애송이였을 때가 떠오른다고 말했다. 그때 그는 마약을 했을 뿐만 아니라 판매도 하며 통제 불능 상태의 인생을 살고 있었다. 마약 판매 혐의로 3년 넘게 복역하기도 했다. 그에게 20대 초반은 엄청난 격변과 혼란의 시기였다.

챈들러가 출소한 지 한참 지나고 나서 업무, 가족, 경제적 문제로 인한 스트레스로 위기가 촉발될 때면 상처받은 어린 자아가 중독을 부추겼다. 그러면 챈들러의 21세 자아가 앞으로 나서서 그른 결정을 내렸다. 일단 약 기운이 사라지면 그의 인생을 다시 짜 맞추려고 노력하는 성인 자아가 그 잔해를 직면하고 뒤처리를 시작해야 했다. 많은 중독자가 그렇듯이 챈들러는 이 순환을 싫어했다. 일단 그의 21세 자아를 파악하기 시작하면서 이와 같은 순환의 패턴을 보지 않을 수 없었다. 그는 이런 재순환 고통을 더는 원하지 않는다는 사실을 알았고, 구체적인 대처 기술과 경계를 개발하여 결국 패턴의 경로를 바꿨다. 여전히 감정적 상처는 계속해서 챈들러의 관심을 얻으려고 애썼지만 그는 21세의 자아가 통제 불능이라고 느낄 때를 분명하게 볼 수 있었고 이런 상처받은 감정과 논리를 사용해 문제를 바로잡았다.

챈들러는 더욱 확실한 내부 경계를 설정해야 했다. 그가 이 경계를 이해할 수 있어야 했고, 그에게서 경계가 설정되어야 했다. 단지 남들이 해야 한다고 말한다고 해서 그대로 할 리가 없었다. 중독은 개인의 여정이므로 먼저 자기 자신에게 전념한 다음 다른 사람들을 신경 쓰는 법을 배워야 했다. 챈들러는 낚시를 비롯하여 가족에게 보답하고 그들을 부양하는 방법으로 열심히 일하는 등 나름의 대처 기술을 마련했다. 문제는 이런 기술이 스트레스 해소를 도왔지만 아마도 자존감을 높이는 방법으로 직장에서 과잉보상을 하고 있었던 것 같다. 그는 자기 자신에게 진심으로 전념하지 못했다. 그는 스스로를 너무 심하게 몰아붙여서 녹초가 됐다. 일에 몰두하고 기진맥진함으로써 자존감을 되찾으려고 애쓰고 있었지만 이는 또 다른 중독, 즉 일중독일 뿐이었다.

타임라인을 돌이켜볼 때 챈들러는 자기 자신을 마약 판매에 휘말려 구속되고 교도소에 갔다가 멋진 젊은 여성을 만나 결혼한, 혼란스러운 배경을 지닌 남자로 생각했다. 그는 상담 과정에서 어릴 적에 상처받은 경험들뿐만 아니라 그런 경험이 어떻게 마약에 빠지는 상황을 조성했는지 들여다봤다. 그는 아내에게 고마워하면서도 정작 자신의 가정을 잘 일군 장본인으로서 가족을 위해 열심히 일하는 자신의 가치를 잘 몰랐다. 챈들러는 스스로를 교도소에 갔다가 출소했을 때 운이 좋았던 사람으로 여겼다. 그는 여전히 생존 모드였으므로 자신의 회복탄력성과 진정성, 훌륭함을 보기가 어려웠다. 그에게 경계 설정 논의는 알아들을 수 없는 외국어처럼 느껴졌다.

우리는 챈들러가 가치 있는 자기 자신에게 어떻게 하면 진심을 전하고 전념할 수 있을지 이야기를 나눴지만 그는 자기 자신을 가치 있다고 여기지 않았다. 그는 다른 모든 사람들과 자기가 만들어 나가고 있는 삶은 가치 있다고 봤지만 자기 자신의 가치는 외부 요인에 좌우된다고 봤다. 즉 자신이 항상 과로함으로써 이를 통해 과잉보상해야 하는 존재라고 생각했다. 상담이 진행되는 동안 챈들러는 자기가 혼자서 어떻게 어려움을 극복해 왔는지 깨달았다. 멋진 삶의 반려자를 찾았다는 사실과 직장에서 열심히 일하며 자녀들에게 자기가 가진 것보다 더 많이 주려고 애썼는지 알게 됐다. 그는 그런 변화를 만든 사람이 바로 자신이었음을 볼 수 있었다.

경계를 배우면서 자신이 잃을 것이 많다고 느낀 챈들러는, 더는 마약을 사용하지 않겠다고 자기 자신(내부 경계)에게 약속했다. 그는 트럭에 아들들을 찍은 사진을 뒀고 아내와 더 자주 이야기를 나눴다. 또한 명상 기법을 배웠고 중독에서 회복할 수 있도록 뒷받침하는 12단계 프로그램에 나갔다. 그는 진행 중인 회복 과정을 하루하루 열심히 해나가겠다고 다짐했다.

종종 그는 마약 판매자 집으로 차를 몰고 가고 싶은 충동을 억제하려 노력하면서도 종종 길가에 트럭을 세우고 마약을 하고 싶은 충동과 마약을 하면 모두 잃을 수 있다는 인식 사이를 오가는 내적 투쟁에 시달렸다. 챈들러의 책임지는 성인 자아는 마약을 하면 자기가 지금껏 일궈온 모든 것을 위험에 빠뜨리게 되건만 왜 그렇게 마약을 하고 싶은지 혼란스러웠다. 그럴 때마다 그의 성인 자아는 통제할 수 없다고 느꼈고 수치스럽고 화가 났다. 그는 정신을 차리고 제대로 해나가려고 무척 열심히 노력했다. 그는 가족을 위해서 회복에 힘썼지만 나아가 자기 자신을 존중하고 사랑하는 법을 배우고 있었다.

챈들러는 '나는 가치 있는 사람이야' '사람들이 직장에서 나를 만만하게 대하도록 내버려두지 않을 거야' '나는 나 자신을 위해서 목소리를 높이고 내 모든 것을 보호할 거야' 같은 경계 발언을 하기 시작했다. 아내에게 말하는 외부 경계의 진술은, 그가 그날 어떤 기분을 느꼈고 어떤 점을 어떻게 도와주기를 바라는지 전달하는 메시지였다. 이는 전부 혼자서 하려고 애쓰다가 나중에 아내를 원망하는 일이 없도록 도왔다. 챈들러는 생존하는 데 그치지 않고 감정적으로 성숙하고 튼튼한 경계를 세우는 법을 배우고 있었다. 그는 자기 자신을 그럭저럭 살아나가 거나 운이 좋았던 전과자로만 보는 방식에서 벗어났다. 교도소에서 복역했다는 사실은 그가 자기 안에 짊어지고 있는 감옥이 됐지만, 내면 으로부터 치유하고 자기 가치를 찾으면서 그런 환영은 점차 사라지기 시작했다.

나는 힐 프로세스를 진행하는 과정에서 챈들러의 중독 자체만을 다루 지는 않았다는 점을 분명히 밝히고 싶다. 그는 힐 프로세스를 진행하 는 동안 12단계 프로그램에 참석했고 후원자도 있다. 앞으로도 그는 계속해서 중독의 영향력을 느낄 것이고 항상 회복에 힘써야 할 것이 다. 힐 프로세스는 무의식적으로 감정적으로 반응하는 선택을 내리는 대신에 그에게 어떤 일이 일어나고 있는지 의식적으로 파악하게끔 도 왔다. 중독 문제는 자존감, 겸손함, 자기 관리, 단념이 오랫동안 이어질 때 감소하는 경향을 나타낸다.

이제 챈들러는 자기가 느끼는 것들이 그에게 무엇을 말하고 있는지, 그런 느낌에 어떻게 대처해야 하는지, 어떻게 해야 마약을 끊을 수 있 는지 인식할 수 있다. 그는 상처받은 어린 자아와 의식적으로 대화를 나누고, 튼튼한 경계를 설정하고, 마약 사용을 회피하기 위해 촉발 요 인과 갈망을 헤쳐 나가도록 자기 자신을 훈련할 수 있다. 그는 항상 그 자리에 있었지만 환영 아래에 묻혀있던 것들을 되찾았다. 이제 중독 이 촉발될 때 중독된 자아가 마약을 하지 못하도록 막는 명확한 계획 을 세웠다. 이 재발 방지 계획은 21세 챈들러의 상처받은 자아를 치유하는 데 사용했던 과정과는 다르다. 앞으로도 챈들러는 계속해서 중독 회복에 힘써야 할 것이다.

요즘 나는 챈들러를 내 영웅 중 한 명이라고 부른다. 진심으로 하는 말이다. 나는 그의 노력이 자랑스럽고, 그의 용기와 끈기, 자신의 힘과 자기애를 되찾은 사람이라는 그의 사연에 감탄한다.

# 또 다른
# 경계 체계 만들기

지금까지 당신은 경계 설정을 위한 작업을 많이 해왔고 자신의 경계 체계에 대해 많이 알게 됐다. 힐 프로세스에서 건전한 경계를 어떻게 세우는지 배우는 것은 아주 중요한 부분이다. 당신이 하고 있는 경계 작업은 현재 생활에 적합한 새로운 기능적 대응 도구를 만들게끔 도와줄 것이다. 당신은 자신의 상처받은 도구 상자를 들여다보면서 어린 시절 무척이나 도움이 됐던 많이 쓴 도구와 충동적 반응들을 모두 알게 됐다. 당신에게 정말로 그런 도구들이 필요할 때 항상 그 자리에 있어줬다는 데 고마운 마음을 갖도록 하자. 또한 이 작업을 하면서 당신은 자기 자신이나 남들에게 항상 좋은 모습으로만 대하지 않았던 경우나 사람들과 상황을 어떤 식으로 회피했는지도 봤다. 이제는 새로운 것, 현재를 살아가는 당신과 당신의 위치에 맞춰 특별하게 설계한 도구를 개발할 때다. 나아가 당신 자

신을 좀 더 친절하고 상냥한 시선으로 바라볼 시간이다. 이 작업을
계속 진행하면서 자기 자신을 관찰하되 비난하지 말자.


## 연습: 새로운 기능적 대응 도구 개발하기

이 연습은 당신이 당신의 마음을 통제하는 것이지, 당신의 마음이
당신을 통제하는 것이 아니라는 점을 이해함으로써 새로운 기능적
대응 도구를 개발하도록 돕는다. 우선 공책의 빈 면을 펼친 다음 맨
위에 "나는 나 자신을 위해 어떤 사람이 되고 싶은가?"라고 쓴다.
다음 면의 맨 위에 "나는 다른 사람들을 위해 어떤 모습을 드러내
고 싶은가?"라고 쓴다.

그다음 첫 번째 질문인 "나 자신을 위해 어떤 사람이 되고 싶은
가?" 밑에 당신이 일상생활에서 어떤 사람이 되고 싶은지 적어보
자. 긍정적인 의도나 달성하고 싶은 목적을 써도 좋고 자기 자신에
게 어떤 가르침을 주고 싶은지 써도 좋다. 높은 이상과 목표를 쓰
자. 당신이 사용하는 언어는 치유하고 있는 당신의 일부에게 하는
말이므로 긍정적인 현재 시제 언어로 쓰자.

우리에게 감정적으로 여유를 내어주도록 격려하는 긍정적 확언
의 예를 몇 가지 소개한다.

- 나는 나 자신에게 친절하고 상냥하다.

- 나는 운동하러 갈 동기를 찾는다.

- 나는 잘 먹고 내 몸에 영양분을 잘 공급해서 자랑스럽다.

- 나는 살면서 누리는 모든 것에 감사하다.

- 나는 매일 회복을 위한 루틴을 존중한다.

- 나는 나 자신에게 내부 경계에 대한 명확한 애정을 담아 말한다.

- 나는 담배를 피우거나 술을 마실 때 내 선택에 책임을 질 줄 안다.

- 나는 내 자아감을 존중하고 나에게 무엇이 바람직하고 무엇이 바람직하지 않은지 알고 있다.

- 나는 나 자신에게 취약한 감정을 털어놓는 법을 배우고 있다.

- 나는 누군가에게 거절할 때 이를 인정하고 죄책감을 느끼지 않을 수 있다.

- 나는 매일 인생에서 긍정적인 측면을 발견한다.

- 나는 내가 사랑받고 있다는 사실을 떠올리고자 미소를 짓는다.

- 나는 나를 이루는 모든 부분을 받아들이고 사랑할 수 있도록 겸손하게 살아간다.

위 문장들 가운데에서도 기억하고 싶은 문장이 있다면 원하는 만큼 많이 쓰자.

두 번째 질문인 "나는 다른 사람들을 위해 어떤 모습을 드러내고 싶은가?" 밑에는 당신이 주변 사람들에게 어떤 모습을 보이고 싶은지 적자. 스스로 긍정적인 태도를 가지고 싶을 수 있다. 다른 사람들과 교류할 때 좀 더 높은 이상을 생각하고 싶을 수도 있다.

다른 사람들에게 감정적으로 여유를 보일 수 있도록 도와줄 긍정적인 확언들도 있다.

- 나는 다른 사람들과 있어야 할 때와 혼자 있을 시간이 필요한 때를 안다.
- 나는 내 반려자나 배우자와 있을 때 진심으로 충실하다.
- 나는 어떤 사람들과 어울릴지 잘 선택한다.
- 나는 다른 사람들에게 동정심을 보일 줄 안다.
- 나는 내 경계를 존중하고 그렇게 하는 사람들을 선택한다.
- 나는 다른 사람들에게 내 경계를 명확하고 확고하게 말한다.
- 나는 다른 사람들에게 취약한 감정을 털어놓고 이를 약점으로 여기지 않는 법을 배우고 있다.
- 나는 인간관계에서 보이는 내 모습에 만족한다.
- 나는 이해가 되지 않을 때도 다른 사람들의 감정을 존중한다.
- 나는 다른 사람들과의 관계에서 존중과 사랑, 신뢰를 느낀다.
- 내 인간관계는 서로 성장하는 관계라고 느낀다.
- 나는 인간관계에서 겸손하게 행동한다.
- 나는 내가 안전하다고 느끼는 사람들에게 마음을 터놓는다.

이번에도 원하는 만큼 많이 쓰도록 하자. 이 연습을 하면서 적은 목표와 이상은 당신의 삶에 즉각적인 변화나 새로운 상황을 만들어내는 마법 같은 비결이 아니다. 앞으로 당신이 자기 자신을 위해 품고 살아갈 이상이다. 이는 시간이 흐르면서 당신이 새로운 기능적 대응 도구를 만들어내도록 도와줄 것이다. 지금 당신은 자기 자신을 끌어당기는 동시에 이끌리고 싶은 행위와 행동을 하겠다는 의도를 세우고 있다. 그런 의도가 담긴 기운은 좀 더 바람직한 경계를 식별하고 만들도록 도와서 정서적으로 건강하고 바람직한 경계를 가진 사람들을 당신에게 끌어당기게 될 것이다.✚

당신은 당신의 세계를 의식적으로 창조해 나가는 사람이므로 시간이 지나면 전과의 차이를 보고 느끼기 시작할 것이다. 이제 당신은 더 이상 몽상에 빠져 있지 않다. 현재의 삶을 여유롭게 살아가고 있다.

## 새로운 도구
## 사용하기

힐 프로세스를 진행하면서 당신은 자신의 인생을 의식적으로 만들어나가는 법을 배웠고, 경계 설정은 진정한 자유를 여는 데 사용할 수 있는 가장 중요한 열쇠라는 것을 알았다. 당신은 타성에 젖어서 반응하는 상태에서 벗어나고 있다. 이제는 언제든지 자신의 경계를 결정할 도구들을 갖추고 있다. 어떤 일에 대해서 어떻게 느끼고

---

✚ 6개월에서 1년 정도가 지난 뒤에 이 목록을 다시 보면서 당신이 이런 긍정적인 확언을 드러내고 있는지 확인해 보자.

어떤 선택을 하고 싶은지 스스로 확인하고 생각할 수 있다. 그것이 내부 경계 체계가 작동하는 양상이다. 또한 당신은 자기가 어떻게 느끼는지 잘 생각해 보고 상대방에게 무슨 말을 할지 결정할 수 있다. 그것은 외부 경계 체계가 작동한다는 뜻이다.

진정한 삶을 살아가는 데 필요한 또 다른 열쇠는 바로 새로운 기능적 대응 도구를 사용하는 것이다. 새로운 기능적 대응 도구를 개발하고 사용법을 배우려면 시간을 들여서 연습을 해야 한다. 새로운 대응 방법을 만들어나가는 과정을 지속하다 보면 시행착오를 겪게 될 것이다. 하지만 이러한 시행착오를 통해 당신은 진정한 삶을 포용할 수 있도록 자아 통합이라는 치유의 마지막 목표에 이르게 된다.

## 초기화 버튼 누르기

새로운 기능적 도구를 개발하고 사용하기 위해선 시간을 들여 연습해야 한다. 새로운 대응 방법을 익히는 데 많은 시행착오가 뒤따르기 때문이다. 당신이 친구와 이야기를 하던 중에 어떤 말을 하자마자 그 말이 옳지 않다거나 의도한 바가 아니었다는 것을 즉시 깨달았다고 해 보자. 바로 그 순간에 당신은 초기화 버튼을 누르고 오류를 수정할 수 있다. 방금 의도하지 않았던 말을 했다는 사실을 깨달았다면 말을 멈추고 숨을 쉰 다음 "미안해, 그렇게 말하려던 게 아니고, 내 말의 뜻은 …이었어"라고 말하자. 그 초기화 버튼을 즉시 누르고 다시 할 수 있다. 이는 특히 새로운 경계와 행동을 실천할 때 사용할 수 있는 대단히 기능적인 도구다. 이는 즉시 대화를 초기화해서 의사소통에 새로운 역동을 불러일으킨다. 즉 말을 할 때 존중을 담으려고 의식적으로 노력하고 있음을 전달하게 된다.

나는 나를 만나러 오는 커플들에게 이 도구를 자주 가르친다. 친밀한 관계에서 우리는 빠르고 신속하며 간소한 의사소통 방법을 쓰게 된다. 상대방과 너무 친숙하다 보니 하고 싶은 말을 무심결에 내뱉고 만다. 이로 인해 관계에서 문제가 발생할 수 있으니 초기화 버튼을 이용해서 즉시 혹은 곧 다시 말할 기회를 가지고 오해나 상처받은 느낌을 지울 수 있다.

초기화 버튼이라는 개념은 인생의 다양한 영역에 적용할 수 있다. 옹졸한 말이나 행동을 했다고 해서 대화를 그만두고 즉시 자신을 호되게 비난할 필요는 없다. 돌아서서 진실을 인정하고 필요하다면 사과를 한 다음에 정말로 당신이 하려고 했던 말을 명확하고 착실하게 말하자. 어려운 일은 아니다. 단지 취약함을 드러낼 용기가 필요할 뿐이다. 초기화 버튼을 사용하다 보면 머지않아 당신이 다른 사람과 관련해서 하는 선택과 대응을 좀 더 의식해서 인식하게 될 것이다. 좀 더 느긋하게 행동하고, 간소한 의사소통 방법을 사용하지 않고, 좀 더 존중하는 태도를 보이는 데 도움이 될 것이다.

## 관점 바꾸기

관점 바꾸기는 관점의 변화에 따라 당신 삶의 상황이 얼마나 다르게 보일 수 있는지 확인하는 방법으로 당신의 삶을 건전하고 유용하게 만들어준다. 잠시 시간을 내서 당신의 삶에서 고통이나 우려가 있는 영역을 살펴보자. 이 상황을 개선하려면 무엇이 필요하고 무엇을 당신이 통제할 수 있는지 잘 생각해 보자. 당신이 통제할 수 없는 것들을 바꿀 수 없지만 그런 상황에서 당신이 어떻게 행동하고 상호 작용할지는 바꿀 수 있다. 당신은 자신의 마음과 감정을 어떻게 할지 통제할 수 있다. 상황에 접근하는 좀 더 기능적인 방법을 선택할 수 있다.

우선 공책을 꺼내 빈 면을 펼치자. 맨 위에 "내 인생에서 바꾸고 싶은 것들"이라고 쓴다. 당신의 삶에서 바꾸고 싶은 상황들을 적어보자. 각 문장 밑에 당신에게 요술 지팡이가 있다면 그 상황을 어떻게 바꾸고 싶은지 생각나는 대로 적어보자. 각 항목을 살펴본 다음에 당신의 꿈을 가로막고 서 있는 충동적 반응 도구가 있는지 곰곰이 생각해 보자. 이 변화를 가로막는 걸림돌이 될 만한 믿음이나 행동 패턴이 있는가? 이 연습은 당신이 어떤 상황을 어떻게 보고 어떻게 느끼는지를 바꿀 힘이 어디에 있는지 볼 수 있도록 돕고자 한다. 치유 작업의 상당 부분은 그저 관점을 바꾸는 데 달려 있다.

마지막 8장에서는 힐 프로세스의 최종 목표인 내면아이를 보호하는 성인 자아와 통합하는 법을 배울 것이다. 경계를 설정하고 새로운 기능적 대응 도구 사용을 실천하면서 치유 중인 어린 자아는 천천히 책임지는 성인 자아와 손을 잡고 사람들과 상황, 맥락에 대한 인식을 키워나가고 있다. 당신은 이렇게 적응하며 균형을 잡는 데 필요한 감정 근육을 단련해 왔다. 내면아이와 책임지는 성인 자아가 통합되면 삶의 경험이 풍부해지고 크게 성장할 기회를 얻게될 것이다.

# 8장

# 마침내 상처받은 아이와 통합하기

Healing Your Lost Inner Child

치유된 내면아이는 활력과 창의성의 근원이 되어
삶에서 새로운 기쁨과 에너지를 찾을 수 있게 해준다.

—존 브래드쇼 JOHN BRADSHAW

당신은 자신에게 일어났던 일들을 늘 기억할 것이다. 상처 입었던 당신의 경험과 타임라인은 결코 없어지진 않겠지만, 더는 당신을 힘들게 하지 않기를 바란다. 힐 프로세스를 거쳐오면서 당신 내면의 상처는 천천히 책임지는 성인 자아와 합쳐지기 시작했다. 어쩌면 당신은 이미 이런 상처가 당신 인생의 한 장을 대표하는 제목이 아니라 각주가 되어가고 있음을 알아차렸을 것이다.

물론 당신은 이 책을 펼치기 이전과 똑같은 삶을 살아가고 있다. 같은 일을 하고, 같은 인간관계를 맺으며, 같은 친구들을 만나고 있을 것이다. 하지만 당신이 인생을 바라보는 시선만큼은 이전과는 완전히 다르다. 이제 당신이 타임라인에 적어 넣었던 기억들은 예전만큼 심하게 촉발 요인이 되거나 적나라하게 드러나지는 않을 것이다. 당신이 이런 문제들을 직면하고 검토해서 힘든 감정들을 헤치고 치유로 나아갈 용기를 찾았기 때문이다. 지금 당신은 한때 거대하고 무섭다고 느꼈던 내면의 문제들에 직면하고 있다. 아마도 이런 의식이 점진적인 변화임을 느끼고, 예전에 정말로 신경이 쓰였던 특정한 문제들에 이제는 그리 화가 나지 않는다는 사실을 알아차리기 시작했을 것이다. 이는 그 고통을 치유하고 완화하기 위해 당신이 대단히 열심히 노력했다는 뜻이다. 당신은 아주 오랫동안 품고 있었던 익숙한 상처들을 치유하고 있다.

# 우리는
# 치유되고 있다

나는 환자들로부터 치료가 다 됐는지 어떻게 알 수 있냐는 질문을 자주 받는다. 간단하게 대답하자면 특정한 상황에서 감정이 더 이상 촉발되지 않을 때라고 대답할 수 있다. 여전히 어떤 일이 일어났는지는 기억하지만 더는 그 사건에 감정적으로 반응하지 않고 대단한 느낌을 받지 않을 것이다. 치료사로서 나는 이것이 한 사람의 치유 수준과 상처 극복의 여부를 나타내는 지표라고 생각한다.

치료가 다 되면 경계를 설정하는 새로운 능력 덕분에 좀 더 자유롭고 열린 기분을 느낄 수 있는 안전한 관계를 만들 수 있다. 그냥 반응하는 대신에 관계의 맥락 안에서 자기 자신에게 좀 더 관심을 기울이고 있으므로 기능적인 관계를 더 쉽게 발전시킬 수 있다. 진정한 자아, 늘 당신 내면에 있었던 차분하고 현명한 부분과 다시 연결된다. 지금까지 당신의 진정한 자아는 다른 사람들이 당신에게 투사한 환영과 상황에 대한 자신의 오해로 가려져 있었다. 이제 당신은 긍정적인 자기 대화를 장려하고 진정한 자아가 앞으로 나서서 번창하도록 장려하는 법을 배우고 있다. 상처받은 부분들은 책임지는 성인 자아가 기능적인 경계를 설정하고 있음을 알고 느낀다.

당신은 더 이상 상처받은 사람들을 당신 인생에 끌어들여서 돌보거나 그들의 문제를 해결해 주려 하지 않고, 무의식적으로 자신의 감정적 상처를 드러내면서 역기능적 패턴에 휘말리지 않는다. 무엇보다 만약 연애를 하고 있다면 더는 예전에 좋아했던 유형의 사람에게 끌리지 않을 것이다. 이런 유형의 사람이 여러모로 당신에게 바람직하지 않다는 사실을 의식적으로 깨달을 수 있기 때문이다. 건강한 사람은 다른 건강한 사람을 찾는다. 이렇게 당신이 건전한 경계를 설정하고 있으니 상처받은 부분들이 맹렬하게 당신을 보호하는 일을 하지 않아도 된다. 상처받은 부분은 더 이상 아픔, 혼란, 슬픔, 외로움, 분노 같은 감정을 느끼지 않는다. 해묵은 상처가 사라지고 한때 길을 잃었던 내면아이가 책임지는 성인 자아와 통합하면서 이 변화가 당신을 덮치도록 하자.

이 모든 변화가 상처받은 자아가 치유되어 성인 자아와 통합되고 있음을 보여주는 지표다. 상처받은 자아는 책임지는 성인 자아가 앞으로 나서서 경계를 설정하고 당신의 모든 부분을 보호하는 모습을 지켜보고 귀 기울여 들었다. 이제 당신이 기능적 대응 도구들을 사용해서 세상을 헤쳐 나가고 있으므로 상처받은 자아는 상처받은 도구들을 마음 편히 내려놓을 것이다.

다음은 일상에서 상처받은 자아가 책임지는 성인 자아와 통합되고 있고 당신이 회복되고 있음을 알 수 있는 방법들이다.

- 감정적으로 자유롭다고 느낀다.
- 촉발되는 일이 더는 없다.
- 더 가볍고 좋아졌다고 느낀다.
- 전처럼 슬프고 아프고 화가 나지 않는다.
- 다른 사람들과 교감하고 열린 마음으로 그들을 대한다.
- 나다워졌다고 느낀다.
- 자기 자신과 다른 사람들에게 더 친절하고 상냥해졌다.
- 자기 자신을 더 많이 신뢰하고 사랑하며 존중한다.
- 내가 평온하고 지혜롭다고 느낀다.
- 앓던 가시가 빠졌거나 감금 상태에서 풀려난 기분이다.

　내면아이와 전보다 더 통합됐다는 느낌이 들면 튼튼한 경계를 가진 사람과 진정한 자아와 연결된 사람들을 당신의 삶에 끌어들여도 좋다. 전에는 알아차리지 못했던 경계를 다른 사람들이 내내 어떻게 설정하는지 보게 될 것이다.

　사소한 거절은 경계 근육을 강화하므로 이를 실천하도록 하자. 용감하고 냉철해졌다는 기분이 들면 좀 더 큰 거절을 연습하자. 거절하더라도 대부분의 경우 나중에 원한다면 승낙할 수 있다는 사실을 기억하자. 용감하게 경계로 자기 자신을 보호하자. 당신은 그럴 만한 가치가 있는 사람이다. 앞에서 힐 프로세스를 진행하면서 아마도 당신은 머릿속으로 경계 진술을 하는 연습을 했을 것이다. 필요할 때 소리 내서 말하지 못했다면 지금이 바로 그렇게 할 때다. 기억이 계속해서 재순환하고 이를 떨쳐낼 수 없다면 이와 관련된 경계 진술을 다시 평가하거나 지금 새로 만들도록 하자.

## 과도기는 지나가기 마련이다

살면서 우리는 인생의 과도기를 지날 수밖에 없다. 그럴 때면 언제나 엉망인 부분이 있기 마련이며 이는 정상이다. 당신 주변의 모든 사람이 당신과 같은 마음일 수는 없다. 이제 당신은 자기 자신과 인간관계, 당신이 이 세상에 어울리는 방식을 좀 더 잘 이해하게 됐다. 이는 당신이 맺고 있는 관계를 객관적으로 살펴보고 그런 관계가 당신에게 바람직한지, 당신이 그 관계에서 무엇을 얻고 있는지 생각해 볼 기회다. 당신이 단지 수동적으로 반응하는 사람에 그치지 않고 인생을 만들어나갈 수 있음을 깨달을 때다.

이렇게 새로운 시각을 가질 때 외부 환경, 즉 현실에서도 변화가 일어난다. 어쩌면 자기 자신과 관계에 대해서 길을 잃은 듯한 기분이 들 수도, 배우자나 반려자, 친구들과 이어져 있지 않다고 느낄 수도 있다. 또한 이 시점에서 상황이 예전처럼 느껴지지 않는 탓에 만사에 의문이 들기 시작할 수도 있다. 아니면 이제 막 새롭게 시작하려는 기분에 설렘이 느껴질 수도 있다. 이제 그동안의 현실을 떠나 새로운 현실로 발을 들여놓을 때다. 지금껏 알고 있었던 현실이 항상 즐겁지만은 않았고 관계들도 해로웠지만 익숙해진 현실을 갈망할 수도 있다. 그래서 어쩌면 '그래, 엉망진창이야. 하지만 이게 내가 있을 곳이야'라고 생각할 수 있다.

지금 당신은 자기가 무엇을 하고 있는지 혹은 어디로 향하고 있는지 모른다. 그렇게 취약해지려면 용기가 필요하다. 이런 상실감은 치유 과정에서 진실이 드러나고 새로운 자아감을 달성할 때 자연스럽게 따르기 마련인 부분이다. 치유하고 나아갈 여유를 가지려면 이 부분을 떨쳐내야 한다. 지금 당신은 스스로가 아주 오랫동안 길을 잃고 헤맸던 악순환의 고리를 끊어내는 중이다. 어쩌면 여태 아무 생각 없었던 인간관계에서 나쁜 부분만 보이기 시작하고 좋은 부분은 전혀 보지 못할 수도 있다. 어떤 것들은 명확하게 볼 수 있고 무엇을 해야 하는지 알면서도 다른 상황들은 예전과 똑같이 혼란스럽다고 느낄 수도 있다. 지금까지 치유 과정을 잘 지나왔다는 사실은 마음에 들지만, 다른 사람들의 삶은 어떻게 바뀌고 있는지는 보지 못하므로 이런 증상이 혼란스럽게만 느껴지기 쉽다. 당연한 현상이다. 당신의 주변 사람들 모두가 당신이 새롭게 키워나가고 있는 관점을 갖고 있지는 않기 때문이다. 당신은 자기 자신과 가족, 친구들을 전과는 다른 방식으로 보고 있다.

나의 내담자였던 라라도 비슷한 상황이었다. 라라는 나와 함께

한동안 상처받은 부분을 치유했고, 그 과정을 잘 따라줬다. 라라
는 치유 단계들을 거치면서 인생의 많은 부분을 새롭게 알게 됐다.
그녀는 그럭저럭 잘 지내지만 슬프고 혼란스러운 기분이 들고, 다
음 단계에 대한 확신이 없다고 말했다. 나중에는 무슨 일이 일어나
고 있는지, 왜 이렇게 혼란스러운 느낌이 드는지 모르겠다며 치료
를 완전히 그만두겠다고 했다. 라라의 한 부분이 예전 현실로 돌아
가고 싶어 했고, 틈만 나면 해묵은 상처받은 도구들을 꺼내서 사용
했다. 또한 라라는 자기 자신 및 애인과 관계를 맺는 새로운 방법을
배우고 있는데도 미지의 것들이 두렵다고 말했다. 나는 라라에게
이런 과도기에 대해서 설명하며 그녀와 같은 기분을 느끼는 경우
가 흔하다고 말했다. 이 과정에는 깊은 잠재의식에서 비롯되는 슬
픔 요소가 있으므로 치유 작업에 상실감이 따른다고 얘기했다.

　예전에 라라는 애인과의 관계 역동에서 자기가 잘 아는 거품 경계
를 세웠지만 지금은 새로운 기능적 대응 도구를 사용하고 있다. 라
라는 옛날 방식과 수십 년 묵은 상처받은 대응으로 도망치지 않았
다. 이제 라라는 거품 경계에서 벗어나 자기 자신의 새로운 부분들
을 탐구하고 전과 다르게 세상과 상호작용하고 있다. 무섭기도 하
고 흥미진진하기도 했지만 계속해서 더 튼튼한 경계와 더욱 기능
적인 감정적 대응을 개발해 나갔다. 이 과정을 다시 찾을 때마다 당
신도 자기 자신과 현실에 대한 인식을 확대해 나가며 다른 방식으
로 세상과 상호작용하게 될 것이다. 당신은 감정적으로 꽉 닫히고
흩어진 느낌에서 자유롭고 열린 느낌으로 가는 여정을 걷고 있다.

## 과도기에 경험하는 상호 작용의 간극

일상을 관찰하고 포착하다 보면 상호 작용이 순조로울(건전하고 견고하고 튼튼한 관계를 만듦) 때 예전 행동으로 돌아가려 할 때가 있다는 사실을 알아차리게 된다. 이는 새로운 기술을 배우고 익힐 때 자연스러운 부분이다. 순식간에 전문가가 될 수는 없다. 간극은 어떤 관계에서 사용할 구체적인 도구를 개발해야 하거나 이미 개발한 경계 도구를 꾸준하게 사용해야 하는 영역을 말한다.

먼저 당신이 안전하게 맺고 있는, 건실하고 상호적으로 성장하는 느낌이 드는 관계에 주목하자. 그다음에는 균등하지 않고 자기 자신이나 타인의 행동에 대해 불편한 감정이 드는 관계는 무엇인지 살펴보자. 이는 자기 자신 및 다른 사람들과의 상호 작용을 살펴보고 지금껏 배운 도구를 어떤 영역에 사용하는지 관찰하는 과정이다. 가치 판단은 하지 않되 당신이 그저 반응하는 사람으로서 기능하는 영역과 주체적으로 창조하는 사람으로서 기능하는 영역을 구분해 보자. 어떤 영역에서 건실하게 행동하고 있고 어떤 영역에서 기능적 대응 도구에 간극이 있는지 잘 살펴보자.

기대했던 만큼 관계가 잘 풀리지 않으면 당신은 진전이 없는 것 같다고 느낄 것이다. 예전과 똑같은 일들이 계속해서 일어나는 것 같고 당신이 어떻게 해도 상대방이 당신의 경계를 존중하지 않는다는 생각이 들 수 있다. 혹은 당신이 경계를 설정하려고 하지만 번

번이 어려움을 겪다 그만둘 수도 있다. 그럼에도 상황이 바뀌기를 바라는 마음에 계속해서 시도해 나간다.

이와 같이 새로운 기술을 배우고 활용할 때 느끼는 내면의 격동은 지극히 정상적인 현상이지만 외부 관계를 대할 때 혼란스러움으로 다가올 수 있다. 이런 경우라면 감정적 대응 도구를 다시 평가해야 할 수도 있다. 당신은 여전히 익숙하지만 썩 기능적이지 않은 충동적 반응을 사용하고 있는가? 그렇다면 4장의 연습: 경계 부재 및 밀착 정도 체크하기 부분을 다시 읽고 이 문항에 당신이 어떻게 대답했는지 살펴보자. 이 과정에서 중요한 점은 다른 사람들이 당신을 존중하지 않는다는 이유만으로 자신의 경계에 문제가 있다고 생각하지 않는 것이다. 이 사람은 어쩌면 그 주제를 회피하고 싶거나 당신이 하는 말이 마음에 들지 않거나 자기애가 강한 성향일 수 있기 때문이다. 그저 당신이 다른 사람들을 통제할 수 없다는 사실일 뿐이다.

관계 역동이 바뀌지 않고 치유되지 않을 때는 경계를 설정하기가 꺼려질 수 있다. 진실을 인정하기가 어려울 수도 있고, 의사소통할 때 에둘러 말하거나 솔직하게 말하면 관계를 잃을까 봐 두려울 수도 있다. 어쩌면 말다툼을 일으키고 싶지 않고 그런 생각만 해도 몸이 움츠러들 수도 있다. 이런 회피는 그저 두려움일 뿐이다. 당신은 스스로 생각하는 것보다 더 강하다. 관계 역동이 바뀌지 않고 상황이 나아지지 않더라도 자기 안에서 당신은 생각보다 더 큰 진전을 이룰 수 있다.

아무리 열심히 노력해도 관계가 바뀌지 않는다면 당신이 무엇을 바꾸고 통제할 수 있는지 살펴보고 그 관계가 당신에게 만족스러운지, 그렇지 않은지 평가하자. 그러다 보면 시간이 어느 정도 흘러야 관계 양상이 바뀐다는 사실을 발견하게 될 수도 있다. 관계를 재평가하는 점진적인 과정은 오랜 시간에 걸쳐서 일어난다. 그동안에 당신에게 무엇이 옳게 느껴지고, 무엇이 효과가 있고, 무엇이 효과가 없는지 식별할 수 있다. 그러면서 자기 자신과 과정을 믿는 법을 배우게 된다. 관계는 역동적이기 때문에 늘 바뀌고 변화한다는 사실을 기억하자.

또한, 제대로 확립되어 견고하게 기능하고 있다고 믿는 관계에서도 간극은 발생한다. 이럴 때도 당신은 먼저 자기 자신을 확인해 보고, 어떤 영역에서 연결이 매끄럽지 않은지 평가하며 당신이 다른 사람과 조율을 이루지 못하는 이유를 찾아낼 필요가 있다. 고민되는 관계를 좀 더 기능적으로 만들기 위해 당신의 경계를 훼손하지 않으면서 자기 자신의 어떤 부분을 통제하거나 바꿀 수 있는지 잘 생각해 보자. 이 치유 과정을 진행할 때 당신과 부합하고 교감할 수 있는 사람들은 당신 곁에 머무를 것이다. 현재 당신과 교감하지 않는 사람들은 떨어져나가기 시작할 것이다. 당신의 조율 행위는 자기 상처를 치유한 사람들에게 반향을 불러일으킬 수 있기 때문이다. 비슷한 사람끼리 모이기 마련이다.

연락처를 낱낱이 살펴보면서 사람들을 차단할 필요는 없다. 연결과 단절은 자연스럽게 일어날 것이고, 누가 당신과 함께 성장하고 누가 역기능적 상처에 머물러 있을지 알게 될 것이다.

매일 하루가 끝날 때 자기 자신 및 다른 사람들과 나눈 상호 작용을 잘 살펴보자. 어떤 부분에서 경계를 잘 설정했고 어떤 경계에 간극이 있는지에 주목하자. 다른 사람들에게 잘 대응한 부분과 기능적 대응 도구 사용을 좀 더 연습해야 할 분야를 살펴보자. 어떤 분야에서 자기 자신을 잘 격려하고 있고 어떤 부분에서 여전히 자기 자신을 비난하고 있는지에 주목하자. 성장해 나가고 있거나 움츠러드는 부분이 어디인지도 살펴보자.

다른 사람들과 나누는 상호 작용이 마음에 든다면 축하한다. 당신은 자기 자신과 관계를 존중하고 있다. 아직도 소통한 다음에 원망하는 마음이나 불편한 기분이 든다면 그 관계에서 당신이 수행한 역할을 다시 평가하고 더 바람직한 내부 경계나 외부 경계가 필요한지 밝히자. 완벽할 필요는 없다. 계속 관찰하면서 자기 자신 및 다른 사람들과 좋은 관계를 맺을 수 있도록 자기 자신을 상냥하게 이끌어나가도록 하자.

# 먼 길을 온 당신에게

지금까지 당신은 스스로 깨닫고 있는 것보다 훨씬 더 먼 길을 왔다.

자기 자신에 대해서 알기 위해 얼마나 멀리 왔고, 얼마만큼 알게 됐
는지 생각해 보자. 당신은 지금까지의 과정을 거치기 전과는 완전
히 다른 사람으로 거듭났다. 자기 자신에게 세운 장벽을 무너뜨려
릴 수 있게 되었고, 내면의 상처와 고통, 두려움을 들여다보고 버티
는 법을 배우고 있다. 어릴 적 상처받은 모든 경험을 자기 안에서
부드럽게 다루는 법을 배우며 스스로에게 솔직해졌다.

　당신의 성인 자아는 지금껏 자신을 힘들게 한 상처받은 자아의
존재는 물론 그에게서 어떤 일이 일어나고 있는지 들여다보고 이
두 자아가 서로 소통할 수 있도록 노력해 왔다. 현재 당신의 상처받
은 자아는 더 이상 불빛을 깜빡이지 않는다. 당신이 이 상처에 귀를
기울이고 부름을 듣고 필요를 해결하는 법을 배웠기 때문에 더는
촉발되지 않는다. 당신은 당신의 문제점뿐만 아니라 바람직한 측
면도 보고 있다. 그 어떤 것도 진정한 자아를 되찾고자 하는 당신을
방해하지 못한다.

　앞에서 썼던 편지와 메모, 연습에 대한 답변을 기억하는가? 지금
도 과거 사건들에 답변을 하려 할 때 그때와 똑같은 감정을 느끼는
가? 아니면 관점이 바뀌어서 지금은 그런 경험들을 좀 더 현명하
고 차분하게 바라보게 됐는가? 당신의 관계는 어떻게 바뀌었는가?
어떤 패턴이 계속해서 일어나고 있고, 어떤 부분을 통제할 수 있는
가? 당신이 성장하고 발전하면서 사람들이 달리 보이는가? 나를
힘들게 하는 감정 뱀파이어들이 아닌, 진실하고 균형 잡힌 삶을 살
며 행복한 사람들에게 끌리는지 살펴보자. 이런 관계에 주의를 기

울이고 당신의 잠재의식, 즉 현명한 마음이 무슨 말을 하는지 귀 기울여 듣자. 계속해서 당신의 감정을 믿고 진심을 말함으로써 더욱 자유롭고 자기 자신을 사랑하면서 살아가도록 하자.

## 진정한 자아 포용하기

이제 당신은 괴로울 때나 즐거울 때나 항상 자기 자신을 지키며 곁에 있는 법을 배우고 있다. 그동안 제대로 드러나지 못한 회복 탄력성을 지닌 진정한 부분과 다시 교감하면서 격려하는 새로운 방법들을 배웠다. 또한 자신의 트라우마와 성공을 존중하는 법도 배웠다. 당신을 이루는 모든 부분이 가치를 지니듯이 트라우마도 성공도 각각 나름의 가치가 있다는 사실을 깨달았다. 그래서 다른 사람들에게 스스로에 대한 당신의 신뢰와 존중, 애정 등을 보여줄 수 있게 되었고, 그렇게 살고 싶은 사람들이 곧 당신에게 끌릴 것이다. 당신 안에서 점점 커나가는 자기애가 한때 고통과 슬픔을 간직했던 틈을 메워주는 모습을 느껴보자. 이런 자기애의 빛이 당신이 평생 갈망해 왔던 치료제처럼 당신을 씻어내도록 하자. 진실하고 진정한 자아가 나타나 하루하루 더 강해지는 것을 느끼자.

## 나를 위한 삶을 살기

인생의 자세를 분명하게 유지하려면 자기 자신을 위한 의도intention
를 설정하는 것이 좋다. 의도는 계속해서 나아가고자 하는 당신의
높은 이상 혹은 목표다. 이는 당신이 구현하고, 아끼고, 갈망하고자
하는 자아의 자질이며 보통 긍정적인 현재형 문장으로 표현한다. 다
음은 당신이 자신의 힘과 가능성을 떠올리고 싶을 때 참고할 만한
의도의 문장들이다. 다른 사람의 길을 무턱대고 따라가는 대신 자기
자신의 길을 가고 있는지 식별하는 데 도움이 될 것이다.

- 나는 나 자신에게 친절하고 상냥하다.
- 나는 나 자신을 사랑한다.
- 나는 나 자신을 믿는다.
- 나는 나 자신을 존중한다.
- 나는 내 자아감을 존중하고 나에게 무엇이 바람직하고 무엇이 바람직하지
  않은지 알고 있다.
- 나는 누군가의 부탁을 거절해도 죄책감을 느끼지 않을 수 있다.
- 나는 매일 모든 면에서 인생을 충실하게 살아간다.
- 나는 인간관계에서 나의 경계가 안전하다고 느낀다.
- 나는 매일 내 주변에 어떤 사람들을 둘지 고민하며 바람직한 선택을 한다.
- 나는 다른 사람들과의 관계에서 드러나는 내 됨됨이에 만족한다.
- 나는 주변 사람들이 나를 존중하고 사랑하며 신뢰한다고 느낀다.

- 내 인간관계는 나를 성장하게 하고 서로에게 도움이 된다.
- 나는 정서적으로 건강하고 긍정적인 관계를 맺는 사람들과 가까워질 수 있다.
- 내가 나 자신과의 관계를 개선하고자 계속 노력해서 다행이다. 결국에는 내가 가장 중요하다는 것을 안다.
- 나는 내가 해온 모든 노력과 성취가 자랑스럽다.
- 지금 나는 내가 가능하다고 생각했던 것보다 더 현명하다.

위의 의도 진술을 지침으로 삼아 진정한 삶에 대한 당신의 열망에 어울리는 자신만의 의도를 만들자. 이미 성취한 의도도 있을 것이다. 이를 활용하면 새로운 기능적 대응 도구를 계속해서 개발하는 데 도움이 될 것이다.

다음은 당신이 자기 내면에서 깊이 느끼고 알 수 있기를 바라는 메시지들이다. 치유된 자아를 품고 있으며 매일 당신이 장려하고 키워나가는 당신 내면의 건실한 장소에서 우러나오는 목소리로 크게 소리 내어 읽어보자.

"나는 내가 치유되고 성장할 수 있는 단계들을 이제는 잘 안다. 과거의 상처에서 벗어나 지금의 완전한 내가 되기까지 기울였던 모든 노력들이 자랑스럽다. 나는 누구보다 나 자신을 격려하고, 지지하며, 위로할 가치가 있다. 크든 작든 내 성취와 경험은 모두 내 인생을 풍요롭게 한다는 사실 또한 깨달았다. 나는 희망과 신뢰의 힘을 느끼면서 하루하루를 맞이한다. 물론 사람은 완벽해질 수 없고, 앞으로 치유해야 할 난관들이 더 남아 있을 수 있지만 그럼에도 매일 노력하고 성장하고 있음을 잘 안다. 나는 이 여정을 즐길 수 있게 되었고 앞으로도 잘 해낼 자신이 있다. 나는 나 자신을 사랑한다. 그리고 나를 사랑하는 사람들과 이어져 있다고 느낀다. 이 사실만으로 나는 충분하다."

Healing Your Lost Inner Child

# 감사의 말

항상 나를 믿어주고 사랑으로 키워주셨던, 돌아가신 나의 부모님께 감사드린다. 지금까지 내가 꿈을 이루기 위해 어떤 도전을 해도 언제나 격려해 주신 부모님 덕분에 여기까지 올 수 있었다. 두 분이 함께 이뤄온 가정과 사랑은 물론 아들인 나에 대한 헌신의 가치들을 마음속 깊이 새겨두고 늘 생각한다. 매일같이 두 분이 그립다. 그리고 내 여동생이자 친구 같은 신디 반 리어, 내가 세상의 찬란함과 따뜻함을 느낄 수 있게 항상 힘이 되어줘서 고맙다. 내가 너의 오빠라는 사실이 매일 여러모로 자랑스럽고 네가 없는 내 삶은 상상할 수 없어. 넌 외면과 내면이 모두 멋진 사람이야. 사랑해.

사랑하는 나의 연인 드루 콜드웰, 지난 30년 동안 꾸준히 나를 사랑해 주고 무슨 일이든 당신의 일처럼 걱정하고 도와줘서 고마워. 나를 마음먹은 일은 뭐든 해낼 수 있는, 대단한 사람이라고 생각해 주는 당신 덕분에 늘 든든했어. 가끔 내가 좌절하고 힘들어할 때마다 곁을 지키며 힘이 되어주는 것 또한 고마워. 당신이 아니었다면 나는 지금과 같은 사람이 될 수 없었을 거야. 남은 내 삶의 여정을 다른 사람과 함께하는 건 이제 상상도 할 수 없을 만큼 당신은 내게 소중한 사람이야. 사랑해.

내가 심리 치료사로 일하는 동안에 나를 찾아와서 기꺼이 자신의 과거와 상처의 이야기를 들려준 모든 분들에게 감사를 전한다. 여러분 덕분에 나는 많은 것을 배우며 정신적으로 성숙해졌다. 내가 쓰고 있는 책에 대해서 끝없이 들어주고 무한한 격려와 사랑을 준 모든 친구들에게도 고마움을 전한다.

남성들을 위한 심리 치유 프로그램 기관인 '빅토리즈포멘victoriesforman'에서 만난 형제들에게도 감사의 말을 전한다. 여러분과의 정서적 교류를 통해 나 자신에 대해서 많이 알았고, 마음속 상처를 극복하기 위한 다양한 방법을 찾기 시작했다. 빅토리즈포멘에서 진행하는 수련회에 매주 참석하면서 나와 같이 상처받은 내면을 치유하고자 하는 여러 남성 동기들을 만났다. 우리는 서로에게 취약한 부분을 드러내며 마음을 열기 위해 노력했고 깊은 우정을 쌓았다. 나는 그들에게서 건강한 삶의 태도를 배우며 부족한 자아를 완전히 받아들일 수 있도록 어린 시절 상처 치유에도 최선을 다했다. 빅토리즈포멘에서 만난 형제들에게 감사하다.

나의 멘토 크리스틴 암스트롱Kristin Armstrong은 보람찬 삶을 살아가기 위해 튼튼한 경계 체계를 만드는 일의 가치와 상처받은 과거에서 자기애를 찾을 수 있다는 사실을 가르쳐줬다. 그의 현명한 조언들은 내 연구에 많은 도움이 되었고, 그가 내 친구라는 사실이 든

든하고 감사하다.

이제는 고인이 된 또 한 명의 멘토, 돈 버트Don Burt 목사에게도 감사의 인사를 전한다. 그는 "가족이란 사람이 만들어지는 곳"이며 나는 인간의 경험을 하고 있는 영적 존재임을 기억하라고 가르쳐 줬다.

그리고 나를 치유하는 과정은 물론 이 책의 힐 프로세스를 만드는 데에도 영향을 준 심리학, 철학, 영성 분야의 지도자들에게 특별한 감사 인사를 전한다.

우선 『귀향Homecoming』의 저자인 고故 존 브래드쇼John Bradshaw에게 감사드린다. 20년 전에 나는 어떤 주말 수련회에 갔다가 존 브래드쇼와 임상심리 컨설턴트인 클로디아 블랙Claudia Black 박사가 이끄는 치료 과정에 참여했고, 나의 내면아이와 한층 더 깊이 교감하는 법을 배웠다. 존 브래드쇼는 내면아이에게 쓰는 편지를 제안하며 내가 내면아이와 성인 자아의 통합이 전체 과정의 핵심임을 이해할 수 있도록 도와줬다.

『공의존에 직면하기Facing Codependence』의 저자이자 공의존 분야에서 획기적인 연구 성과를 낸 피아 멜로디Pia Mellody에게 감사를 전한다. 나는 '유도 후 치료Post Induction Therapy'라고 하는 일주일간의 집중 훈련에 참여해서 트라우마 타임라인으로 과거를 보고 그 과정에서 발생한 상처들을 파악하는 개념을 배웠다. 또한 멜로디의 연구를 통해 어린 시절 우리가 트라우마를 헤쳐 나가는 방법, 건전한 경계 체계를 세우는 법, 사적인 관계에서 안전을 확보하는 법을 배웠다. 그리고 나는 이런 멜로디의 연구를 확장해서 상처받은 충동적 반응 도구 개념과 타임라인 청사진 개념, 감정적 대응 척도를 만들었다. '기능적 성인'이라는 용어를 처음 만든 사람은 피아 멜로디와 테리 리얼Terry Real이었다.

『몸은 기억한다The Body Remembers』의 저자 바베트 로스차일드Babette Rothschild에게 감사를 전한다. 그의 연구는 트라우마를 경험하는 동안 뇌가 어떻게 작동하는지, 기억이 어떻게 작동하는지, 사람들이 트라우마를 탐색하고 치유하기에 안전한 환경을 만들 때 치료사가 어떤 역할을 하는지 명확하게 이해할 수 있도록 도와줬다.

내 친구이자『인간 자석 증후군The Human Magnet Syndrome』의 저자 로스 로젠버그Ross Rosenberg에게 고마움을 전한다. 내게 많은 도움을 준 로젠버그는 책에서 자기애성 인격자와 공의존자의 끌림을 탐구하고 상처가 치유될 때까지 공의존 행동으로 계속해서 다시 나타나는 깊은 상처 패턴의 근원을 설명한다. 수많은 사람들의 길잡이가 되어준 로젠버그에게 감사하다.

심리 치료를 공부하기 시작한 초기에 나는 심리학자 카를 융Carl Jung에게 많은 영감을 받았다. 융은 내면아이 개념을 창시한 사람으로 자주 언급된다. 융은 "모든 성인에게는 아이가 숨어 있다. 항상 '되어가는' 영원한 아이의 존재는 결코 다 성장하지 않고 끊임없는 보살핌과 관심, 교육을 요구한다. 그것은 발전하며 마침내 온전해

지길 원하는 인간 본성의 일부이다"[+]라고 설명했다.

『심리 게임Games People Play』의 저자이자 교류 분석 개념을 세운 에릭 번Eric Berne 박사에게 감사 인사를 전한다. 번 박사는 내면아이 이전에 '어린이 자아 상태'라는 개념을 개발했고, 이것이 나중에 내면아이라는 개념으로 알려지게 됐다. 번의 이론은 어린이 자아 상태를 의미하는 내면아이가, 차단된 감정 에너지를 품고 있는 우리의 한 부분이라고 설명한다. 이를 치유하려면 내면아이와 다시 교류하면서 이 고통을 해소할 수 있도록 목소리를 부여해야 한다고 주장한다. 번의 연구는 내가 '책임지는 성인 자아'라는 아이디어와 '상처받은 나이' 개념을 좀 더 완전하게 발전시킬 수 있도록 도왔다.

이밖에도 『치유You Can Heal Your Life』의 저자 루이스 헤이Louise Hay, 『천재가 될 수밖에 없었던 아이들의 드라마The Drama of the Gifted Child』의 저자 앨리스 밀러Alice Miller, 『몸은 기억한다The Body Keeps the Score』의 저자 베셀 반 데어 콜크Bessel van der Kolk 박사, 『당신도 초자연적이 될 수 있다Becoming Supernatural』의 저자 조 디스펜자Joe Dispenza 박사 같은 사상가들이 내 연구에 영향을 미쳤다.

이 책의 편집을 맡아준 레드 레터 에디팅 소속 편집자 제시카 빈야드Jessica Vineyard에게 특별한 감사를 전한다. 빈야드는 내 꿈이 현

---

[+] Carl Jung, Collected Works of C.G. Jung, Princeton University Press, 1954.

실이 되도록 도와주면서 모든 과정마다 나를 이끌어준 보좌관이었다. 빈야드의 전문적인 지도와 영감이 있었기에 내 이야기가 무사히 전해질 수 있었다.

전문가의 손길로 이 책이 전하고자 하는 메시지를 미세하게 조정하고 이 책을 세상으로 내보낼 준비를 도와준 불렌 출판사의 마사 불렌Martha Bullen에게 감사하다. 마지막으로 이 책을 멋지게 디자인해 준 콘스털레이션 북 서비스의 크리스티 콜린스Christy Collins에게도 고마움을 전한다.

# 느낌 차트

이 차트에는 감정적 느낌과 신체적 느낌을 묘사하는 데 사용할 수 있는 여러 단어들을 수록했다. 여기에 실린 단어들은 우리 필요가 충족될 때의 느낌과 필요가 충족되지 않을 때의 느낌을 나타내는 두 가지 범주로 나뉜다.

특정한 느낌을 표현하고자 할 때 이 차트에 실린 단어들을 훑어본다면 느낌을 명확하게 전달할 수 있을 것이다.[+]

---

[+] 느낌 차트는 허가받아 전재. (c) 2005 by Center for Nonviolent Communication. Website: www.cnvc.org. Email: cnvc@cnvc.org. Phone: +1.505.244.4041.

## 필요가 충족될 때의 느낌

**애정 어린**
인정 많은
친절한
사랑하는
너그러운
동정하는
상냥한
따뜻한

**몰입하는**
몰두하는
기민한
궁금한
여념 없는
황홀한
넋을 잃은
매료된
관심 있는
흥미로운
열중하는
홀린
자극받은

**희망찬**
기대하는
기운이 솟는
낙관적인

**자신감 있는**
힘이 생기는
숨김없는
자랑스러운
안전한
안심하는

**흥분한**
경탄하는
활기찬
열렬한
각성된
감탄하는
현혹된
간절한
원기 왕성한
열광적인
들뜬
기운 나는
활발한
열정적인
놀란
힘찬

**감사하는**
고마워하는
마음이 움직인

고맙게 여기는
감동한

**영감을 받은**
경탄하는
경외하는
경이로운

**기쁜**
즐거워하는
기뻐하는
반가운
행복한
환희에 찬
만족스러운
신난

**들뜬**
더없이 행복한
도취한
의기양양한
마음을 사로잡힌
기운이 넘치는
빛나는
기뻐 날뛰는
짜릿한

**평화로운**
차분한
냉철한
편안한
중심이 잡힌
마음 편한
침착한
성취감을 느끼는
온화한
조용한
느긋한
안도하는
흡족한
잔잔한
고요한
평온한
잘 믿는

**상쾌한**
생동감 있는
활기를 되찾은
새로워진
피로가 풀린
기운을 회복한
되살아나는

## 필요가 충족되지 않을 때의 느낌

**두려워하는**
우려하는
무서운
예감이 불길한
겁먹은
불신하는
겁에 질린
극도로 두려운
무서워하는
의심스러운
공포에 떠는
경계하는
걱정하는

**짜증나는**
괘씸한
경악한
언짢은
불쾌한
짜증스러운
불만스러운
성급한
거슬리는
귀찮은

**화난**
격분한

격노한
분개한
분노한
성난
노발대발한
역정이 난
원망하는

**혐오**
반감
간담이 서늘한
경멸
역겨운
싫어하는
증오하는
섬뜩한
적대적인
구역질나는

**혼란스러운**
양가적인
당혹스러운
어리둥절한
멍한
머뭇거리는
길 잃은
얼떨떨한

어쩔 줄 모르는
곤혹스러운
갈피를 못 잡는

**단절된**
소외된
냉담한
무관심한
지루한
냉정한
무심한
거리를 두는
심란한
개의치 않는
무딘
서먹서먹한
흥미 없는
내성적인

**불온**
동요한
불안해하는
지리멸렬한
당황스러운
뒤숭숭한
산란한
난처한

안절부절못하는
충격받은
아연실색한
놀란
괴로운
난폭한
소란
불편한
어수선한
초조한
긴장한
속상한

**창피한**
수치스러운
원통한
허둥지둥하는
죄책감을 느끼는
모멸감을 느끼는
남의 시선을 의식
하는

**피로**
지친
극도로 피로한
고갈된
기진맥진한

무기력한
내키지 않는
나른한
피곤한
싫증난
녹초가 된

**고통**
고뇌
비통한
사별한
피폐한
비탄
상심한
상처 입은
외로운
비참한
애석한
후회하는

**슬픈**
우울한
낙담한
절망
의기소침한
실망한
좌절한

낙심한
쓸쓸한
음울한
침울한
가망 없는
처량한
불행한
가련한

**긴장한**
염려하는
까다로운
괴로워하는
심란한
가시 돋친
싱숭생숭한
신경이 곤두선
짜증을 잘 내는
조마조마한
신경이 과민한
감당하기 힘든
안달하는
스트레스가 쌓인

**취약한**
연약한
신중한

무력한
불안정한
꺼림칙한
수줍은
예민한
떨리는

**갈망**
부러워하는
질투하는
열망하는
그리운
애타는
애석한

# 필요 목록

필요는 살아가면서 꼭 필요한 부분이다. 필요는 지속적인 가치를 지니지 않고 찰나에 스쳐 지나가는 욕구와 다르다. 필요는 자기 가치감과 자존감을 아주 근본적인 수준에서 채운다. 자신의 필요를 파악하면 자기 자신을 좀 더 잘 이해하는 데 도움이 될 것이며, 다른 사람들에게 자신의 필요를 좀 더 명확하게 전달할 수 있다. 자신의 필요를 알면 자기 자신과 좀 더 깊은 연계를 형성할 수 있다.

다음 차트를 살펴보면서 지금 현재 충족된 필요와 드러내 보이고 싶은 필요를 파악해 보자.✛

## 충족되었거나 드러내고 싶은 욕구

| | | | |
|---|---|---|---|
| **연결** | 신뢰 | 평등 | 애도 |
| 수용 | 온정 | 조화 | 참여 |
| 애정 | | 영감 | 목적 |
| 감사 | **신체 건강** | 질서 | 자기표현 |
| 소속 | 공기 | | 자극 |
| 협력 | 음식 | **자율성** | 중요함 |
| 의사소통 | 운동 | 선택 | 이해 |
| 가까움 | 휴식 | 자유 | |
| 공동체 | 성적 표현 | 독립 | |
| 동료애 | 안전 | 공간 | |
| 연민 | 보금자리 | 자발성 | |
| 배려 | 접촉 | | |
| 일관성 | 물 | **의미** | |
| 공감 | | 인식 | |
| 포함 | **정직** | 삶을 기념 | |
| 친밀 | 진정성 | 도전 | |
| 사랑 | 진실성 | 명료 | |
| 상호관계 | 존재 | 권한 | |
| 양육 | | 의식 | |
| 존중/자기 존중 | **놀이** | 공헌 | |
| 안전 | 기쁨 | 창의력 | |
| 안심 | 유머 | 발견 | |
| 안정 | | 효능 | |
| 지원 | **평화** | 효과 | |
| 알고 알려지기 | 아름다움 | 성장 | |
| 보고 보이기 | 교감 | 희망 | |
| 이해하고 이해받기 | 편안함 | 학습 | |

# 용어 목록

- 감정 표현이 없는emotionally unavailable : 관계 내에서 감정을 어떻게 주고받아야 할지 알지 못하는 상태. 감정에 대한 연결이 차단되거나 무시된다. 감정 표현이 없는 사람은 자기 안에서 이런 결함이 있는지 인식하지 못하며 다른 사람들에게 감정적 인정과 지원이 필요할 때 알아차리지 못한다. 달리 치유하지 않으면 보통 한 세대에서 다음 세대로 이어져 내려간다.

- 감정emotions : 생각이나 기억 같은 내부 자극 및 외부 사건에 대한 반응으로 나타나는 주관적인 마음의 상태. 의식적으로 혹은 잠재의식으로 나타날 수 있다.

- 감정적으로 두드러진 사건emotional standouts : 한 사람이 자기 자신과 삶을 보는 방식에 가중된 영향을 미치는 과거 사건. 별다른 노력을 기울이지 않아도 떠오르는 기억 경험으로 고통스러운 사건일 수도 있고 대단히 즐거운 사건일 수도 있다.

- 감정적 대응 도구emotional response tools : 대체로 어린 시절에 생겨나지만 평생에 걸쳐서 학습하는 도구로 어떤 자극을 향한 반응, 행동, 생각, 느낌들을 만든다. 이런 도구는 한 개인이 목표를 달성하도록 돕는 기능적 대응 도구일 수도 있고 그 사람에게 해롭게 작용하는 상처받은 도구일 수도 있다. 이런 두 유형의 감정적 대응 도구들은 내면에서 어떤 도구가 바람직하거나 불량한지 애초에 의식적으로 인지하지 않은 상태로 생겨난다.

- 거짓 자아false self : 대체로 원래 가족에서 비롯되고 강화되는 무의식적인 부정적 자아 개념. 자기가 열등하거나 나쁘거나 결함이 있거나 망가졌다는 착각을 한다.

- 거품 경계bubble boundary : 한 사람이 다른 사람들과 감정적으로 거리를 두는 유연하면서도 견고한 반투과성 경계. 신중한 동시에 열려 있는 상태이다.

- 건실한grounded : 자기 자신 안에서 중심을 잡고 어떤 생각이나 느낌, 대응에 대해 확고한 느낌. 고통의 장소가 아니라 치유의 장소에서 비롯되는 느낌이나 대응을 의미한다.

- 경계 위반boundary violation : 암시 및 언급된 경계를 존중하거나 인정하지 않는 행위. 경계 위반은 당사자 또는 다른 사람이 행할 수 있다.

- 경계boundaries : 한 사람이 어디에서 끝나고 다른 사람이 어디에서 시작되는지에 대한 감각으로 개인적 관계에서 감정적으로 안전하다는 느낌을 형성한다. 주로 말이나 행동으로 설정한다.

- 공의존codependent : 자기 자신보다 타인에 대해 더 높은 관심, 존중, 사랑, 신뢰, 존경을 갖는 상태. 자아감이나 자기 인정을 느끼기 위해 다른 사람에게 지나치게 의존한다.

- 극단적 경계extreme boundary : 차단, 거리 두기, 잠수 이별, 다른 지역으로 이사 등의 방법으로 자기 자신과 다른 사람들 사이에 높은 감정적 벽을 쌓는 것을 의미한다.

- 기능적 대응 도구functional response tools : 진실하고 건강한 태도에서 비롯되는 상황에 대한 대응. 보통 좀 더 바람직한 관계 역동과 좀 더 긍정적인 결과를 촉진하는 생산적 대응이다. 평생에 걸쳐 개발된다.

- 내면아이inner child : 어린 시절에 감정적으로 각인된 기억을 간직하는 존재라는 개념. 사람에 따라 내면아이는 진실하고 감정적인 부담을 지지 않을 수도 있고 상처받고 트라우마를 겪었을 수도 있다. 상처받은 경우라면 상처받은 내면아이나 길 잃은 내면아이라고 부를 수 있다. 한 사람의 어린 시절 자아를 표현한다. 누군가의 일부 혹은 부분들이라고 부르기도 한다.

- 내부 경계internal boundaries : 살아가면서 어떤 생각과 느낌, 행동을 받아들일 수 있

고 받아들일 수 없는지 선택하고 이를 어떻게 표현하고 싶은지 자기 자신과 나눈 약속과 합의를 의미한다.

- 느낌feelings : 분노, 기쁨, 슬픔 같은 감정적 상태 혹은 반응. 감정적 반응을 의식적으로 경험하는 상태이다.

- 독심술mind reading : 다른 사람에게 자기 자신의 두려움, 불안, 결점을 투사하는 것으로 점치기라고도 한다. 거짓을 꾸며낸다는 특성이 있다.

- 떠맡은 감정carried feelings : 한 개인에게 타인이 짊어지운 감정 혹은 한 개인이 자기가 책임져야 한다고 생각하는 다른 사람에게서 가져온 감정. 종종 감정적 과잉반응을 유발한다.

- 마술적 사고magical thinking : 현실적이지 않은 상상이나 천진난만한 시각으로 해결책이나 상황을 보는 상태. 현실과 연결되기를 바라지 않고 어떤 일을 정확히 어떻게 달성할 수 있는지에 대한 주요 세부 사항을 무시할 때 보이는 역행적 대응. 복잡한 상황에 어린아이 같은 반응을 나타낸다.

- 밀착enmeshment : 다른 사람, 주로 가족 구성원과 지나치게 가까워서 다른 사람과 자기 자신의 경계를 알지 못하는 상태. 모든 가족이 자기 외의 다른 가족 구성원 일에 참견하면서 이래라저래라 하는 역기능적 가족 역동에서 볼 수 있다. 경계가 모호하거나 불분명한 상태일 때 일시적으로만 사용된다.

- 상처받은 나이age of wounding : 최초의 감정적 상처가 발생한 나이로 주로 어린 시절이다. 감정적으로 성숙하지 못하는 부분을 나타낸다.

- 상처받은 부분/상처받은 자아/길 잃은 내면아이wounded parts/wounded self/wounded, lost inner child : 한 사람의 의식과 무의식에서 치유되지 않고 대개 감정적으로 파묻혀있는 감정 측면을 가리키는 용어. 다른 사람에게 보이거나 알려져 있지는 않지만 수동 공격성, 자기에게 소홀함, 잘못된 선택을 하는 패턴 등 주로 부정적 결과를 초래하는 간접적인 방식으로 나타나는 내면의 감정적 상처를 의미한다.

- 서사narrative : '그들'이 누구인지, 어떤 사람인지, 어떤 대접을 받을 자격이 있다고 생각하는지와 관련된 내용을 담은 이야기. 서사는 사실, 거짓, 또는 자기 자신에 대한 뒤틀린 믿음을 근거로 할 수 있다.

- 시너지 효과synergistic : 사람들이나 장소들, 사물들이 각 개별 부분보다 더 큰 무언가를 만들어내는 역동적 상호 작용 및 협력. 서로 깊은 수준에서 연결되어 있다고 느끼면서 혼자서는 성취할 수 없는 아이디어나 느낌을 이룬다.

- 식별discernment : 좋아하는 것과 싫어하는 것을 명확히 구분하는 행위. 다양한 요소들을 살펴서 한 개인에게 진실로 여겨지는 것을 찾는 능력이다.

- 암묵 기억implicit memories : 어떤 것을 기억하기 위해 생각하지 않으면서 과거 경험을 사용하는 기억. 암묵 기억에는 의식적인 인출이 필요하지 않다.

- 어린 시절 가정childhood family : 한 사람이 성장한 가정. 출생한 가정, 입양된 가정, 위탁 가정, 복합 가정 모두가 어린 시절 가정이 될 수 있다.

- 억제suppression : 한 개인이 어떤 기억을 자신의 인식에서 의식적으로 밀어내려고 할 때. 무엇인가를 애써 잊으려는 상태를 의미한다.

- 외부 경계external boundaries : 한 개인이 받아들일 수 있는 것과 받아들일 수 없는 것을 다른 사람들에게 보여주고 선언하는 진술 혹은 행동이다.

- 외현 기억explicit memories : 서술 기억이라고도 한다. 경험, 아이디어, 사실로 구성된 장기 기억을 의식적으로 인출하거나 회상할 수 있다.

- 욕구 결여wantless : 누군가 혹은 다른 무엇인가를 바라는 욕망에 대한 생각을 포기하는 상태. 기본적인 필요와 욕구가 방치되거나 무시되는 감정 표현이 없는 가정에서 자란 사람들에게서 자주 나타난다. 욕구가 결여된 사람들은 자기가 무엇을 좋아하거나 좋아하지 않는지 표현하는 법을 모른다.

- 욕구wants : 무언가를 소유하거나 경험하고 싶은 욕망이나 바람. 필요한 것은 아니지

만 있으면 좋다. 일시적이고 오래가지 않는다.

- **자기 조율**self-attunement : 자신의 모든 부분들이 일치하고 균형을 이루고 온전하도록 자기 자신과 연계하는 과정. 진정한 자아의 필요를 의식적으로 알고 맞춰나간다.

- **재순환 고통**recycled pain : 어떤 일이나 기억 경험 등을 인정하거나 검증하거나 치유하게 될 때까지 반복해서 떠오르며 사라지지 않는 부정적인 느낌을 의미한다.

- **조율**attuned/attunement : 다른 사람의 내면세계와 정서적으로 교감하고 연계해서 이를 다시 반영하는 행위. 깊은 에너지 및 감정 수준에서 다른 사람과 연결되어 있거나 일치한다고 느끼게 한다.

- **진정성**authenticity : 자기 자신을 자유롭게 표현할 수 있다는 감각. 마음속으로 느끼는 바와 겉으로 표현하는 바가 일치함을 의미한다.

- **책임지는 성인 자아**responsible adult sel : 정서적으로 성숙하고 어떤 상황에 건실하고 기능적인 방식으로 대응하는 자아. 자신의 모든 부분들을 위해 경계를 설정하고 유지하는 존재이다.

- **촉발 요인/촉발 요인이 되는 사건**trigger/triggering event : 대개 트라우마인 과거 사건 기억을 활성화하는 현재의 상황이나 광경, 소리, 냄새, 촉감 등이 있다

- **충동적 반응 도구**wounded emotional response tools : 한 개인 안에 두려움이나 고통이 있는 장소에 뿌리를 내리고 있으며 바람직하지 않거나 역기능적인 관계 패턴을 만드는 감정적 대응 도구. 평생에 걸쳐 생겨난다.

- **충동적 반응**impulsive reactions : 별생각 없이 자극에 반응하는 행위. 주로 내면의 건실한 장소가 아니라 상처나 고통의 장소에서 비롯되는 섣부른 반응이다.

- **치유 편지**healing letters : 어린 시절 자신이나 성인 자아에게 애정을 담아 보내는 상징적인 편지로 인정과 사랑, 보살핌이라는 심오한 느낌을 표현한다. 개인 내면에서 나오는 에너지로 빠르고 격렬하게 쓴다. 이런 편지들은 주거나 보내거나 공유하지 않는

다. 쓴 다음에 찢어버리거나 태우는 것이다. 치유 편지는 길 잃은 상처받은 부분과 책임지는 성인 자아의 통합을 격려하는 대화다.

- 통합integration : 길 잃고 상처받은 내면아이와 기능적이고 책임지는 성인 자아를 결합하는 역동 과정. 자기반성과 자아성찰, 자기 인생에서 일어난 사건과 감정적 양상을 바라보는 더 큰 시각을 개발함으로써 달성되는 치유의 장소. 분열되거나 흩어지지 않고 온전하다는 느낌을 준다.

- 투사projection : 한 사람의 무의식적이고 해결되지 않은 감정적 고통이 주로 상대방에게서 결점을 찾는 형태로 다른 사람을 향하는 행태. 자기 안에서 치유되지 않은 상처를 타인에게서 확인하고 자기 문제로 다른 사람을 모욕한다.

- 트라우마 핵심 상처traumatic core wounding : 신체적, 정신적, 정서적, 성적으로 발생할 수 있는 깊고 심오한 감정적 상처. 처리하고 치유하는 데 시간이 더 오래 걸린다.

- 필요 결여needless : 안전하고 편안하게 살아가거나 정서적으로 충만하게 살아가려면 필요한 것을 자기 자신이 알지 못하거나 외부에 요구하지 못하는 상태. 아이는 필요 결여의 상태로 자신의 필요를 무시하면서 자기에게 정당한 필요가 없다는 거짓 신념을 키우고 품게 된다. 이런 사람은 성인이 되었을 때 자신의 필요를 무시함으로써 어린 시절에 기본적인 필요가 충족되지 않았다는 고통스러운 현실과 직면하지 않는다. 대개 감정 표현이 없는 가정에서 나타나며 이런 가정에서 자란 아이는 결국 자신의 필요를 채워달라는 요구를 하지 못한다. 또한 다른 사람들과 친밀한 관계를 맺는 법을 잘 알지 못한다. 부모가 그들의 기본적인 감정적 필요를 채워주지도 알아주지도 않았기 때문이다.

- 필요needs : 사랑, 보살핌, 음식, 보금자리, 의복 등 기능적 생존에 필요한 기본적인 생활필수품. 단순한 음식과 보금자리 그 이상의 것인 동시에 남아돌거나 사치품도 아니다. 필요는 자기 가치감과 자존감을 아주 근본적인 수준에서 채운다.

- 해리dissociate/dissociation : 현재의 감각 및 물리적 현실에서 정신적으로 벗어나 학대 상황이나 트라우마 상황에서 내적으로 분리하거나 도피하는 것. 일반적으로 트라우마가 일어나는 도중에 발생하지만 이후에도 발생할 수 있으며, 이 경우 그 사람은 몽

상에 잠기거나 멍하게 보인다.

· **핵심 상처**core wounding : 자아감과 선택, 인생 결과에 영향을 미치는 감정적 트라우
마로 한 번에 혹은 일정 기간에 걸쳐서 발생한다.

· **활성화**activated : 광경이나 소리, 냄새, 촉감으로 어떤 기억이 떠오르는 내적 과정.
기억 회상을 일으키는 자극은 주로 기분이나 행동 변화를 유발한다. 촉발 요인도 참조
하자.

## 더 알아보고 싶을 때

### ① 다양한 필요 목록에 도움이 되는 자료

- National Domestic Violence Hotline
  : 1-800-799-7233, www.thehotline.org

- The National Suicide Prevention Lifeline: 1-800-273-8255

### ② 미합중국 및 그 해외 영토 내 가정폭력 금지명령에 대한 제정 권리의 이해를 돕는 관련 기관 정보들

- The National Suicide Prevention Lifeline
  : 1-800-273-8255, www.suicidepreventionlifeline.org

- National Institute of Mental Health: www.nimh.nih.gov

- Victories for Men: www.victoriesformen.org

- The Art of Manliness: www.artofmanliness.org

- Mental health support for active military, veterans and their families
  : www.giveanhour.org

- Alcoholics Anonymous: www.aa.org

- Narcotics Anonymous: www.na.org

- The Trevor Project for LGBT issues

: 1-866-488-7386, www.thetrevorproject.org

· Codependents Anonymous: www.coda.org

## ③ 이 책과 관련된 추가 자료, 공개 사례, 심화 연습을 담은 부록(워크북) 정보

· www.theartofpracticalwisdom.com

## ④ 내면아이 연구에 대한 책들

· Dr. Eric Berne, Games People Play, Tantor Media, 2011.

· John Bradshaw, Homecoming, Bantam, 1992.

· Dr. Brené Brown, Daring Greatly, 2015.

· Jeff Brown, Love It Forward, Enrealment Press, 2014.

· Susan Cain, Quiet, Broadway Books, 2013.

· Doris Eliana Cohen, PhD, Repetition, Hay House, Inc., 2008.

· Panache Desai, You Are Enough, HarperCollins, 2020.

· Dr. Joe Dispenza, Becoming Supernatura, Hay House, Inc., 2017.

· Matthew Fox, The Hidden Spirituality of Men, New World Library, 2008.

· Louise Hay, You Can Heal Your Life, Hay House, Inc., 1984.

· Dr. Bessel van der Kolk, The Body Keeps the Score, Penguin Books, 2015.

· Dalai Lama, Desmond Tutu, Douglas Carlton Abrams, The Book of Joy,

2016.

- Jackson MacKenzie, Whole Again, Penguin Random House, 2019.

- Dr. Karyl McBride, PhD, Will I Ever Be Good Enough?, Atria Books, reprinted., 2008.

- Pia Mellody, Facing Codependence, HarperCollins, 1989.

- Alice Miller, The Drama of the Gifted Child, Basic Books, 2008.

- Vivek H. Murthy, MD, Together, HarperCollins, 2020.

- Mark Nepo, The Book of Awakening, Conari Press, 2000.

- Michael Newton, PhD, Destiny of Souls, Llewellyn Publications, 2000.

- Michael Newton, PhD, Journey of Souls, Llewellyn Publications, 5th ed., 2019.

- Newton Institute, Wisdom of Souls, Llewellyn Publications, 2019.

- Eleanor Payson, The Wizard of Oz and Other Narcissists, 3rd ed., 2002.

- Terrence Real, I Don't Want to Talk about It, Scribner, reprint ed., 1999.

- David Richo, How to Be an Adult in Relationships, Shambhala Publications, 2002.

- Ross Rosenberg, The Human Magnet Syndrome, Morgan James Publishing, 2019.

- Babette Rothschild, The Body Remembers, W. W. Norton & Company, 2000.

- Gary Zukav, The Seat of the Soul, Fireside/Simon & Schuster, Inc., 1989.

# 그냥 힘든 마음은 없다

**초판 1쇄 발행** 2023년 11월 25일

**지은이** 로버트 잭맨
**옮긴이** 이은경

**펴낸이** 조미현
**책임편집** 박다정
**디자인** 어나더페이퍼

**펴낸곳** 현암사
**등록** 1951년 12월 24일 (제10-126호)
**주소** 04029 서울시 마포구 동교로12안길 35
**전화** 02-365-5051
**팩스** 02-313-2729
**전자우편** editor@hyeonamsa.com
**홈페이지** www.hyeonamsa.com

ISBN 978-89-323-9360-5 03180